Anne Bacus et Christian Romain

# Le guide MARABOUT DES TESTS

•MARABOUT•

Ouvrage dirigé par Bernard Leduc.

© **Marabout**, 2002.

Toute reproduction d'un extrait quelconque de ce livre par quelque procédé que ce soit, et notamment par photocopie ou microfilm, est interdite sans autorisation écrite de l'éditeur.

# Sommaire

## 1. Les tests objectifs ou d'efficience .................. 5

**Chapitre I**
Les tests d'intelligence générale ........................ 7

**Chapitre II**
Les tests d'intelligence spécifique
ou tests de compétences ................................. 71

**Chapitre III**
Des tests pour s'entraîner ............................... 103

**Chapitre IV**
Les tests d'aptitude ..................................... 145

**Chapitre V**
Les tests de connaissances ............................... 179

## 2. Les tests subjectifs ou de personnalité .......................... 193

**Chapitre I**
Les tests de créativité
et d'intelligence divergente ............................. 195

**Chapitre II**
Les tests de personnalité ................................ 205

**Chapitre III**
Les tests d'orientation .................................. 239

## 3. Corrigés ........................................... 271

# 1

## Les tests objectifs ou d'efficience

# Le guide marabout des tests

La catégorie des tests « objectifs », encore appelés « tests d'efficience » ou « tests de performance », regroupe tous les tests pour lesquels il y a une bonne réponse à trouver (le plus souvent parmi plusieurs qui sont proposées). Ils permettent, dans le cadre d'un recrutement, d'une orientation ou d'un bilan, de classer un individu par rapport à sa population d'origine.

Dans les tests objectifs, on trouve : les tests d'intelligence, les tests de compétences, les tests d'aptitude spécifique et les tests de connaissances.

**- Les tests d'intelligence générale :** ils mesurent le plus souvent un fonctionnement intellectuel particulier ou la capacité à employer tel ou tel type de raisonnement. Certains ont une intelligence concrète, d'autres plus abstraite, certains s'appuient sur la mémoire ou le raisonnement, d'autres sur la créativité, certains sont plus synthétiques, d'autres plus analytiques… On peut donc tout à fait échouer à un test d'intelligence sans pour autant en manquer… Nous présentons ici ceux qui sont réputés être les plus pertinents.

**- Les tests d'intelligence spécifique et de compétences :** ils mesurent une forme particulière d'intelligence, comme l'intelligence spatiale, verbale ou numérique.

**- Les tests d'aptitude :** ils mesurent un potentiel, une capacité à apprendre facilement ou à être bon dans tel ou tel domaine. On définit les caractéristiques dont on sait qu'elles sont liées à la réussite à tel poste ou dans telles études, puis on choisit un test chargé de mesurer si le candidat les possède. Parmi les tests d'aptitude les plus courants, on peut citer l'aptitude à l'organisation, à l'informatique, à la dactylographie, à la mécanique, au calcul mental, à l'attention visuelle, à la mémorisation, etc. Les capacités potentielles mesurées peuvent être concrètes ou abstraites.

**- Les tests de connaissances :** ils mesurent ce que les candidats savent, ce qu'ils ont appris et ce qu'ils ont retenu dans des domaines aussi variés que l'orthographe, le calcul, le droit, les langues étrangères, le traitement de texte, la culture générale, etc.

# Chapitre 1
# Les tests d'intelligence générale

Ils cherchent à mesurer l'intelligence de la façon la plus « pure » possible, c'est-à-dire indépendamment des facteurs de culture ou d'apprentissage. Ainsi mesurée, elle pourrait se définir approximativement comme une aptitude à raisonner de façon rapide, logique et sensée. Le plus souvent, le principe est le suivant : la personne, face à un matériel simple, doit trouver quelle loi préside à la série présentée et en déduire l'élément suivant.

Vous trouverez ici trois exemples de tests d'intelligence, à base de dominos, de cartes à jouer ou de dessins (les matrices).

Toutes les réponses sont expliquées. Comprendre la logique qui sous-tend chaque réponse est la meilleure manière de progresser.

# Le guide marabout des tests

# Les tests à base de dominos

D'apparence très simple, les dominos se prêtent à de nombreuses variations. Le système de ces séries est le suivant : plusieurs dominos se suivent, assemblés selon une logique qu'il convient de repérer. C'est au candidat de remplir le dernier domino, laissé blanc. Les présentations sont variées et ne doivent pas troubler les candidats. Ces tests sont toujours en temps limité, d'où l'importance d'un bon entraînement.

Rappelons à ceux qui n'y auraient pas joué depuis longtemps que chaque moitié de domino peut prendre une valeur comprise entre zéro et six. Quand les valeurs se suivent, c'est la valeur zéro qui suit la valeur six. L'enchaînement est donc : 0, 1, 2, 3, 4, 5, 6, 0, 1, etc. En ordre décroissant, c'est le six qui suit le zéro.

## Exercice n° 1

Durée de l'exercice : 40 minutes.

1.

2.

## Les tests objectifs ou d'efficience

3.

4.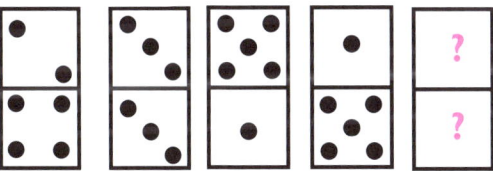

5.

## Le guide marabout des tests

**6.**

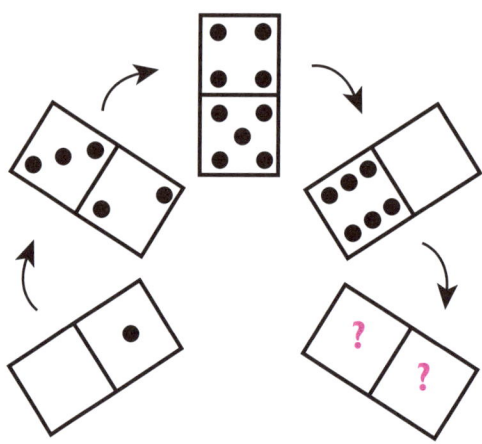

**7.**

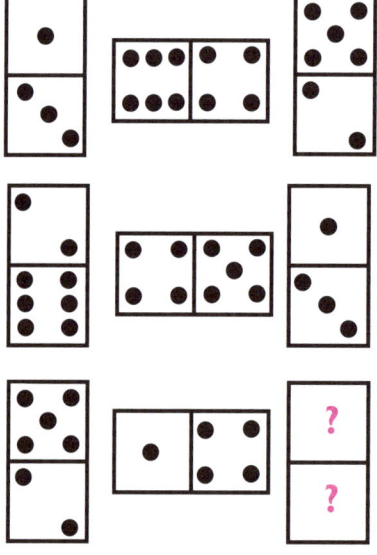

## Les tests objectifs ou d'efficience

8.

9.

10.

# Le guide marabout des tests

11.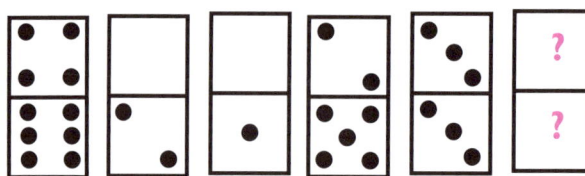

12.

## Les tests objectifs ou d'efficience

**13.**

**14.**

Les tests à base de dominos

**15.**

**16.**

## Les tests objectifs ou d'efficience

**17.**

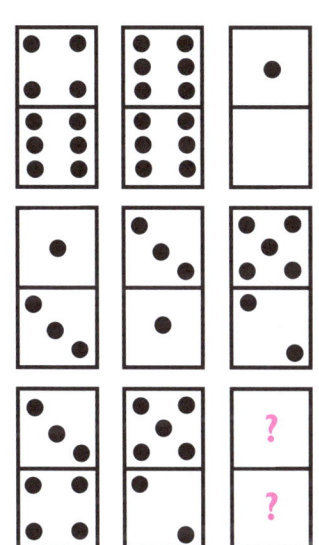

**18.**

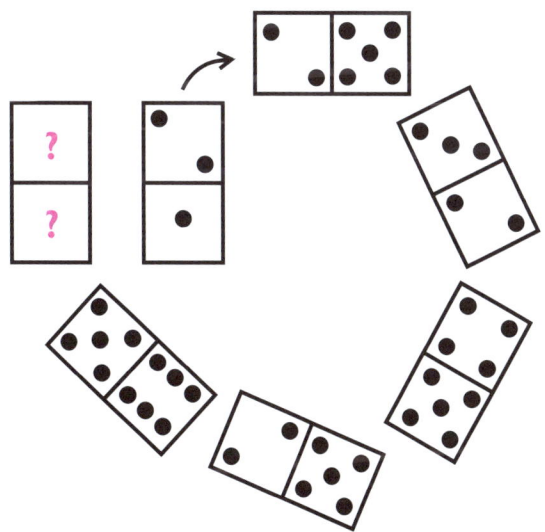

# Le guide marabout des tests

**19.**

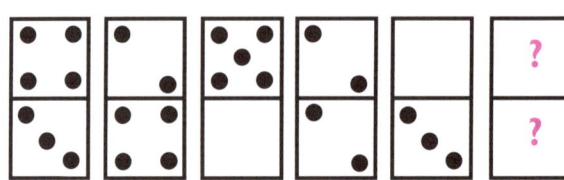

**20.**

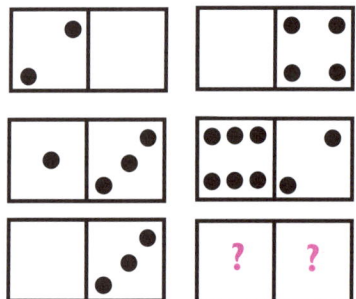

**21.**

Les tests objectifs ou d'efficience

**22.**

**23.**

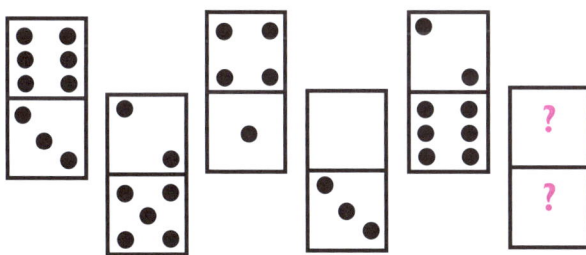

# Le guide marabout des tests

**24.**

**25.**

## Les tests objectifs ou d'efficience

**26.**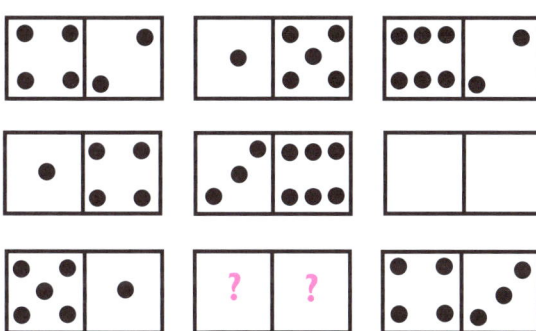

**27.**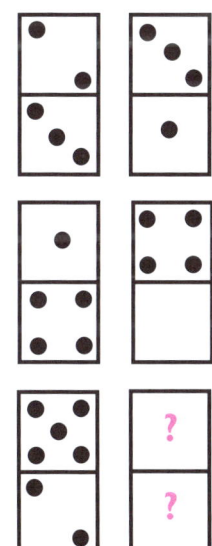

## Le guide marabout des tests

**28.**

**29.**

# Les tests objectifs ou d'efficience

**30.**

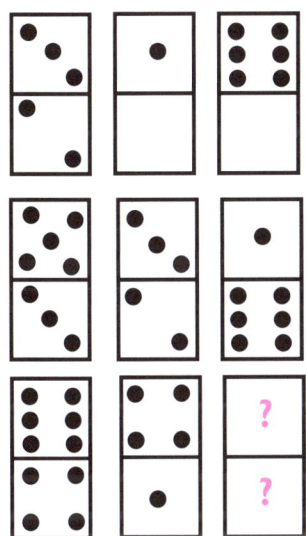

**Corrigés page 272.**

# Le guide marabout des tests

## Exercice n° 2
Voici de nouvelles séries de dominos semblables aux précédentes.

Durée de l'exercice : 30 minutes.

1.

2.

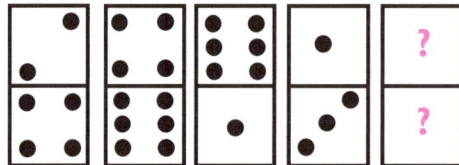

3.

## Les tests objectifs ou d'efficience

**4.**

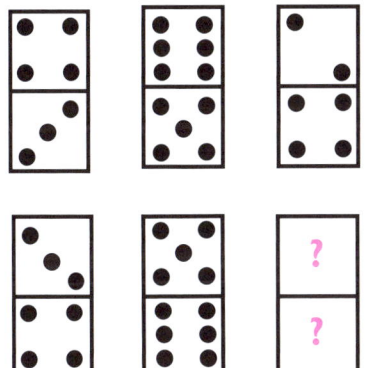

**5.**

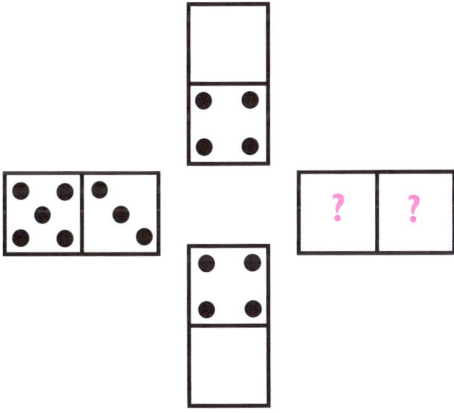

Les tests à base de dominos

# Le guide marabout des tests

**6.**

**7.**

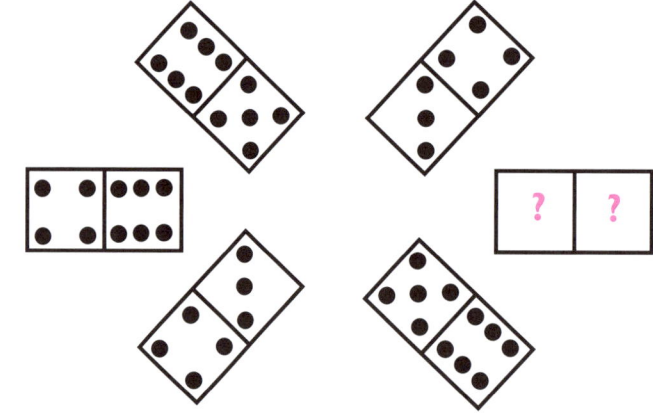

Les tests objectifs ou d'efficience

8.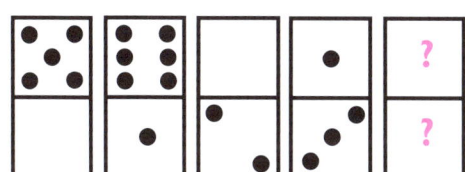

9.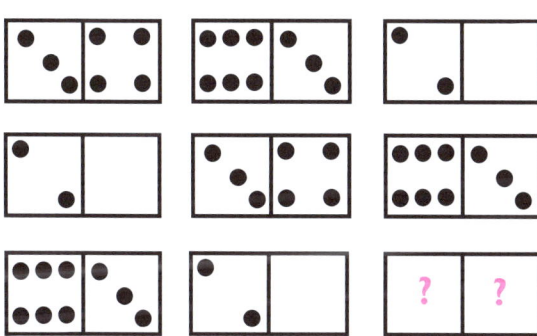

10.

# Le guide marabout des tests

**11.**

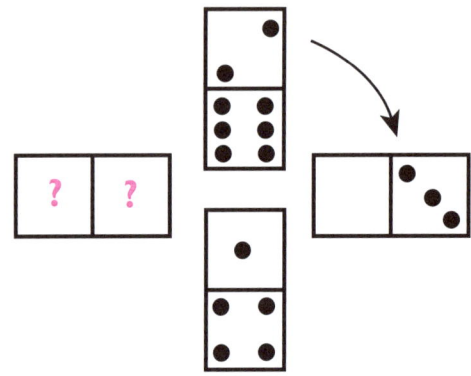

**12.**

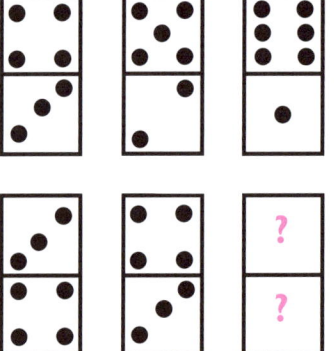

## Les tests objectifs ou d'efficience

13.

14.

# Le guide marabout des tests

**15.**

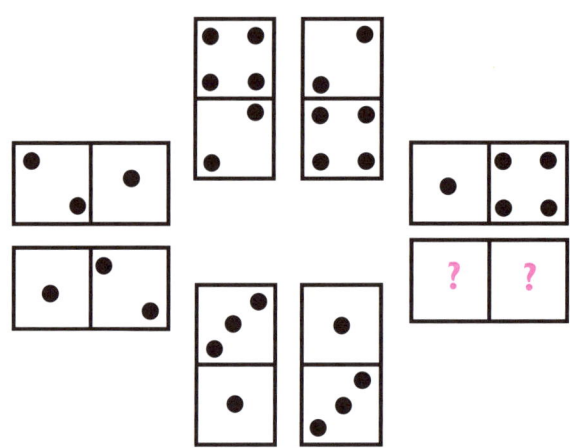

**16.**

## Les tests objectifs ou d'efficience

**17.**

**18.**

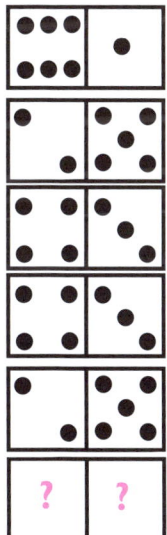

# Le guide marabout des tests

**19.**

**20.**

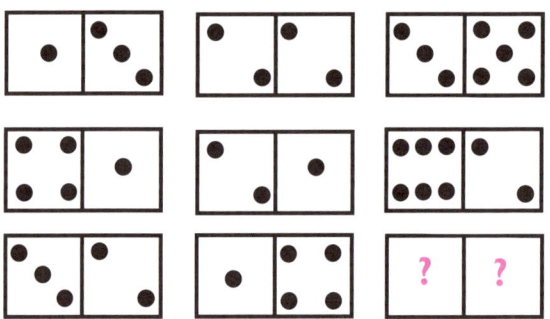

Corrigés page 276.

# Les tests objectifs ou d'efficience

## Les tests à base de cartes à jouer

Ce test est composé de groupes de cartes à jouer. Les quatre couleurs (pique, cœur, carreau et trèfle) sont utilisées ; en revanche, les valeurs des cartes ne vont que de l'as (qui vaut un) au dix.

Une carte manque à chaque groupe. Vous allez devoir deviner sa couleur et sa valeur. Pour cela, vous allez vous aider de la disposition et des caractéristiques des autres cartes. Parfois, les cartes sont de valeurs croissantes ou décroissantes, parfois elles s'additionnent deux à deux, d'autres fois encore les cartes sont les mêmes sur les deux lignes ou les deux colonnes, mais en ordre différent. Les systèmes sont variés, mais toujours assez simples.

À vous de repérer le système logique de chaque groupe de cartes et d'identifier celle qui manque.

### Exercice n° 1

Durée de l'exercice : 30 minutes.

**1.**

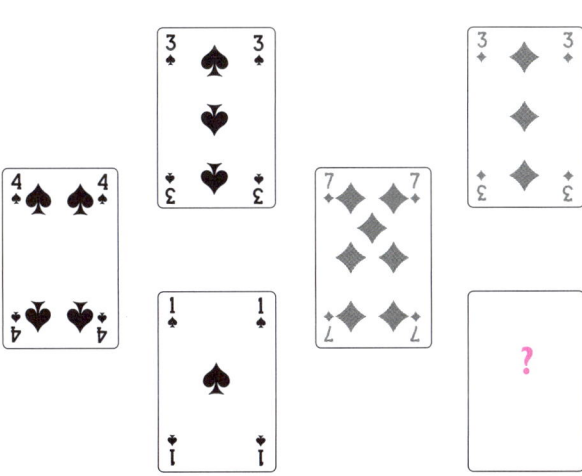

# Le guide marabout des tests

**2.**

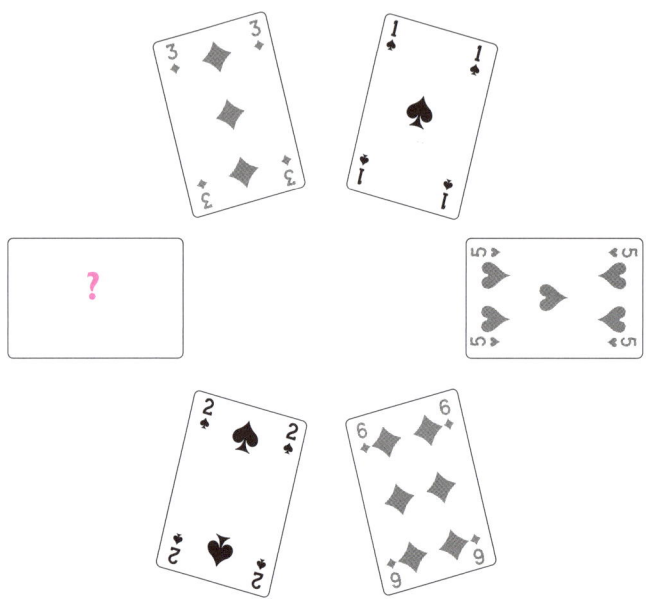

**3.**

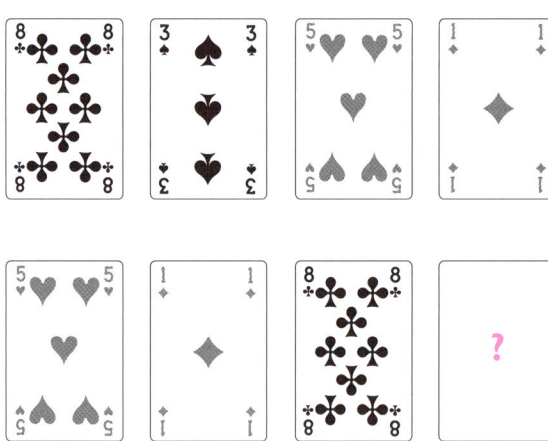

# Les tests objectifs ou d'efficience

**4.**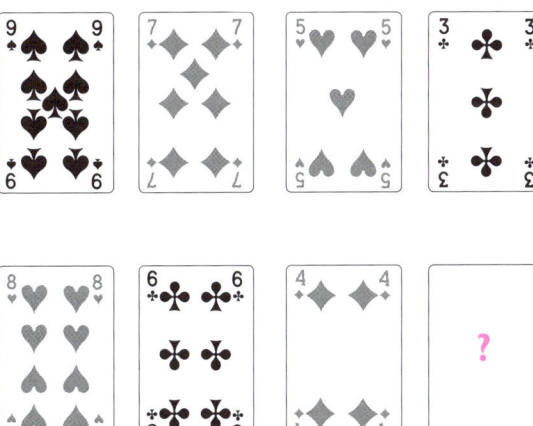

**5.**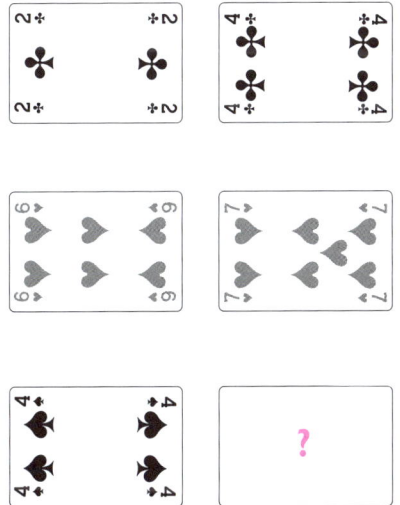

# Le guide marabout des tests

**6.**

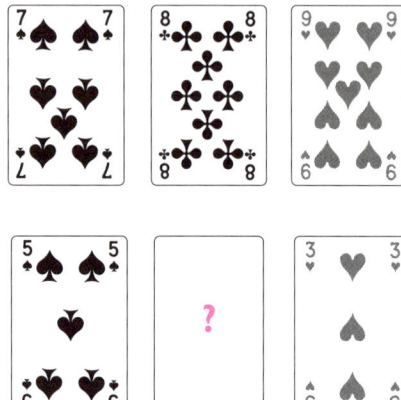

**7.**

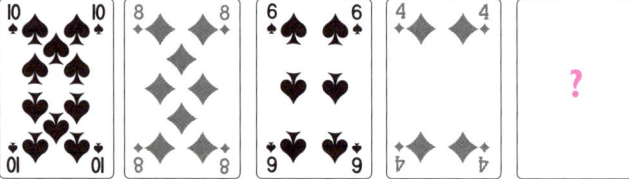

## Les tests objectifs ou d'efficience

**8.**

**9.**

# Le guide marabout des tests

**10.**

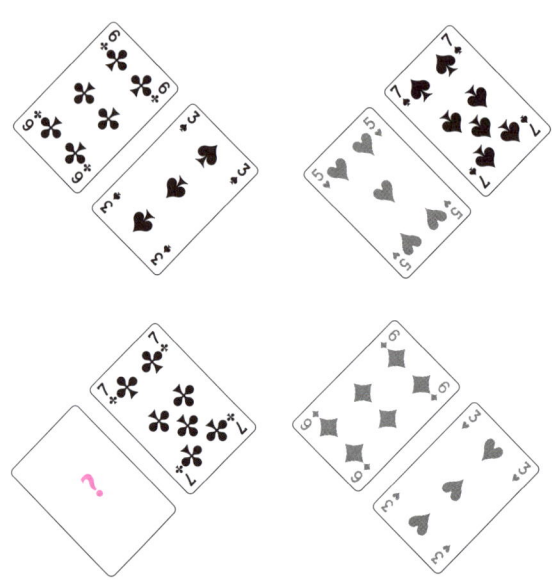

**11.**

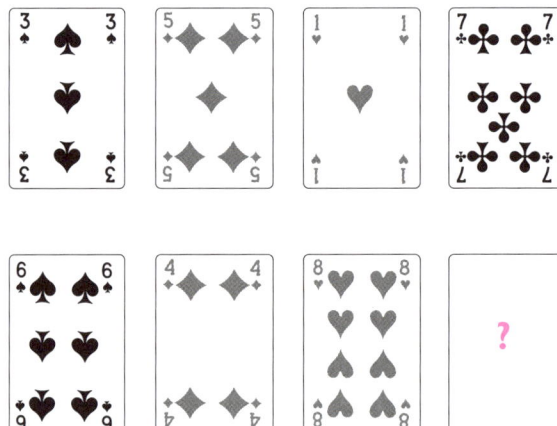

## Les tests objectifs ou d'efficience

**12.**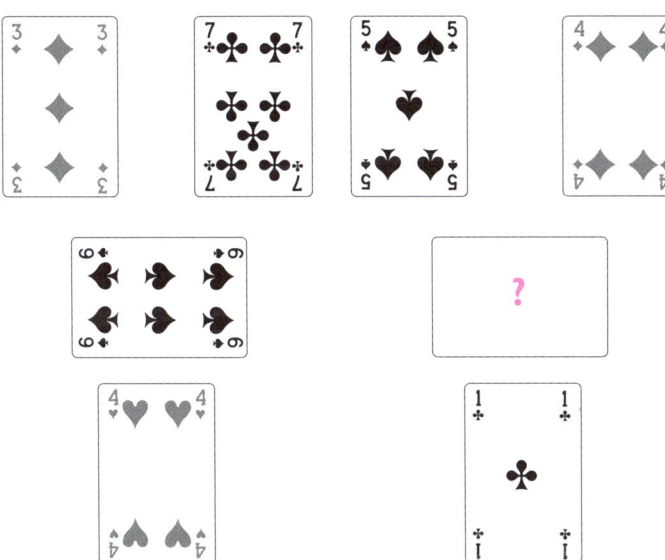

**13.**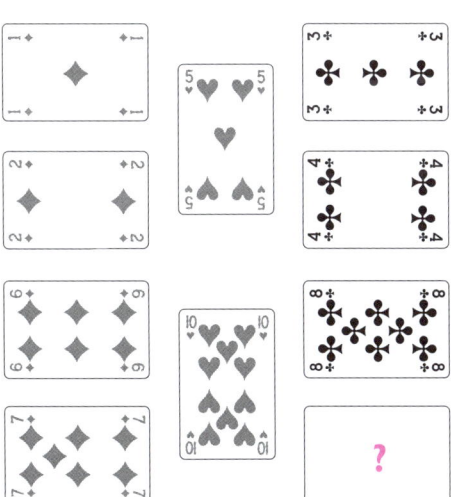

# Le guide marabout des tests

**14.**

**15.**

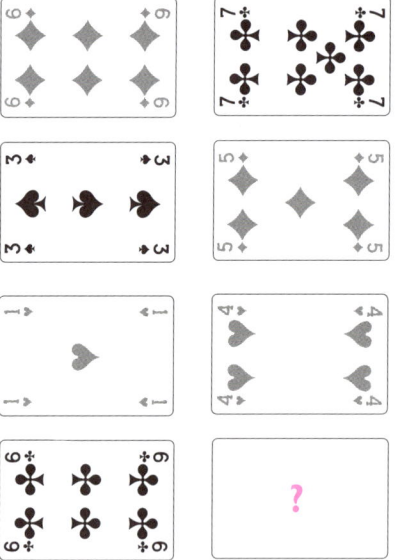

## Les tests objectifs ou d'efficience

**16.**

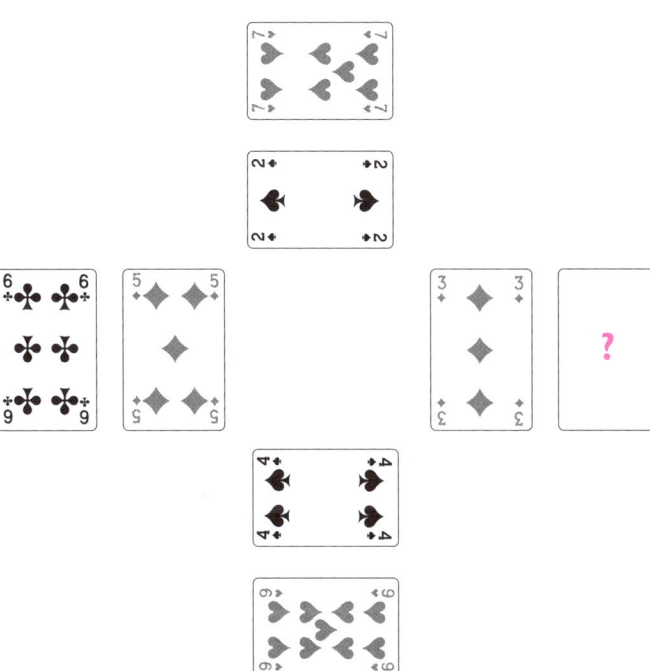

**17.**

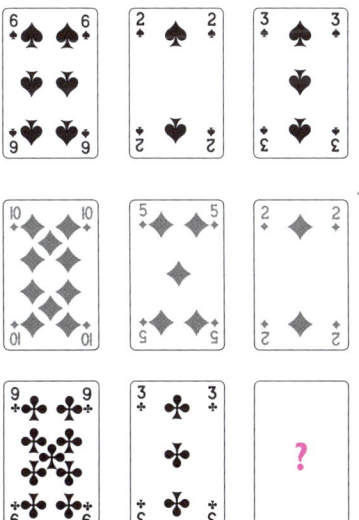

# Le guide marabout des tests

**18.**

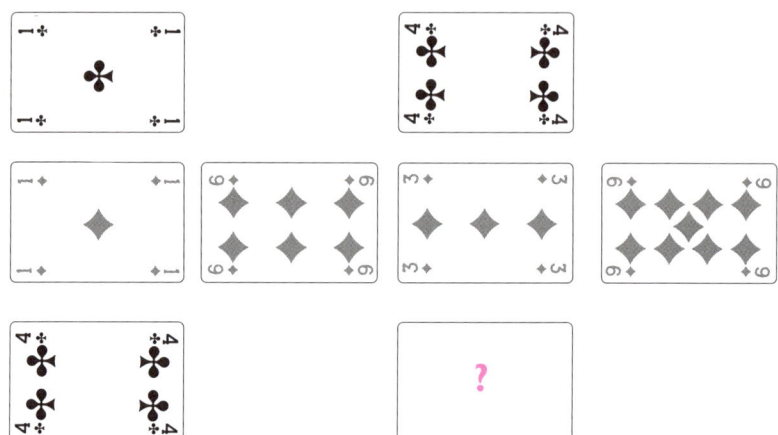

**19**

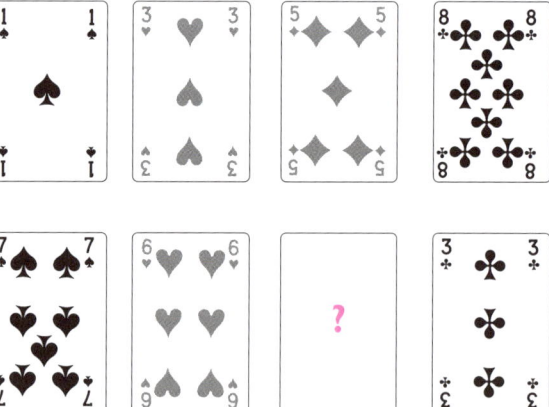

## Les tests objectifs ou d'efficience

**20.**

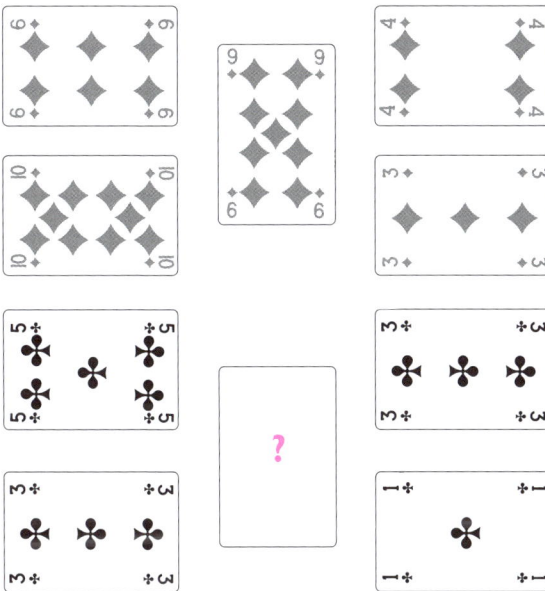

**Corrigés page 278.**

# Le guide marabout des tests

## Exercice n° 2

Voici de nouvelles séries de cartes semblables aux précédentes.

Durée de l'exercice : 20 minutes.

**1.**

**2.**

## Les tests objectifs ou d'efficience

**3.**

**4.**

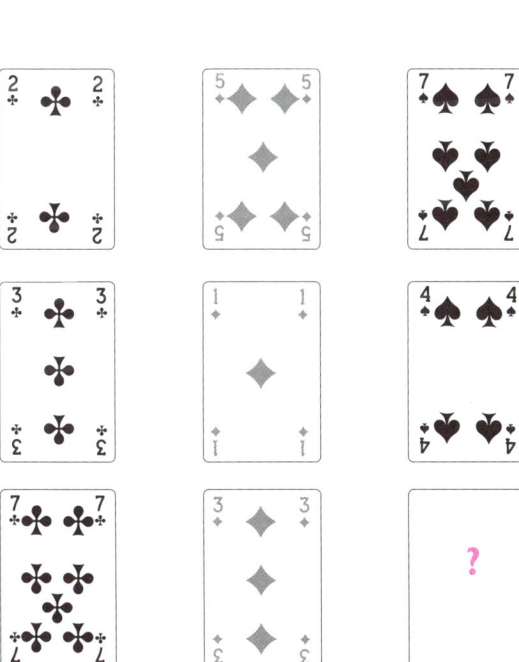

## Le guide marabout des tests

**5.**

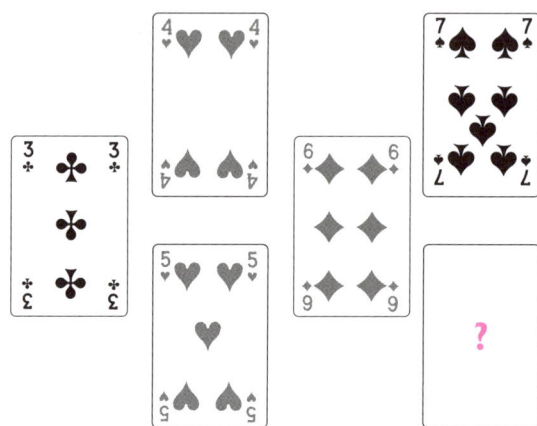

**6.**

## Les tests objectifs ou d'efficience

**7.**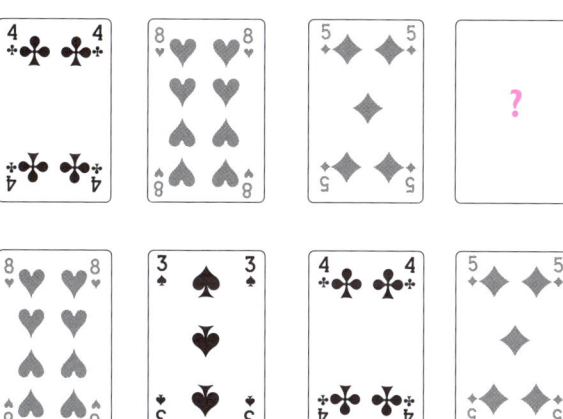

# Le guide marabout des tests

**8.**

# Les tests objectifs ou d'efficience

**9.**

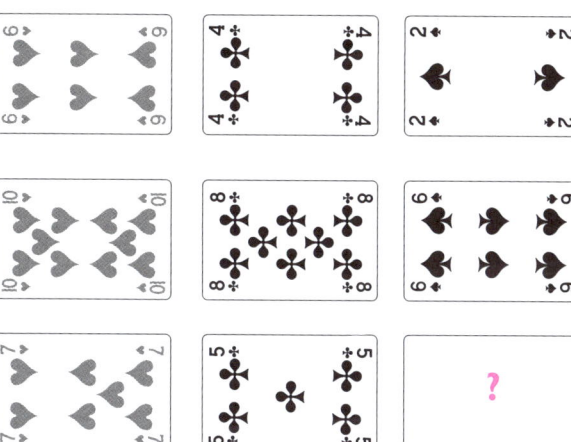

**10.**

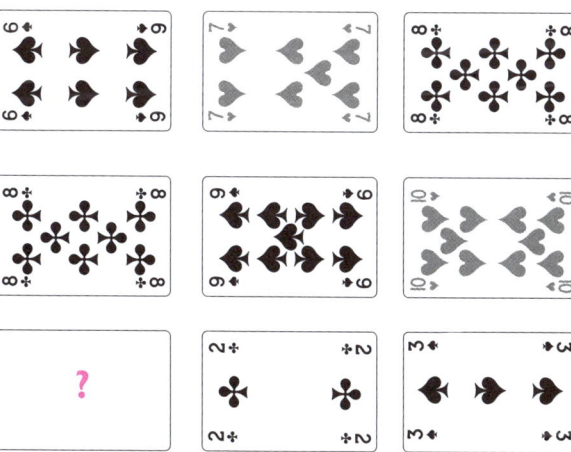

# Le guide marabout des tests

**11.**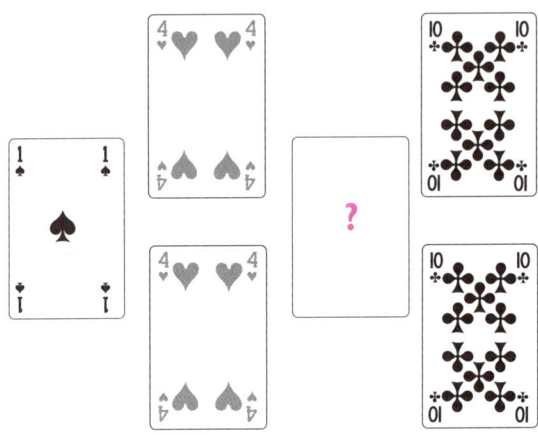

**12.**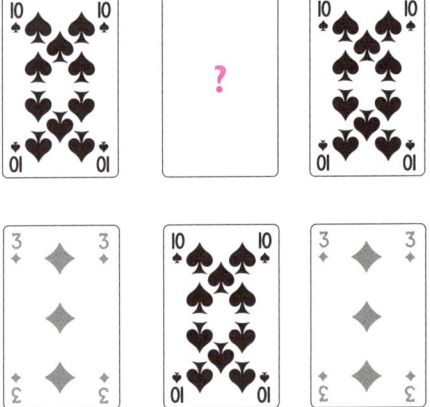

## Les tests objectifs ou d'efficience

**13.**

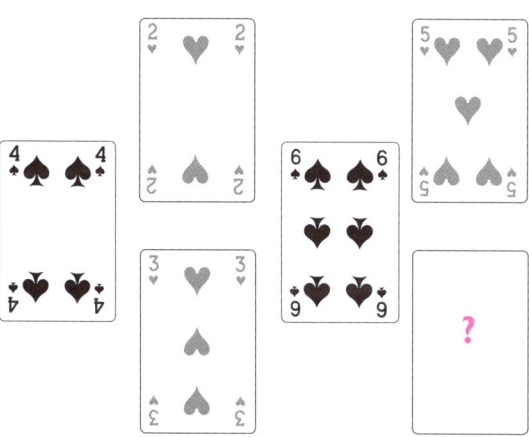

**14.**

# Le guide marabout des tests

**15.**

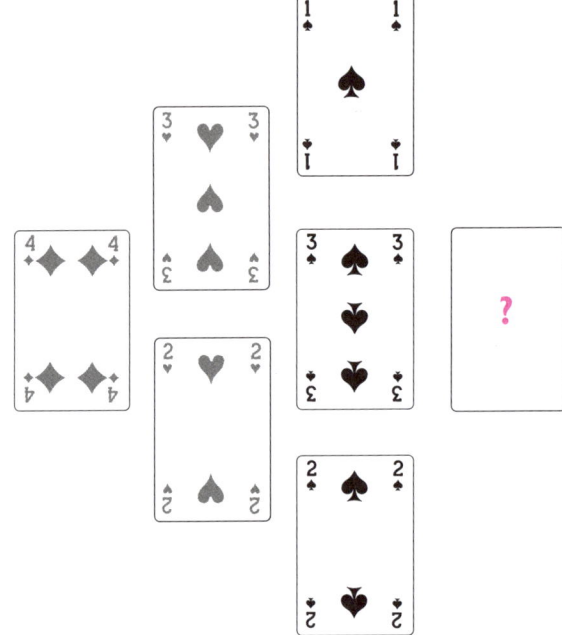

**Corrigés page 283.**

# Les tests objectifs ou d'efficience

# Les tests à base de dessins

## Exercice n° 1 :
## les séries graphiques

Cet exercice se compose de trente questions.

Ces suites et exercices logiques n'ont comme support que des formes géométriques et ne comportent ni chiffres ni lettres. La bonne réponse est à trouver parmi cinq proposées. Réussir cet exercice nécessite à la fois des capacités de raisonnement, de rapidité et de représentation spatiale.

Durée de l'exercice : 60 minutes.

**Parmi les cinq proposés, quel est le dessin qui prolonge la série ci-dessous ?**

**1.**

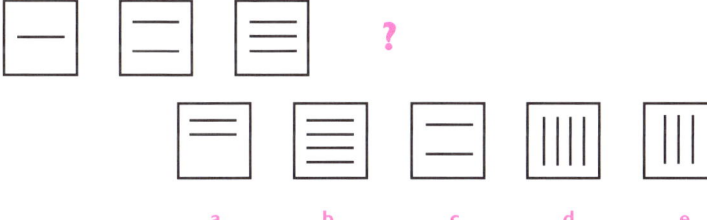

**2.**

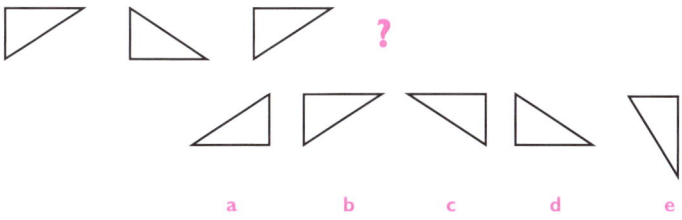

# Le guide marabout des tests

**3.**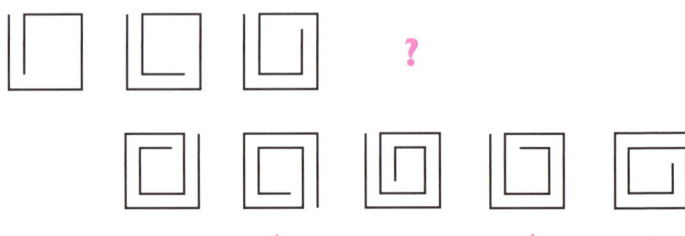

**4.**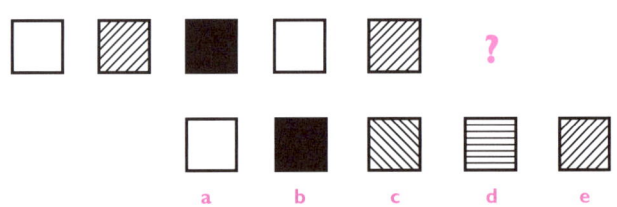

**5.**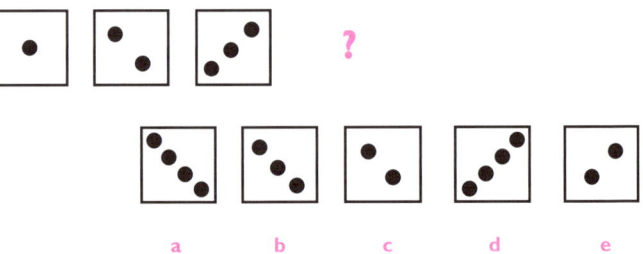

**6.**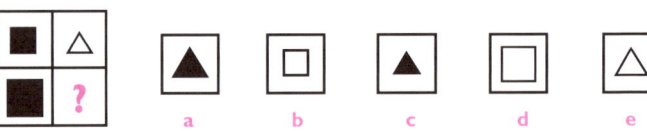

## Les tests objectifs ou d'efficience

**7.**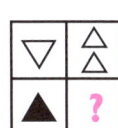
a    b    c    d    e

**8.**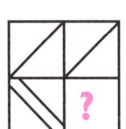
a    b    c    d    e

**9.** 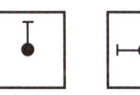   ?

 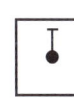 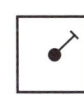 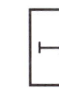
a    b    c    d    e

**10.**    ?

 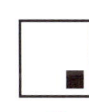 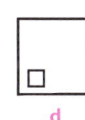 
a    b    c    d    e

# Le guide marabout des tests

**11.**

**12.**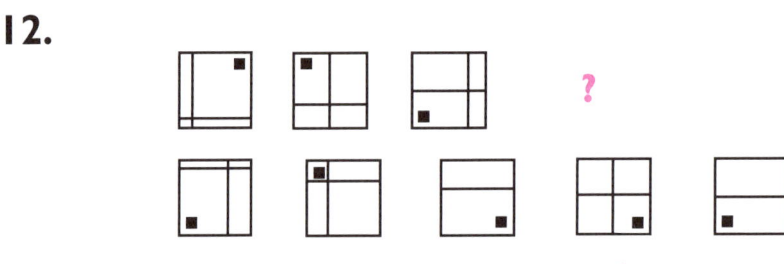

**13.**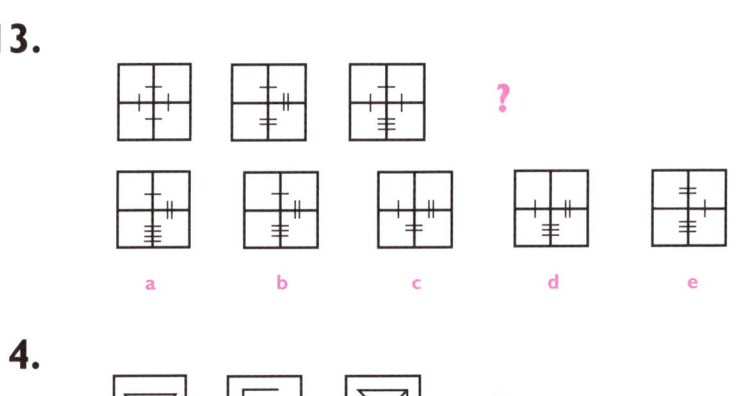

**14.**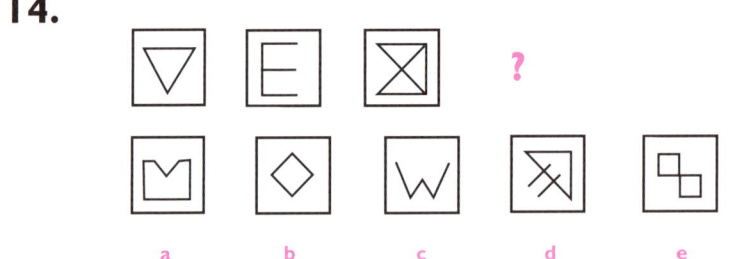

Les tests objectifs ou d'efficience

**15.**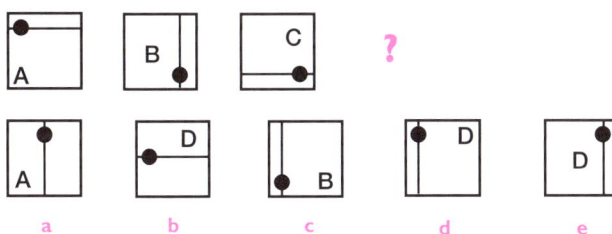

**16.**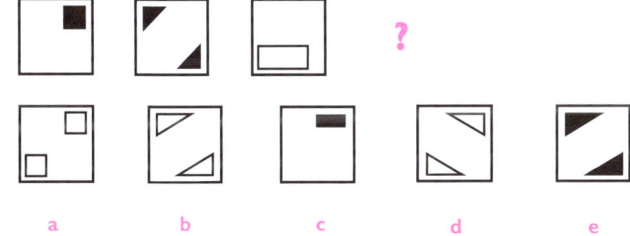

**17.**

# Le guide marabout des tests

Parmi les cinq proposés, quel est le dessin qui ne va pas avec les autres ?

**18.**

a    b    c    d    e

**19.**

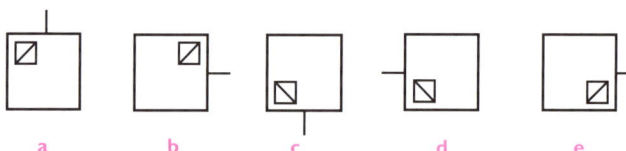

a    b    c    d    e

**20.**

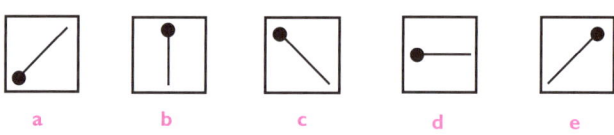

a    b    c    d    e

**21.**

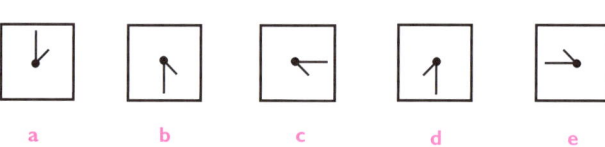

a    b    c    d    e

**22.**

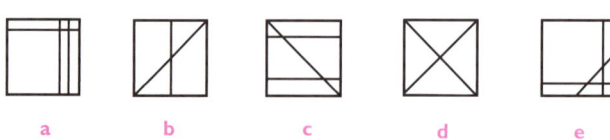

a    b    c    d    e

## Les tests objectifs ou d'efficience

Ce dessin a été tourné sur lui-même, puis retourné recto verso. Parmi les cinq proposés, quel dessin en est le résultat ?

**23.**

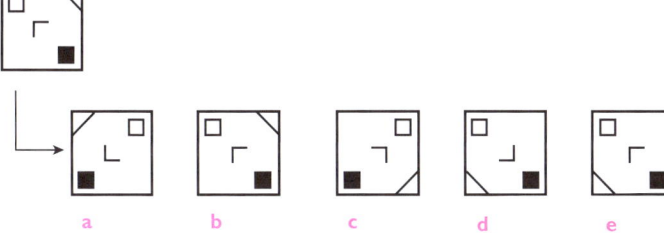

**24.**

**25.**

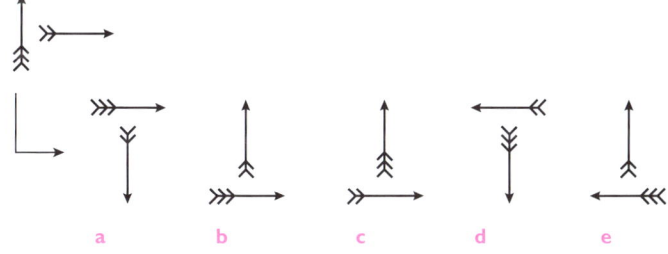

**26.**

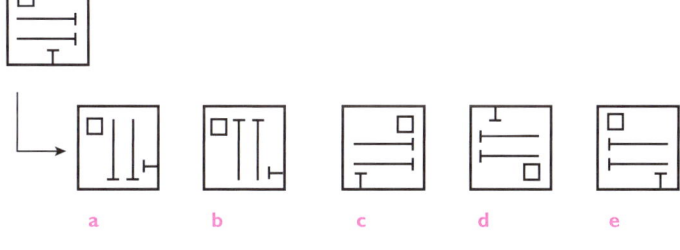

# Le guide marabout des tests

**La consigne fait partie des dessins. Il s'agit de transposer une règle : A est à B ce que C est à... La réponse se trouve parmi les cinq dessins proposés.**

**27.**

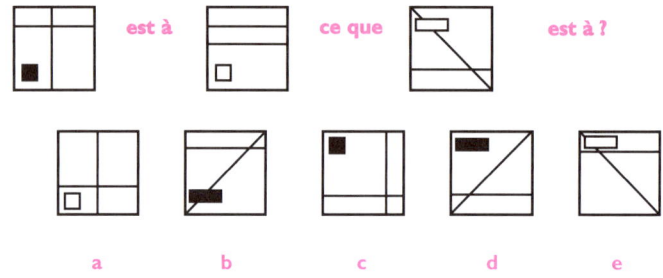

a  b  c  d  e

**28.**

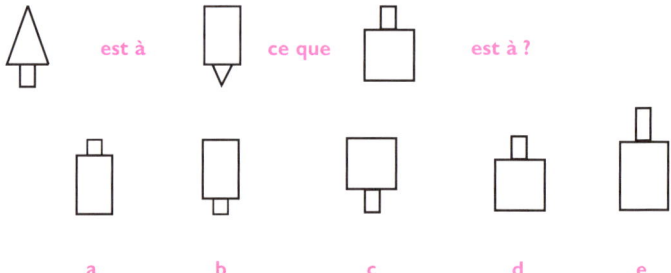

a  b  c  d  e

# Les tests objectifs ou d'efficience

**29.**

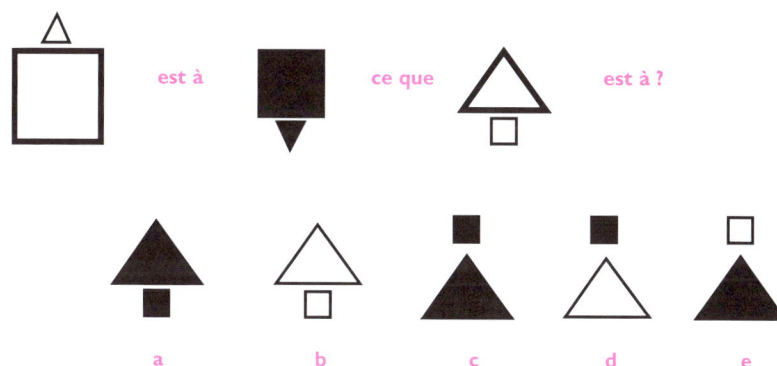

**30.**

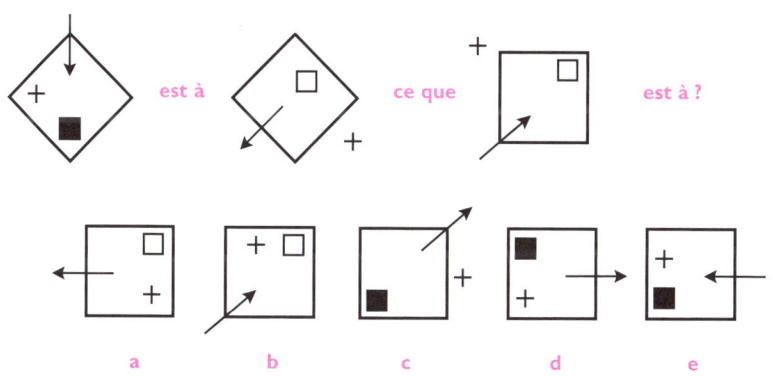

**Corrigés page 284.**

# Le guide marabout des tests

## Exercice n° 2 : les matrices

Cet exercice se compose de vingt items. Chaque item se présente sous la forme d'un carré contenant huit figures géométriques réparties sur trois lignes. La figure située en bas à droite manque. Elle doit être déduite des huit figures présentes, en découvrant la loi qui les régit. Il s'agit ensuite de retrouver cette figure manquante parmi les six figures proposées sous le carré, nommées de a à f.

Durée de l'exercice : 30 minutes.

**1.**

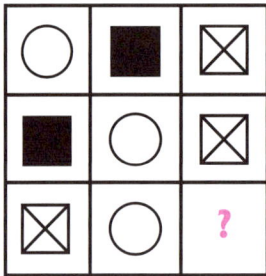

  a        b        c        d        e        f

# Les tests objectifs ou d'efficience

**2.**

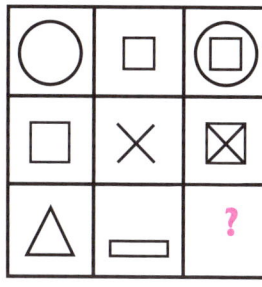

a  b  c  d  e  f

**3.**

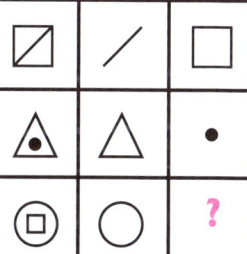

a  b  c  d  e  f

# Le guide marabout des tests

**4.**

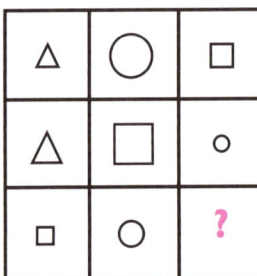

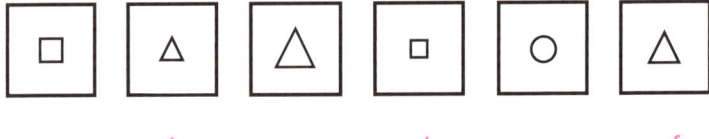

**5.**

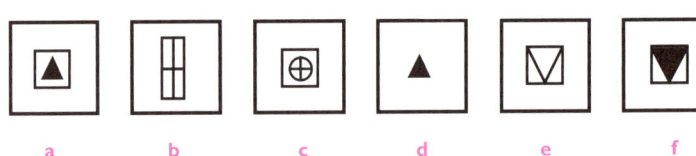

# Les tests objectifs ou d'efficience

**6.**

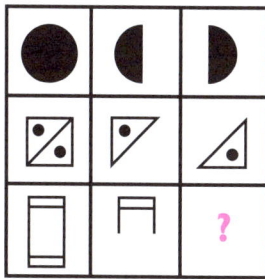

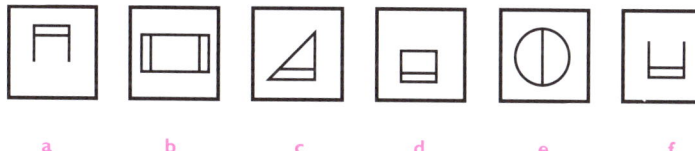

a  b  c  d  e  f

**7.**

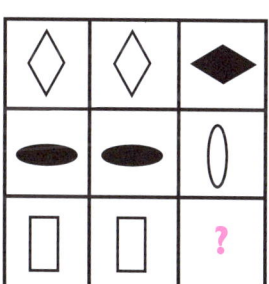

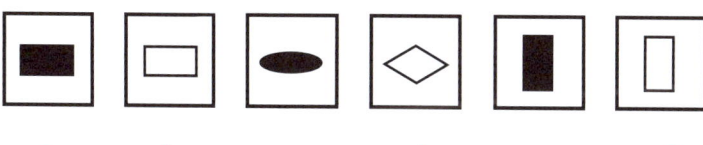

a  b  c  d  e  f

# Le guide marabout des tests

**8.**

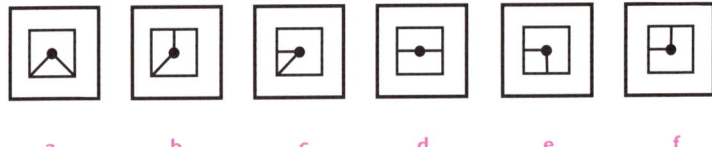

a     b     c     d     e     f

**9.**

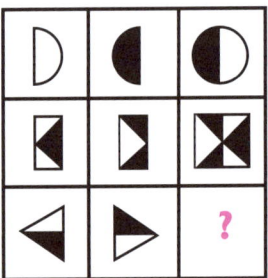

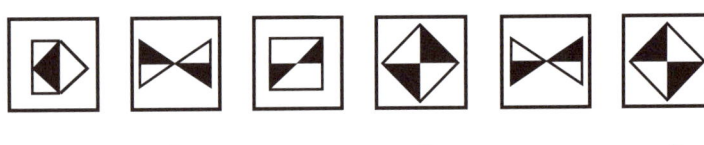

a     b     c     d     e     f

## Les tests objectifs ou d'efficience

**10.**

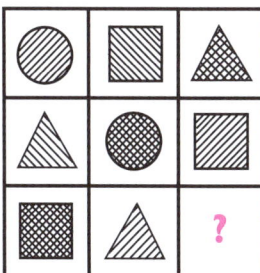

a      b      c      d      e      f

**11.**

a      b      c      d      e      f

# Le guide marabout des tests

**12.**

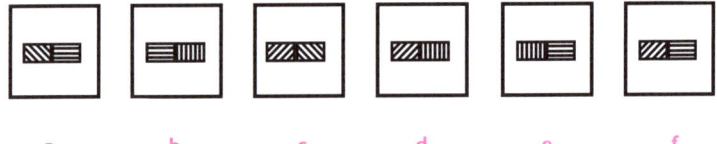

**13.**

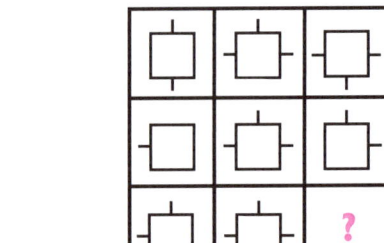

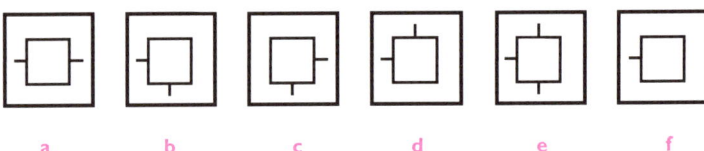

## Les tests objectifs ou d'efficience

**14.**

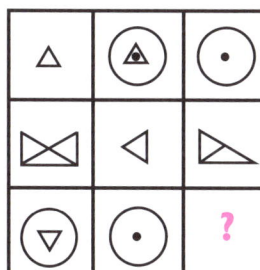

a     b     c     d     e     f

**15.**

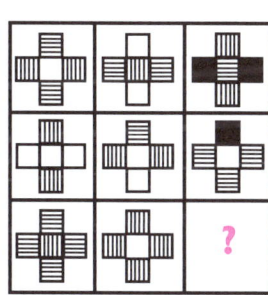

a     b     c     d     e     f

## Le guide marabout des tests

**16.**

**17.**

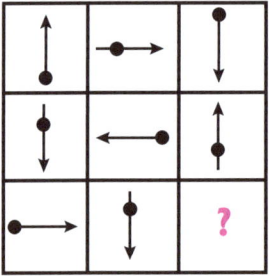

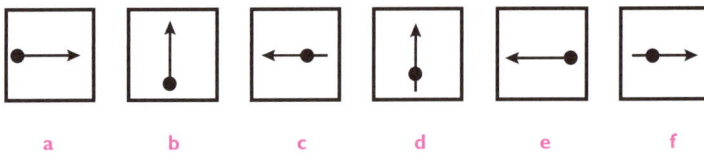

## Les tests objectifs ou d'efficience

**18.**

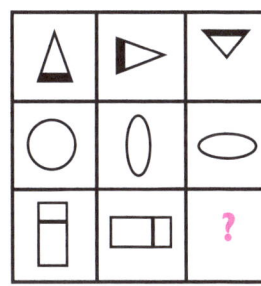

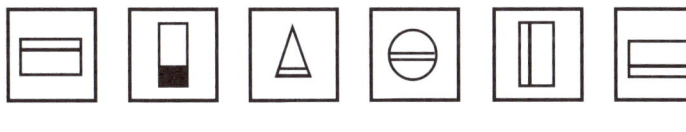

a   b   c   d   e   f

**19.**

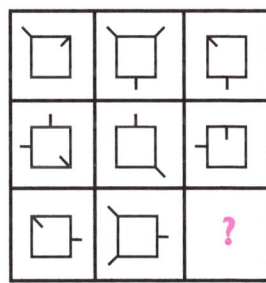

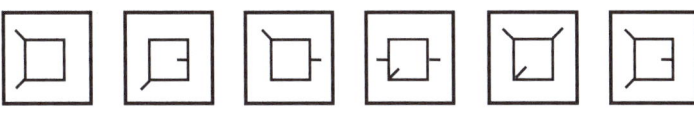

a   b   c   d   e   f

## Le guide marabout des tests

**20.**

a     b     c     d     e     f

Corrigés page 286.

# Chapitre II
# Les tests d'intelligence spécifique
## (ou tests de compétences)

Ces tests mesurent une forme particulière d'intelligence, comme l'intelligence verbale ou spatiale. Ils permettent une appréhension plus fine du fonctionnement intellectuel de la personne, indiquant clairement les points forts et les points faibles.

# Le guide marabout des tests

## Les tests d'intelligence verbale

### Exercice n° 1 : compréhension et raisonnement à support verbal

Durée de l'exercice : 20 minutes.

**Quel mot a les deux sens suivants ?**
1. signalé . . . . . . . . . . . . . . . . . . . . . .ville
2. monnaie . . . . . . . . . . . . . . . .honnête
3. foule . . . . . . . . . . . . . . . . . . .marteau
4. rémunération . . . . . . . . . . . .braderie
5. suggérer . . . . . . . . . . . . . . . .respirer

**Quel mot finit le premier et commence le second ?**
6. TA . . . . . . . . . . . . . . . . . . . . . . .TON
7. DE . . . . . . . . . . . . . . . . . . . . . . .IGE
8. ENTRE . . . . . . . . . . . . . . . . . . . .IER
9. PI . . . . . . . . . . . . . . . . . . . . . .SURE
10. TRUB . . . . . . . . . . . . . . . . . . .CEAU

**Quel est l'intrus ?**
11. cahier • manteau • crayon • cartable • livre
12. fourchette • marteau • vis • clou • perceuse
13. pomme • cerise • citron • carotte • framboise
14. brouillé • lourd • dur • battu • poché
15. déclive • pente • diagonale • aplomb • dévers
16. se promener • déambuler • arpenter • cheminer • se balader
17. se réfugier • s'évader • s'enfuir • détaler • s'esquiver
18. émaner • descendre • provenir • comparer • dériver

# Les tests objectifs ou d'efficience

**Deux de ces mots ont un sens proche, lesquels ?**
19. questionner • vouloir • chercher • interroger • suspecter
20. cuisine • chambre • corridor • salon • couloir • vasistas
21. parler • fredonner • crier • annoncer • chantonner • louer
22. fainéant • badaud • oisif • paresseux • reposé • idiot
23. illustre • orgueilleux • méritoire • célèbre • épique • vif
24. acidité • amertume • goût • âcreté • salaison • saveur
25. réprimer • gêner • préserver • achopper • déranger • garder

**Quel mot peut venir se placer juste avant chacun de ceux-ci pour former de nouveaux mots ou expressions ?**
Exemple : le mot « dé » peut venir se placer avant faire, lit et route, pour former défaire, délit et déroute.
26. levée • mise • tenir • morte
27. être • fait • tôt • venu
28. âge • bleu • relief • morceau

**Quel mot peut venir se placer juste après chacun de ceux-ci pour former de nouveaux mots ou expressions ?**
29. quelque • faire • mauvaise • prendre
30. peau • vin • place • lanterne

**Corrigés page 289.**

# Le guide marabout des tests

## Exercice n° 2 :
## les séries verbales : antonymes et synonymes

Les tests suivants sont à base de mots, c'est pour cela qu'ils sont dits « verbaux ». Dans les premiers exercices, vous devez trouver le synonyme (mot de même sens) d'un mot fourni parmi une liste de mots ; dans les dix suivants, un mot de sens contraire (un antonyme). Enfin, dans les dix derniers, il s'agit à nouveau de trouver un synonyme, mais le mot cible est inséré dans une phrase, ce qui rend parfois l'exercice plus facile. Ces tests de vocabulaire témoignent de votre aptitude à comprendre et manier la langue française. Ils sont d'autant plus importants dans le recrutement que vous postulez pour un emploi où vous serez en contact avec l'écrit.

Dans les épreuves comme celle-ci, où la bonne réponse est cachée parmi les cinq proposées, vous pouvez toujours, en cas de doute, tenter de procéder par élimination.

Durée de l'exercice : 30 minutes.

**Parmi les cinq mots proposés, quel est celui dont le sens se rapproche le plus du mot en majuscules ?**

**1.** CHAGRIN
　　　dépit   joie   cuir   tristesse   pitié

**2.** RESPECTABLE
　　　joyeux   estimable   aimable   hautain   amical

**3.** CORPULENT
　　　ennuyeux   sportif   grand   gros   voyant

**4.** MALIN
　　　pingre   rusé   difficile   câlin   efficace

**5.** PIÉTÉ
　　　courage   force   douleur   foi   amitié

**6.** OBLIQUE
　　　penché   rigide   durable   dessin   ligne

# Les tests objectifs ou d'efficience

**7.** FLEXIBLE
>liquide  portable  tube  rigide  pliable

**8.** CAMOUFLER
>gifler  montrer  déguiser  habiller  ganter

**9.** ÉRUDIT
>agricole  ignorant  parlé  cultivé  connu

**10.** OSTENSIBLE
>accessoire  caché  bougeoir  enlevé  voyant

**Parmi les cinq mots proposés, quel est celui dont le sens est contraire à celui du mot en majuscules ?**

**11.** GENTIL
>gourmand  menteur  avare  méchant  tendre

**12.** SOMBRE
>nuit  blanc  clair  soleil  foncé

**13.** RIGIDE
>mobile  moderne  mystérieux  morbide  fixé

**14.** SAVANT
>humain  innocent  naïf  ignorant  loyal

**15.** RASSEMBLER
>opposer  douter  disperser  renoncer  relaxer

**16.** FINI
>terminé  infini  régulé  irrité  prolongé

**17.** RÉSOLU
>révulsé  introduit  dénoncé  révocable  hésitant

**18.** ARDU
>énergique  rentable  effectif  facile  calme

**19.** NAÏF
>rusé  enfantin  confiant  candide  vieux

**20.** ABSTRAIT
>physique  principal  politique  périssable  pratique

# Le guide marabout des tests

**Quel est, parmi les quatre mots proposés, celui dont le sens se rapproche le plus du sens du mot souligné ?**

**21.** Cette personne m'a été conseillée pour sa <u>dextérité</u>.
   habileté  ponctualité  courtoisie  coopération

**22.** L'équipement de cet atelier est <u>obsolète</u>.
   complexe  pratique  dépassé  pointu

**23.** Le principal avait une grande <u>latitude</u> dans le choix du matériel.
   aide  liberté  habitude  exigence

**24.** Un écrivain <u>prolifique</u> écrit des livres :
   difficiles  populaires  talentueux  nombreux

**25.** Le policier avait trouvé des traces <u>indubitables</u> d'arsenic.
   importantes  suffisantes  certaines  douteuses

**26.** Les adolescents sont souvent d'une telle <u>présomption</u> !
   suffisance  modestie  intelligence  intuition

**27.** La femme s'adressait à la foule d'un ton <u>pathétique</u>.
   comique  émouvant  vibrant  agressif

**28.** L'expérience des hommes est faite des <u>sédiments</u> successifs dont la vie a tapissé leur cœur.
   amours  événements  chagrins  dépôts

**29.** La châtelaine demanda au <u>trouvère</u> d'égayer son repas.
   danseur  acteur  poète  musicien

**30.** Le discours du patron les mit dans un grand <u>désarroi</u>.
   silence  courage  désaccord  trouble

Corrigés page 290.

# Les tests objectifs ou d'efficience

## Exercice n° 3 :
## les analogies verbales

Les analogies peuvent être à support de mots, de symboles, de chiffres, etc., et faire appel à des compétences bien différentes. Mais elles se présentent toujours de la même manière :

A / B § C / D

/ signifie « est à » et § signifie « comme » ou « ce que ».

Il faut donc lire « A est à B ce que C est à D ».

Le plus souvent, l'élément D manque et il va falloir le retrouver parmi plusieurs propositions. Le travail consiste à repérer la réponse qui complète le mieux l'analogie. Pour cela, il s'agit de trouver quelle loi relie A et B, puis l'appliquer à C afin de trouver D. Parmi les mots proposés, l'un permet de constituer entre C et D une relation absolument parallèle à celle existant entre A et B. C'est celui qu'il faut trouver. Bien souvent, cela aide de faire une phrase pour illustrer la relation existant entre A et B.

**Exemples :**

1. LETTRES / MOT § NOTES / ?
(se lit : « lettres » est à « mot » ce que « notes » est à ? )

      histoire  musique  livre  comédie

La phrase : « Les lettres servent à écrire des mots comme les notes servent à écrire… de la musique » aide à trouver la réponse.

2. GRAND / PETIT § MAIGRE / ?
(se lit : « grand » est à « petit » ce que « maigre » est à ?)

      gros  gentil  voûté  mince

Quand vous avez repéré la relation entre « grand » et « petit », vous pouvez vous dire que : « grand » est le contraire de « petit », comme « maigre » est le contraire de… « gros ».

Les dix premières analogies que vous aurez à trouver se basent essentiellement sur des contraires (comme dans l'exemple 2) ou sur des similitudes de sens. Les vingt dernières se basent sur des relations que vous aurez à identifier, comme dans l'exemple 1.

# Le guide marabout des tests

Durée de l'exercice : 30 minutes.

1. MONTÉE / ÉLÉVATION § DESCENTE / ?
    ondulation changement abaissement action trajet
2. DÉCÉDER / NAÎTRE § MOURIR / ?
    arriver crier partir vivre s'endormir
3. AIGU / SOPRANO § GRAVE / ?
    basse intermédiaire féminine opéra chanteuse
4. HISTOIRE / RÉALITÉ § CONTE / ?
    guerre fiction légende géographie duc
5. BON / JUSTE § LIVRE / ?
    travail méchant enfant lecture ouvrage
6. POMME / POIRE § NOIX / ?
    cerise raisin tomate coquille noisette
7. EFFRAYER / RASSURER § PRENDRE / ?
    ouvrir donner encourager révérer arracher
8. HOMME / FEMME § CHEVAL / ?
    enfant vache ferme sexe jument
9. GAUCHE / MALADROIT § HABILE / ?
    grave astuce droite avisé débutant
10. MEILLEUR / PIRE § MÊLER / ?
    donner séparer mieux emmêler mélanger
11. CHEF / ORCHESTRE § PRÉSIDENT / ?
    pays violoniste principal discours gens
12. ÉCURIE / CHEVAL § PORCHERIE / ?
    mouton porc poulailler vache ferme
13. MOINEAU / PIGEON § CARPE / ?
    mouche perruche brochet baleine chat
14. VIOLET / COULEUR § CURRY / ?
    valeur mauve cuisine épice riz
15. LAVE / VOLCAN § EAU / ?
    air bulle fumée montagne source
16. GLACE / FROID § DÉSERT / ?
    loin petit sec animaux bonbon
17. BANANE / PELER § POMME DE TERRE / ?
    manger éplucher frites pomme ramasser
18. ABOYER / CHIEN § RUGIR / ?
    lion serpent meugler mouton miauler

# Les tests objectifs ou d'efficience

**19.** TAILLEUR / COUD § ACTRICE / ?
    danse  tissu  joue  coupe  parle

**20.** PEINE / LARMES § JOIE / ?
    sourire  fille  dragon  rêve  plaisir

**21.** MAI / JUIN § OCTOBRE / ?
    avril  juillet  novembre  décembre  août

**22.** FILS / PÈRE § FILLE / ?
    cousine  femme  oncle  mère  nièce

**23.** ENVOYÉ / REÇU § LANCÉ / ?
    jeté  attrapé  courrier  avalé  lu

**24.** ROBE / TISSU § PNEU / ?
    manteau  voiture  cuir  caoutchouc  lisse

**25.** LIRE / LECTURE § SE NOURRIR / ?
    aliments  livre  histoire  consommer  nourriture

**26.** PLUIE / MOUILLE § FLAMME / ?
    feu  fond  répare  brûle  eau

**27.** MOTS / PHRASE § PAGES / ?
    livre  lettres  paragraphe  lignes  histoire

**28.** AVION / HÉLICOPTÈRE § BARQUE / ?
    planeur  bus  paquebot  train  vélo

**29.** PANSEMENT / COUPURE § FICELLE / ?
    note  blessure  enfant  paquet  emballer

**30.** BLANC / NEIGE § NOIR / ?
    vent  glace  rouge  flocons  charbon

**Corrigés page 291.**

# Le guide marabout des tests

## Exercice n° 4 : de la pensée aux mots

Vous trouverez ici un mélange de tests semblables à ceux que vous venez de faire et pour lesquels vous êtes maintenant bien entraîné.

Durée de l'exercice : 35 minutes.

**1. Quel mot de 3 lettres finit le premier mot et commence le second ?**

BAN . . . TE

**2. Quel est l'intrus ?**

a. septentrion   b. nordique   c. austral   d. boréal   e. arctique

**3. Quel mot a les deux sens suivants :**

feuillet   jeune garçon

**4. Parmi ces mots brouillés, lequel n'est pas une partie de la maison ?**

a. rum   b. eeefnrt   c. iott   d. inehc   e. tpreo

**5. Quelles sont les voyelles qui permettent de compléter le mot ?**

. B R . C . T

**6. Quel mot peut compléter ces trois-là ?**

vase   espace   huis

**7. Quel est le groupe de lettres qui, mis à la suite de ceux-ci, pourrait former des mots ?**

BAT . . .   V . . .   RAD . . .   CHAP . . .

**8. Quel mot peut finir le premier mot et commencer le second ?**

ING . . . ION

# Les tests objectifs ou d'efficience

**9. Quel adjectif peut qualifier ces trois mots ?**

Compte   chapeau   chiffre

**10. Quel mot a les deux sens suivants :**

lettre   argent

**11. Deux de ces mots ont un sens proche. Lesquels ?**

a. façonner   b. enjoliver   c. enluminer   d. couronner   e. embellir

**12. Quelles sont les voyelles qui permettent de compléter le mot ?**

L . . . R

**13. Parmi ces mots brouillés, lequel n'est pas un membre de la famille ?**

a. nseoiuc   b. meia   c. ruseo   d. antet   e. rmee

**14. Quel groupe de lettres mis à la suite de ceux-ci, pourrait former des mots ?**

B . . . .   IV . . . .   M . . . .   N . . . .

**15. Quel mot peut précéder ces trois-là ?**

Course   carême   clos

**16. Quel mot a les deux sens suivants :**

ROMAN   POIDS

**17. Deux de ces mots ont un sens proche. Lesquels ?**

a. sommaire   b. capricieux   c. autoritaire   d. requis   e. impérieux

**18. Lequel de ces mots brouillés n'est pas un fromage ?**

a. mmeebtcra   b. uelb   c. rreeyug   d. eiemrta   e. made

# Le guide marabout des tests

**19. Quel mot peut précéder ces trois-là ?**

                Morte    propre    basse

**20. Quel groupe de lettres pourrait former des mots commençant par les lettres suivantes ?**

                L...   P...   ACT...   CAM...

**21. Quelles voyelles permettent de compléter le mot ?**

                P . L . T .

**22. Quel mot finit le premier et commence le second ?**

                M A I . . . O R E

**23. Quel mot a les deux sens suivants ?**

                LÉGUME    RAGOÛT

**24. Quel mot de 3 lettres peut former de nouveaux mots s'il précède les mots suivants ?**

                ...POT   ...BUT   ...CHER   ...QUE

**25. Quelles voyelles permettent de compléter le mot ?**

                . GL . S .

Corrigés page 292.

# Les tests objectifs ou d'efficience

## Les tests d'intelligence numérique

Que les exercices soient à base de chiffres ou de lettres, la fonction intellectuelle mise en jeu est la même. Autant il est inutile d'être très fort en calcul pour les séries de chiffres, autant connaître l'alphabet est tout ce qui est requis pour les séries de lettres.

### Exercice n° 1

Tous ces tests sont sur le même modèle : des chiffres ou des lettres vous sont présentés dans une disposition particulière. Votre tâche consiste à trouver la logique de l'ensemble afin de deviner le chiffre ou la lettre que cache le point d'interrogation.

Durée de l'exercice : 30 minutes pour les chiffres et 30 minutes pour les lettres.

**Suites de chiffres**

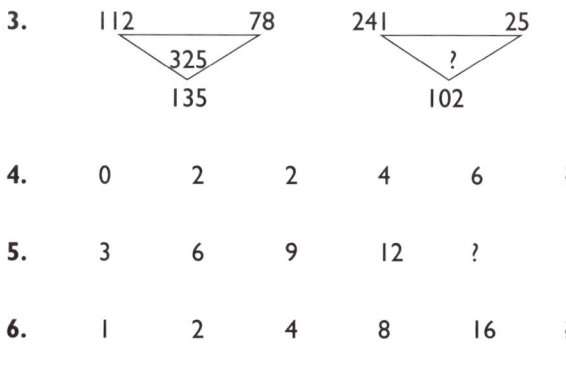

2.   10   9   7   4   ?

3.   112        78        241        25
         325                  ?
           135                  102

4.   0     2     2     4     6     ?

5.   3     6     9     12    ?

6.   1     2     4     8     16    ?

7.   12   (29)   17
     23   (?)    7

# Le guide marabout des tests

**8.**  4    5    3    4    2    3    ?    ?

**9.**  10
       7 ├── 3
              ├── 1
       5 ├── ?

**10.**  324    108    36    12    ?

**11.**  5    7    12    14    19    21    ?

**12.**  3    13    22    30    37    ?

**13.**  11    15    19
        3    10    6
        8    5    ?

**14.**  1
        ├── 14
        6      ├── 68
        ├── ?
        4

**15.**  4    6    9    13    ?

**16.**  9    12    17    24    ?

**17.**  6     12    17    20
        18    36    51    ?

**18.**  52    36    28    24    ?

# Les tests objectifs ou d'efficience

**19.**   33   (12)   45
         13   (?)    58

**20.**   4   2   6
          7   8   15
          3   1   ?

**21.**   6   2   11   4   17   8   ?   ?

**22.**   4   7   11   14   25   28   ?   ?

**23.**   1   5   13   29   ?

**24.**   10   11   15   22   32   ?

**25.**   39   (22)   28
          6    (?)    12

**26.**   $\dfrac{7 \mid 5}{10 \mid 9}$   $\dfrac{4 \mid 11}{8 \mid 3}$   $\dfrac{18 \mid 8}{? \mid 17}$

**27.**   5   5   5
          6   7   2
          0   9   ?

**28.**   
```
      7                ?
6 ——+—— 6        9 ——+—— 7
   / \              / \
  2   3            8   8
```

**29.**   6   (12)   4
          7   (?)    6

# Le guide marabout des tests

**30.**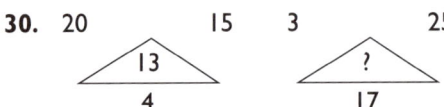

**Séries de lettres**

**31.**  L    N    P    R    ?

**32.**  R    Q    P    O    ?

**33.**  A    B    C
         E    ?    G
         I    J    K

**34.**  A1    F6    I9    P?

**35.**  COR est à BNQ
         ce que DIS est à ?

**36.**  371 est à CGA
         ce que 235 est à ?

**37.**  F    7    J    11    C    ?

**38.**  E    H    K    N    ?

**39.**  V    R    N    J    ?

**40.**  E    D    C
         O    N    M
         U    ?    ?

**41.**  T    19    P    15    M    12    Z    ?

**42.**  BAT est à CBU
         ce que ROI est à ?

# Les tests objectifs ou d'efficience

**43.**  H  J  L
      L  N  P
      U  ?  ?

**44.**  DAME est à FCOG
      ce que CLEF est à ?

**45.**  AB    CE    FI    ??

**46.**  C    G    F    J    I    M    L    ?    ?

**47.**  LJIK        ZXWY        QO??

**48.**  D    K    E    L    F    M    G    N    ?    ?

**49.**  J    C    H    E    F    G    ?    ?

**50.**  Q    P    N    K    ?

**Corrigés page 294.**

# Le guide marabout des tests

## Exercice n° 2

Durée de l'exercice : 50 minutes.

**1. Quelle lettre vient complèter la série ?**

        C    E    G    I    ?

**2. Quelle lettre vient compléter la série ?**

        O    N    M    L    ?

**3. Quel groupe de lettres suit logiquement ceux-ci ?**

    bcad    fgeh    ...

a. jkil    b. lijk    c. ijkl    d. kilj    e. jikl

**4. Quel groupe de lettres complète ceux-ci ?**

    VUT
    UTV
    ...

**5. Quel nombre vient compléter la série ?**

    5    8    11    14    ?

a. 16    b. 17    c. 18    d. 19    e. 20

**6. Quel nombre vient compléter la série ?**

    76    67    58    ?

a. 45    b. 39    c. 43    d. 47    e. 49

**7. Quel nombre vient compléter la série ?**

    21    16    18    13    15    ?

a. 12    b. 17    c. 10    d. 9    e. 11

**8. Quel nombre vient compléter la série ?**

    3    3    6    18    ?

a. 24    b. 30    c. 44    d. 60    e. 72

**9. Quels nombres viennent compléter la série ?**

    3    1    6    3    12    5    ?    ?

a. 15 8    b. 24 8    c. 32 6    d. 24 7    e. 18 7

# Les tests objectifs ou d'efficience

**10. Quel nombre s'inscrit entre les parenthèses ?**

                9   (22)  13
              12   (?)   15

a. 27   b. 33   c. 17   d. 42   e. 24

**11. Quel nombre s'inscrit entre les parenthèses ?**

          10  (22)  7
           3  (13)  5
          14   (?)   8

a. 37   b. 6   c. 27   d. 22   e. 33

**12. Quel est le nombre manquant ?**

      2  10  5
      4   4  1
      3   ?  6

a. 14   b. 12   c. 9   d. 21   e. 18

**13. Quel est le nombre manquant ?**

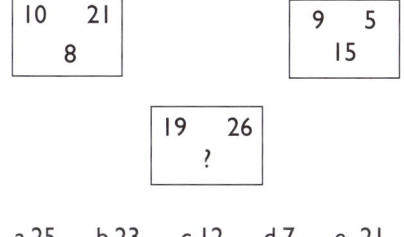

a. 25   b. 23   c. 12   d. 7   e. 21

**14. Quel est le nombre manquant ?**

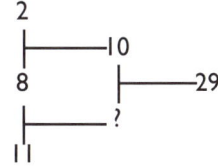

a. 18   b. 19   c. 21   d. 7   e. 27

**15. Quel nombre vient compléter la série ?**

        343   512   729   ?

a. 989   b. 845   c. 922   d. 899   e. 1000

# Le guide marabout des tests

**16. Quel est le nombre manquant ?**

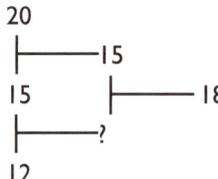

      a.6 b.27 c.12 d.9 e.3

**17. Quel nombre vient compléter la série ?**

     1440 240 48 12 ?
     a.4 b.3 c.6 d.8 e.5

**18. Quel est le nombre manquant ?**

```
        18                    25
  2  ───┬─── 4        6  ───┬─── 3
  7   ∕ ∖  5         10   ∕ ∖  ?
```

      a.8 b.12 c.6 d.4 e. 5

**19. Quel est le chiffre manquant ?**

```
         7                    10
  2  ───┬─── 3        ?  ───┬─── 3
  5   ∕ ∖  7          6   ∕ ∖  9
```

      a.4 b.5 c.2 d.1 e.3

**20. Quel chiffre vient compléter la série ?**

      e4 c2 h7 a ?
      a.25 b.3 c.0 d.10 e.1

**21. Quel nombre s'inscrit dans le triangle ?**

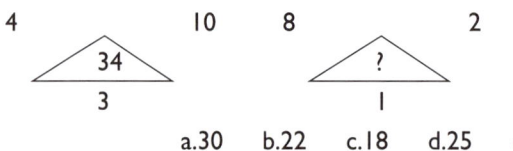

     a.30 b.22 c.18 d.25 e.34

Corrigés page 296.

# Les tests objectifs ou d'efficience

## Exercice n° 3

Durée de l'exercice : 10 minutes.

1. 1 . 3 . 5 . 7 . ?
2. 6 . 8 . 10 . 12 . 10 . 8 . ?
3. 5 . 6 . 8 . 9 . 11 . 12 . ?
4. 3 . 6 . 9 . 12 . 15 . ?
5. 3 . 6 . 12 . 24 . 48 . ?
6. 10 . 8 . 6 . 4 . 2 . ?
7. 11 . 22 . 33 . 44 . 55 . ?
8. 20 . 15 . 13 . 8 . 6 . ?
9. 4 . 8 . 12 . 16 . 20 . ?
10. 9 . 10 . 8 . 9 . 7 . ?
11. 1 . 2 . 4 . 7 . 11 . ?
12. 4 . 12 . 36 . ?
13. 1 . 4 . 9 . 16 . 25 . ?
14. 8 . 12 . 9 . 13 . 10 . ?
15. 0 . 3 . 3 . 6 . 9 . ?
16. 24 . 19 . 15 . 12 . 10 . ?
17. 7 . 12 . 8 . 11 . 9 . 10 . ?
18. 3 . 5 . 10 . 12 . 24 . ?
19. 2 . 4 . 12 . 48 . ?
20. 10 . 14 . 11 . 16 . 14 . 20 . ?

**Corrigés page 297.**

# Le guide marabout des tests

## Les tests d'intelligence spatiale

Dans ces exercices, il s'agit essentiellement de projeter mentalement des déplacements ou des retournements de figures. Certaines personnes n'ont aucune difficulté à se représenter ce que donnera une figure retournée recto verso. Pour d'autres, c'est très difficile. C'est cette compréhension des représentations dans l'espace qui est ici testée.

### Exercice n° 1

Durée de l'exercice : 30 minutes.

**La consigne pour les 5 premières séries est la suivante : « Quelle figure, parmi les cinq proposées (de a à e), est identique à celle du haut (elle a été pivotée) ? »**

**1.**

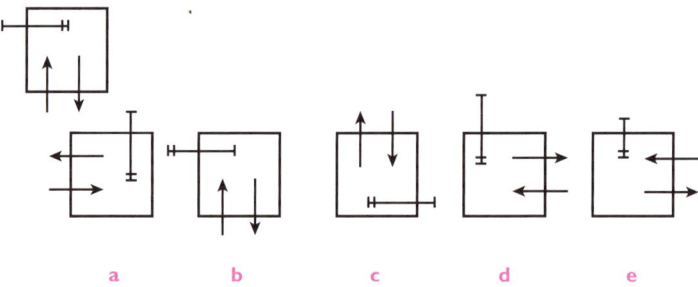

**2.**

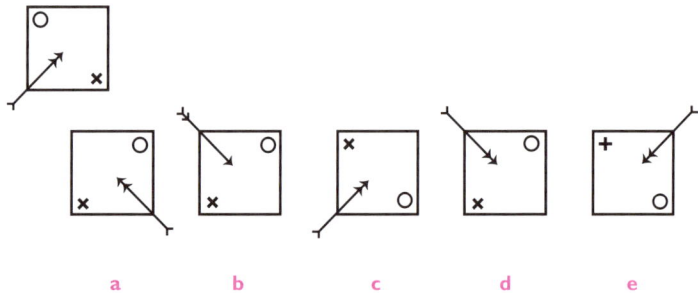

## Les tests objectifs ou d'efficience

**3.**

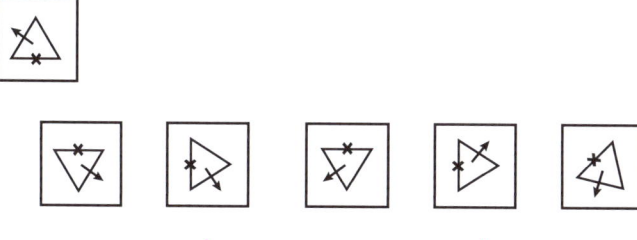

**4.**

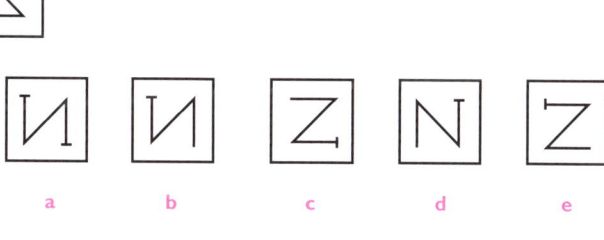

**5.**

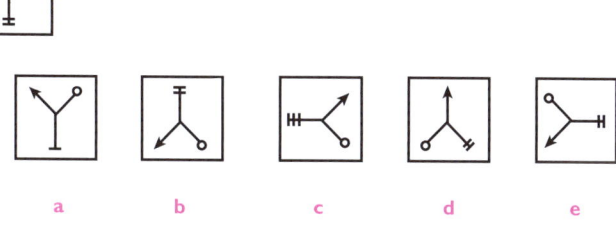

## Le guide marabout des tests

**La consigne pour les figures n°s 6 à 10 est la suivante : « La figure du haut a été pivotée puis retournée recto verso. Quel est le résultat parmi les cinq figures proposées (de a à e) ? »**

**6.**

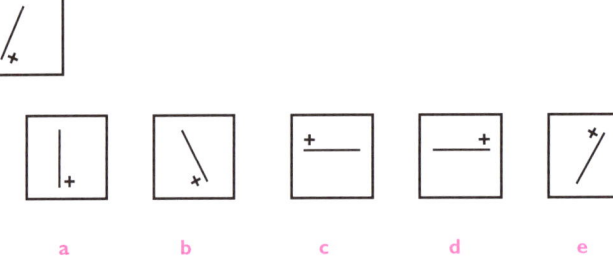

**7.**

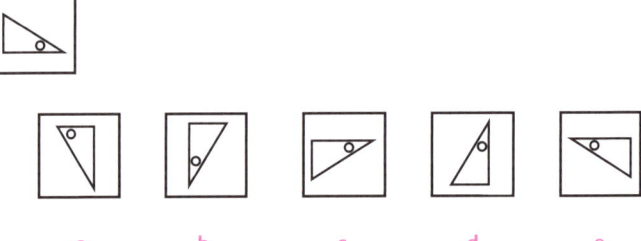

**8.**

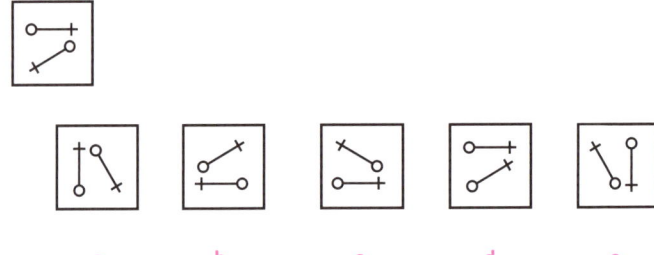

# Les tests objectifs ou d'efficience

**9.**

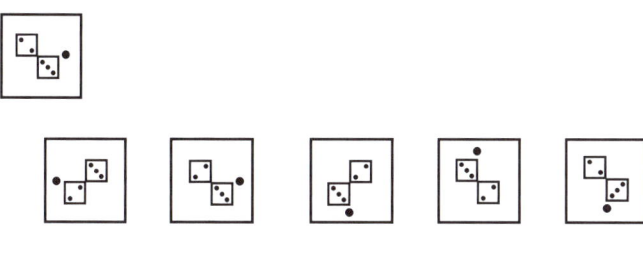

**10.**

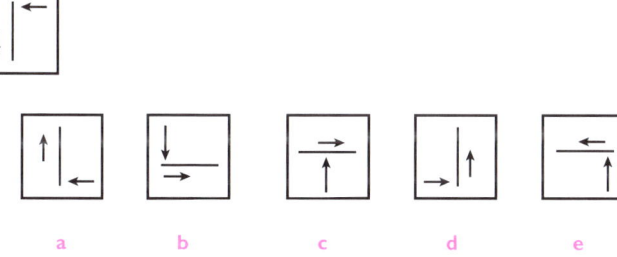

La consigne pour les figures n<sup>os</sup> 11 à 15 est la suivante : « Combien ce solide a-t-il de faces ? »

**11.**    **14.**

**12.** 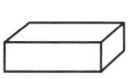   **15.**

**13.**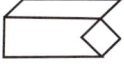

# Le guide marabout des tests

La consigne pour les séries nos 16 à 20 est la suivante : « Quelle figure diffère des trois autres quant à la position du point ? »

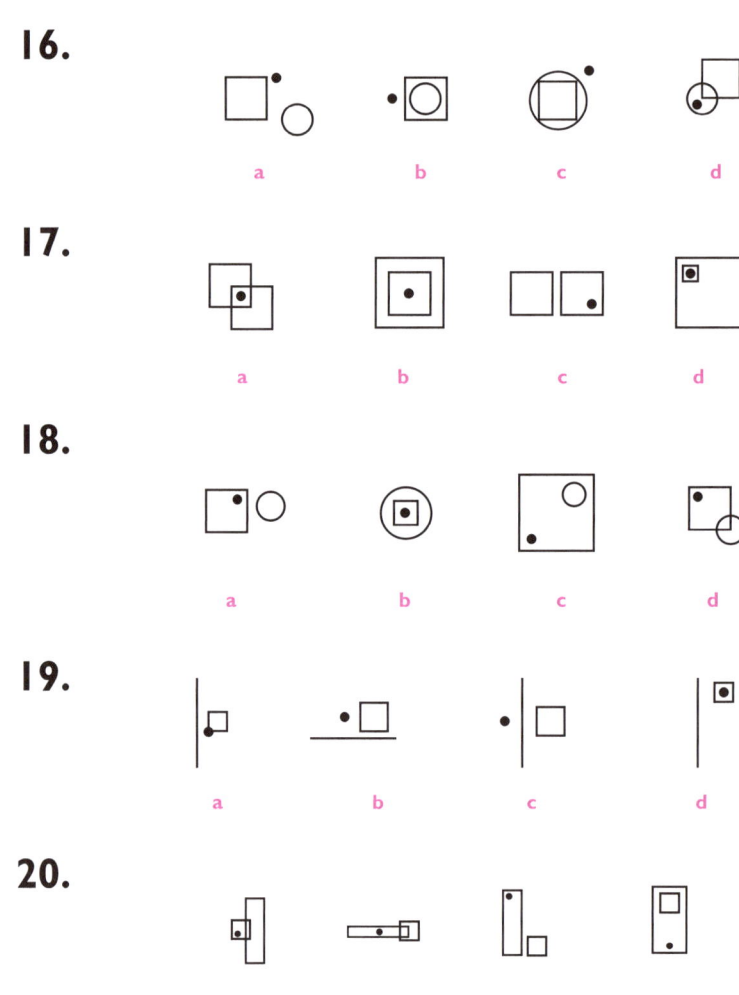

**16.**

a     b     c     d

**17.**

a     b     c     d

**18.**

a     b     c     d

**19.**

a     b     c     d

**20.**

a     b     c     d

Corrigés page 299.

# Les tests objectifs ou d'efficience

## Exercice n° 2

Durée de l'exercice : 20 minutes.

**1. Quel dessin poursuit cette série ?**

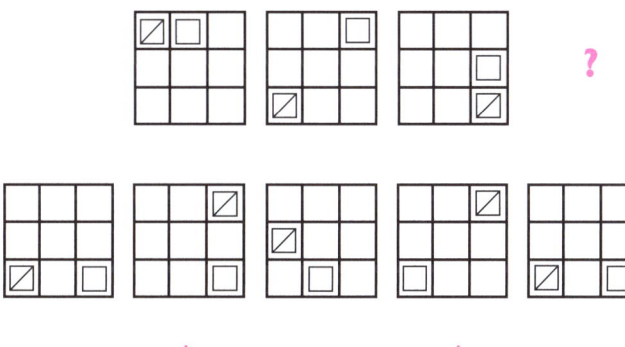

**2. Quel est l'intrus ?**

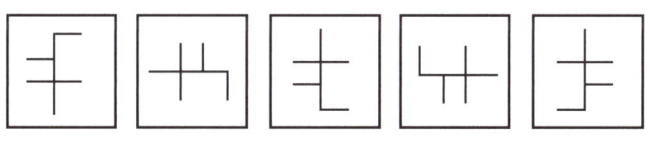

# Le guide marabout des tests

**3. Quel est l'intrus ?**

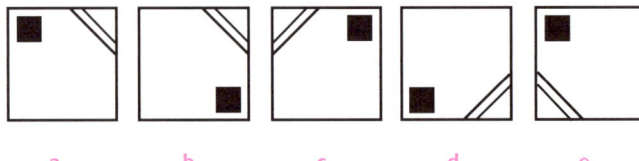

a      b      c      d      e

**4. Une feuille carrée dont le centre est matérialisé par un point est pliée en 3 dans un sens, puis à nouveau en 3 dans l'autre sens. Quelle figure obtient-on ?**

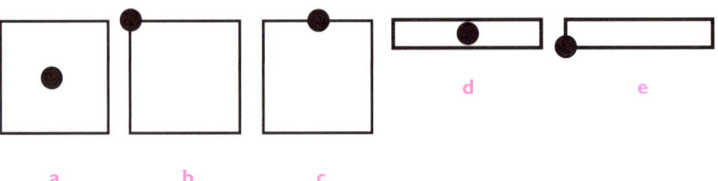

**5. Cette figure a été tournée sur elle-même puis retournée recto verso. Quel en est le résultat ?**

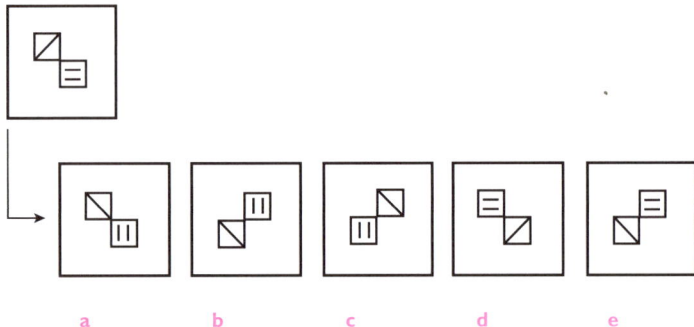

# Les tests objectifs ou d'efficience

**6. Cette figure a été tournée sur elle-même puis retournée recto verso. Quel en est le résultat ?**

a   b   c   d   e

**7. Cette figure a été tournée sur elle-même puis retournée recto verso. Quel en est le résultat ?**

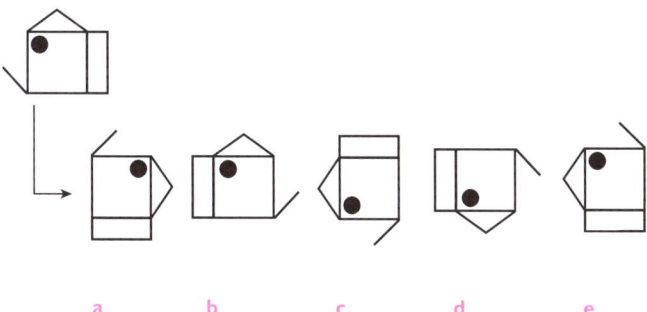

a   b   c   d   e

# Le guide marabout des tests

**8.**

a      b      c      d      e

**9.**  est à 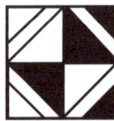 ce que  est à ?

a      b      c      d      e

**10.** 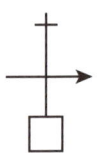 est à 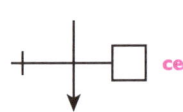 ce que 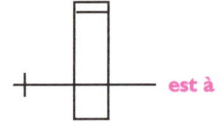 est à ?

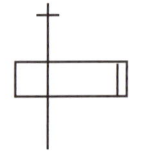 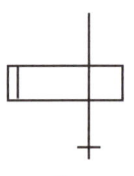 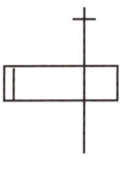 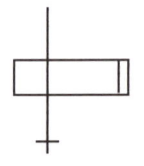 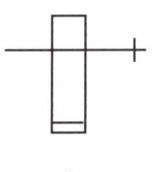

a      b      c      d      e

## Les tests objectifs ou d'efficience

**11. Quel est l'intrus ?**

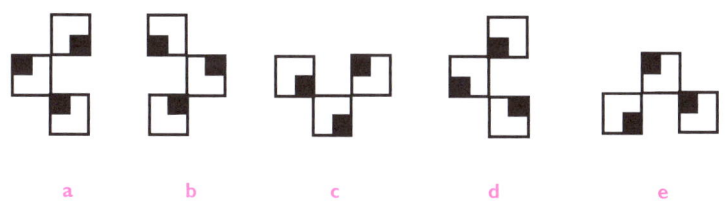

a   b   c   d   e

**12. Quel est l'intrus ?**

a   b   c   d   e

**13. Quel est l'intrus ?**

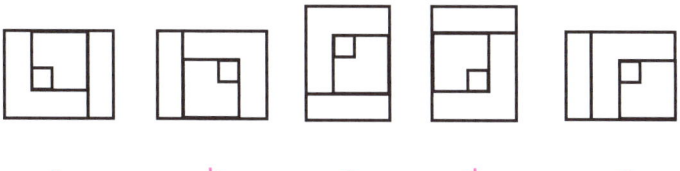

a   b   c   d   e

# Le guide marabout des tests

**14. Quel dessin poursuit cette série ?**

**15. Quel est l'intrus ?**

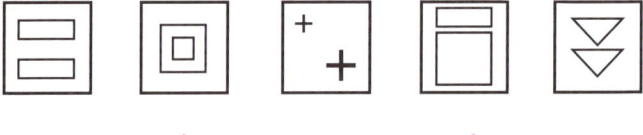

a  b  c  d  e

**Corrigés page 299.**

# Chapitre III
# Des tests pour s'entraîner

Pour améliorer ses scores aux tests d'intelligence logique, le plus efficace est de s'entraîner sur des tests qui regroupent différentes sortes d'exercices, faisant travailler chaque forme d'intelligence. C'est le cas des deux tests qui suivent.

# Le guide marabout des tests

# Test 1

**Quel mot ne va pas avec les autres ?**

1. a. accorder   b. permettre   c. patienter
   d. consentir   e. autoriser   f. tolérer

2. a. terrifier   b. surprendre   c. effrayer   d. apeurer
   e. épouvanter   f. terroriser

**Quel mot prolonge la série :**

3. amour   baiser   caresse   douceur ?
   a. tendresse   b. câlin   c. envie
   d. désir   e. beauté

4. Luc est à Pia
   ce que Kevin est à Léone
   et ce que Jean est à ?
   a. Brigitte   b. France   c. Martine
   d. Laure   e. Adeline   f. Anne

**Quel groupe de lettres finit le premier mot et commence le second ?**
**Exemple :** MAI … NER   **Réponse :** SON
(forme maison avec le premier groupe de lettres et sonner avec le second).
NB : le nombre de points n'indique pas le nombre de lettres à trouver.

5. BON … HEUR

6. CHA … NERRE

7. FLAM … RE

# Les tests objectifs ou d'efficience

**Quel groupe de lettres peut précéder les mots de chaque série afin de former de nouveaux mots ?**

**Exemple :** si l'on fait précéder les mots CALER, MARCHE et LUGE du groupe de lettres DE, on obtient les nouveaux mots DÉCALER, DÉMARCHE, DÉLUGE.

**8.** TENTE - SERRER - TENDU - SUITE - TASSER - TERRER

**9.** PORTER - POSITION - PRÉVU - POTENCE - PIE - POSSIBLE

**Quel mot peut compléter ?**

**10.** CIEL ..., OISEAU ..., BAS ...

**11.** SOURIS ..., NUIT ..., SAUCE ...

**Quel mot peut précéder ?**

**12.** ... SEL, ... ŒUVRE, ... MOT

**Mots brouillés : pour répondre à la question, efforcez-vous de remettre en ordre les lettres de chaque mot.**

**13.** Lequel de ces mots n'est pas une couleur ?
   a. soer   b. needtr   c. anrmro   d. gisr

**14.** Lequel de ces mots n'est pas un instrument de musique ?
   a. euogr   b. raeph   c. attubeor   d. naiop

**15.** Qui, parmi ces personnes, ne fait pas partie de la famille ?
   a. enclo   b. emrè   c. sfli   d. niiovs

# Le guide marabout des tests

**Dans les phrases suivantes, deux mots ou groupes de mots peuvent être remplacés par deux homonymes. À vous de trouver lesquels.**

**Exemple :** dans la phrase : « J'avais trouvé dans ce magazine de très belles photos du défilé du 14 Juillet », les mots « magazine » et « défilé » peuvent tous deux être remplacés par le mot « revue ».

**16.** Il alla au bistrot boire un verre : la mise du corps dans le cercueil l'avait vraiment retourné.

**17.** Le violoniste reçut un avis écrit du chef d'orchestre l'enjoignant de soigner dorénavant ses bémols et ses croches.

**18.** Le douanier s'empara du roman suspect : apparemment, il ne pesait guère moins de 500 grammes.

**Quelle figure, parmi les 6 proposées, vient continuer la série ?**

19.

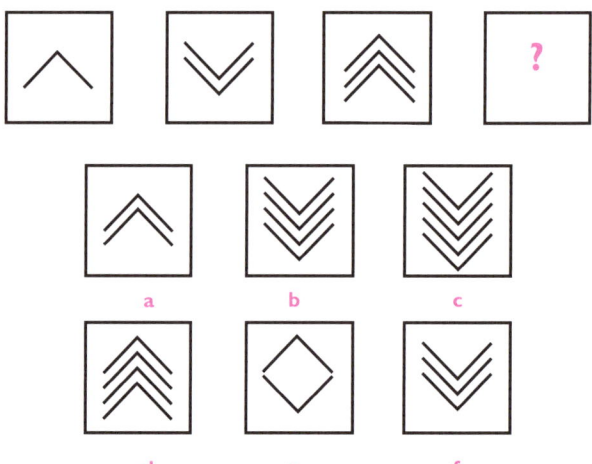

# Les tests objectifs ou d'efficience

**20.**

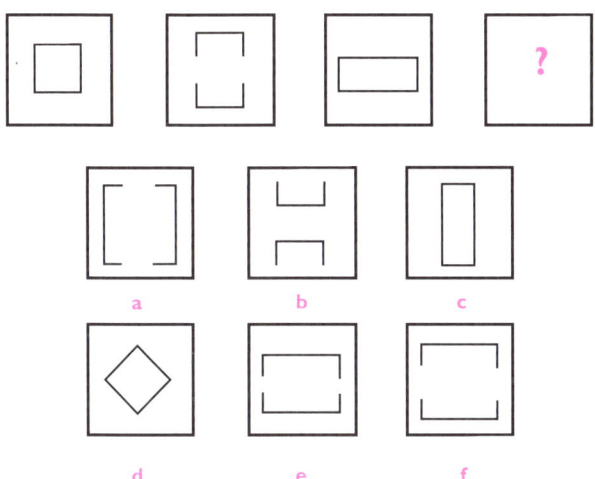

**21.**

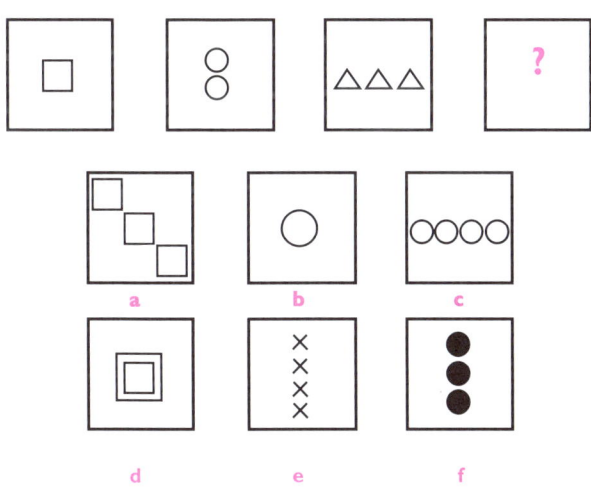

# Le guide marabout des tests

**22.**

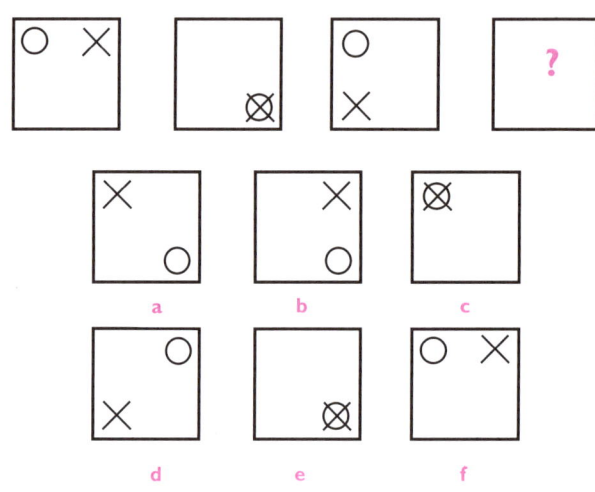

**23.**

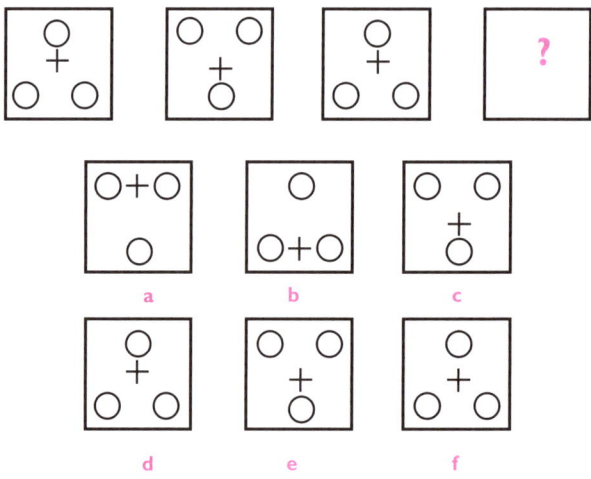

# Les tests objectifs ou d'efficience

**24.**

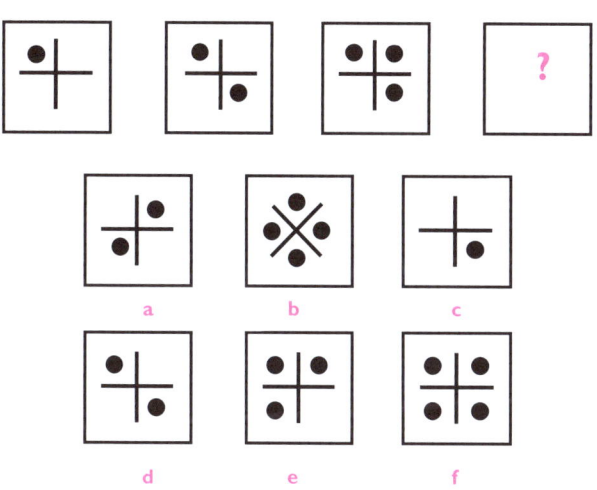

**25.**

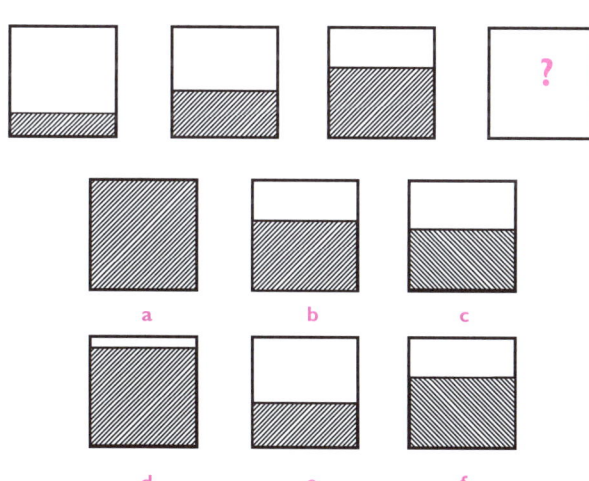

# Le guide marabout des tests

**26.**

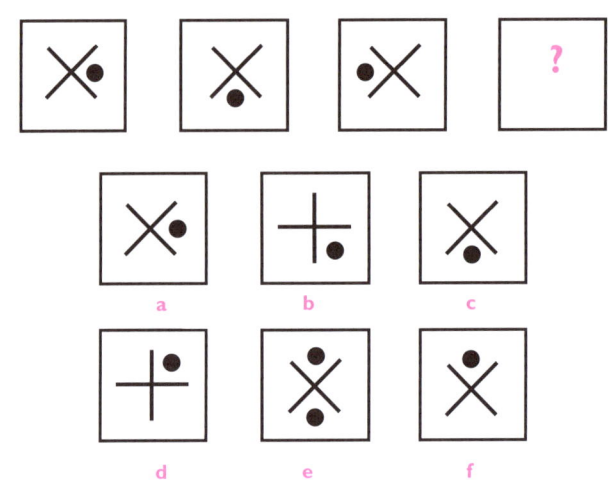

**27.**

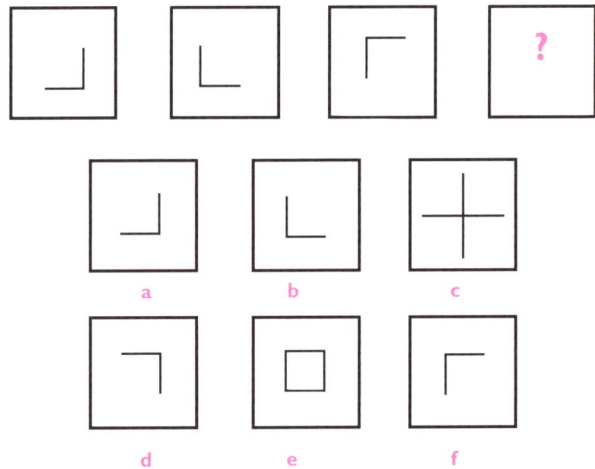

# Les tests objectifs ou d'efficience

**28.**

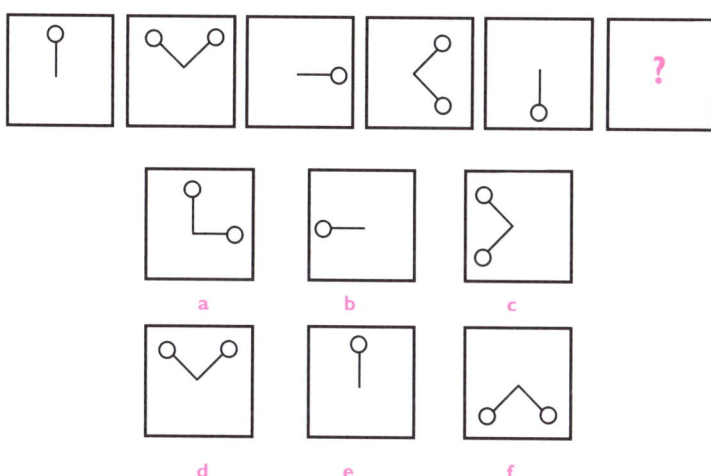

**29.**

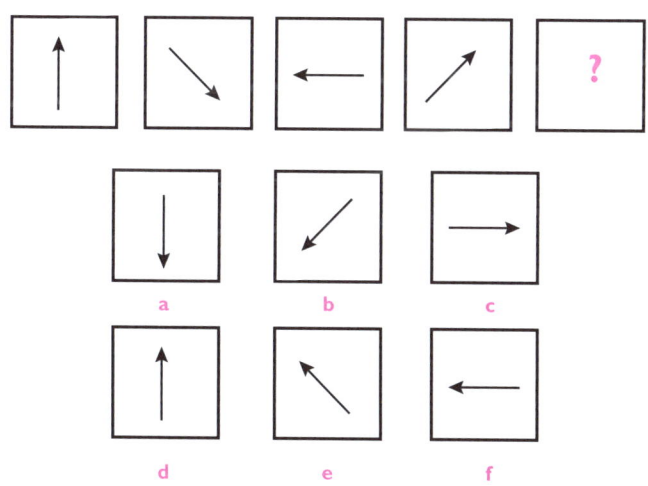

# Le guide marabout des tests

**30.**

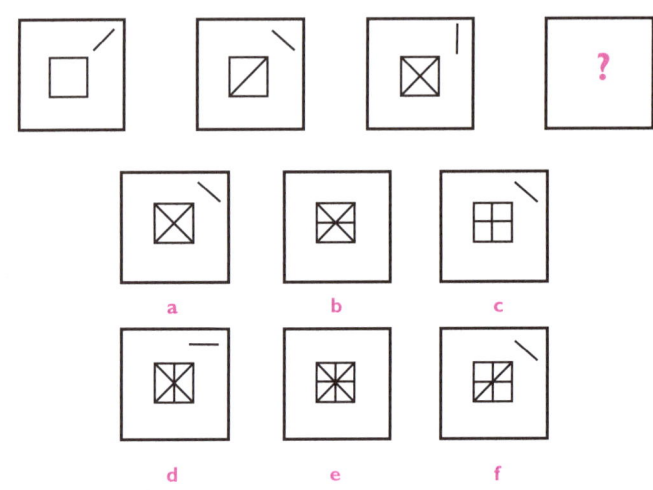

**31.**

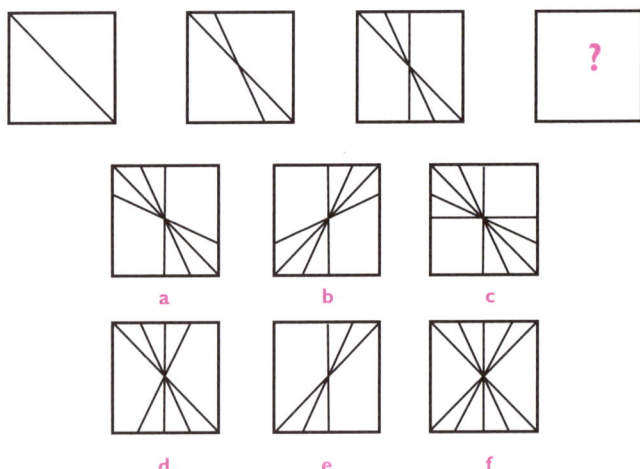

# Les tests objectifs ou d'efficience

**Quelle figure, parmi les 6 proposées, vient compléter le carré ?**
**32.**

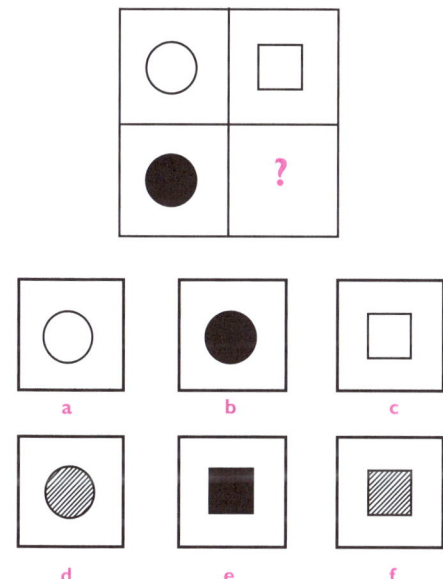

**33.**

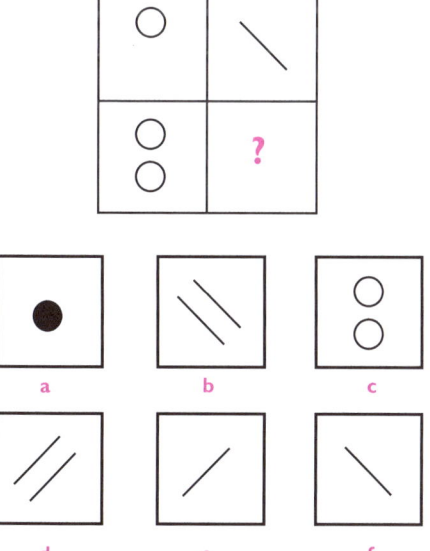

## Le guide marabout des tests

**Parmi les 5 figures proposées, laquelle ne va pas avec les 4 autres ?**

**34.**

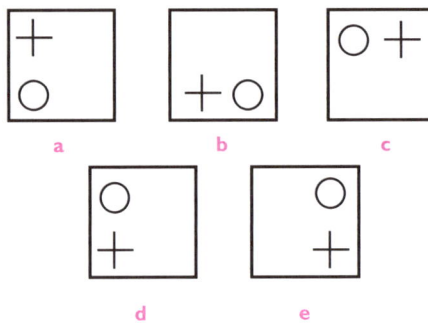

**35.**

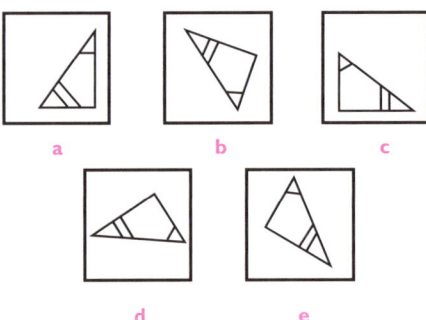

## Les tests objectifs ou d'efficience

36.

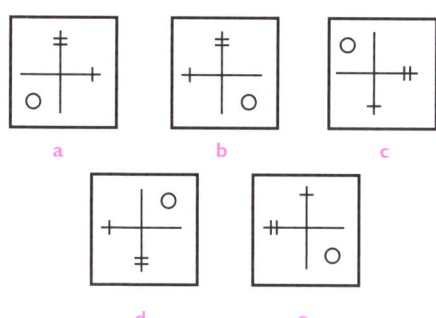

Parmi les 5 figures proposées (de a à e), pouvez-vous trouver celle qui remplace le point d'interrogation ?

37.

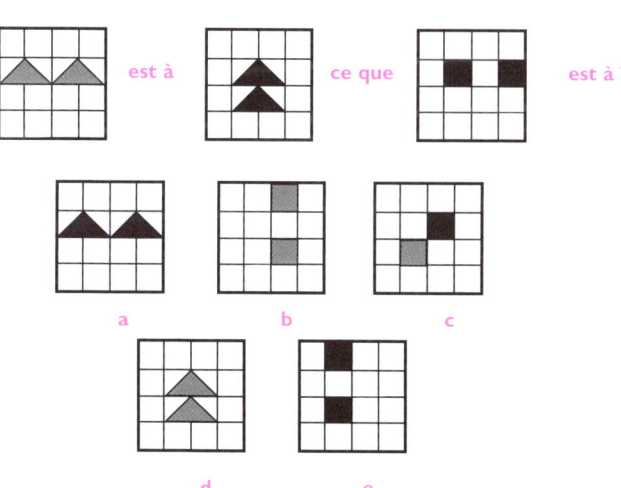

# Le guide marabout des tests

**38.**

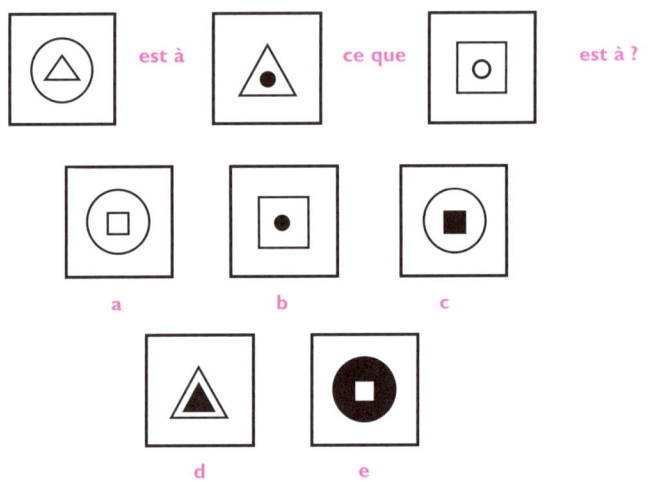

**39.**

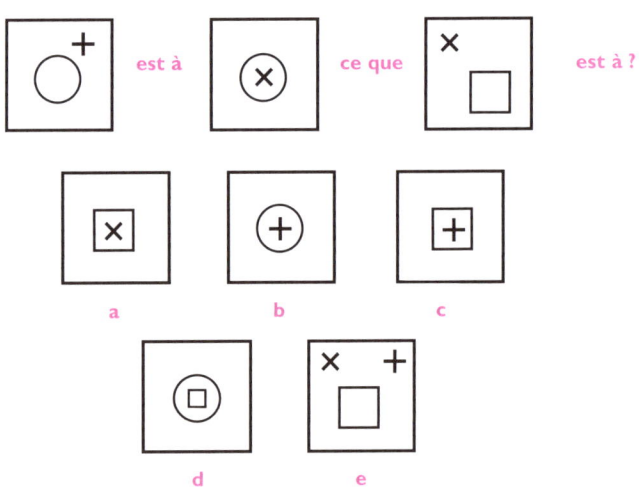

## Les tests objectifs ou d'efficience

**Quelle figure, parmi les 6 proposées, vient compléter le grand carré ?**

**40.**

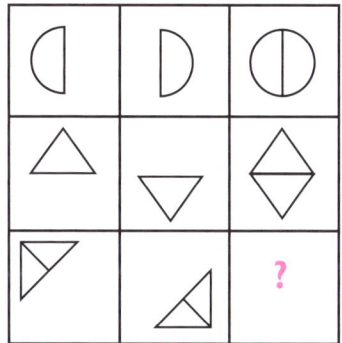

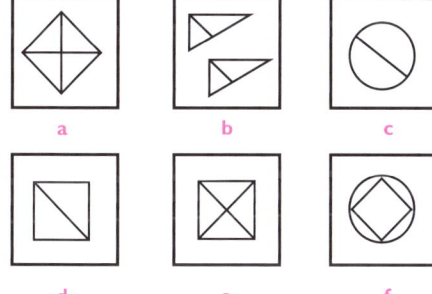

# Le guide marabout des tests

41.

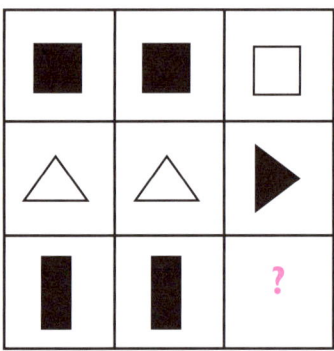

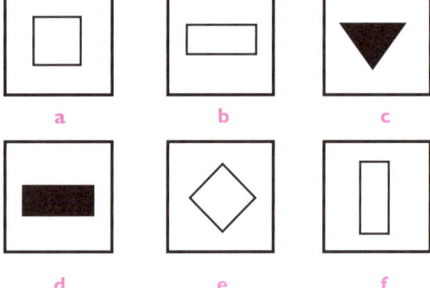

## Les tests objectifs ou d'efficience

**42.**

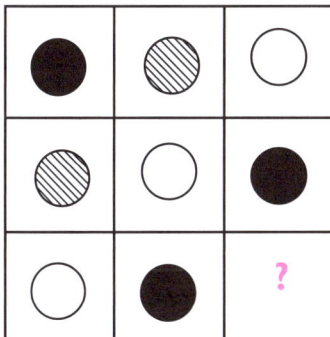

  a         b         c

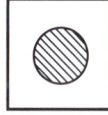 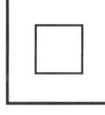 
  d         e         f

# Le guide marabout des tests

**43.**

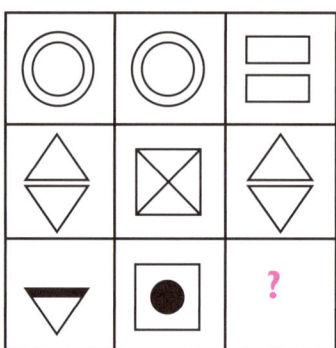

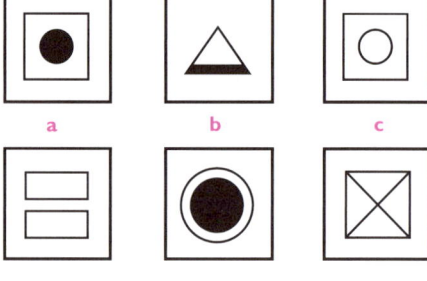

# Les tests objectifs ou d'efficience

**Voici des séries de dominos. Chaque côté d'un domino peut compter entre 0 et 6 points. À vous de retrouver les valeurs manquantes.**

**44.**

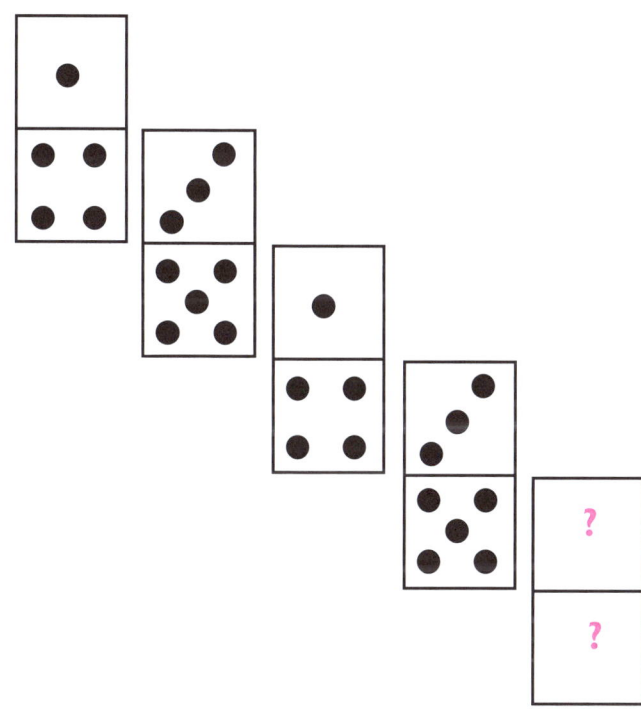

**45.**

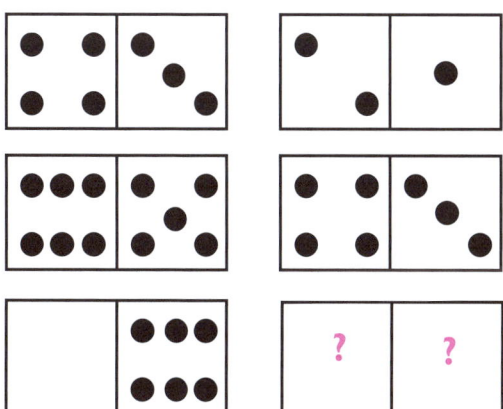

# Le guide marabout des tests

**46.**

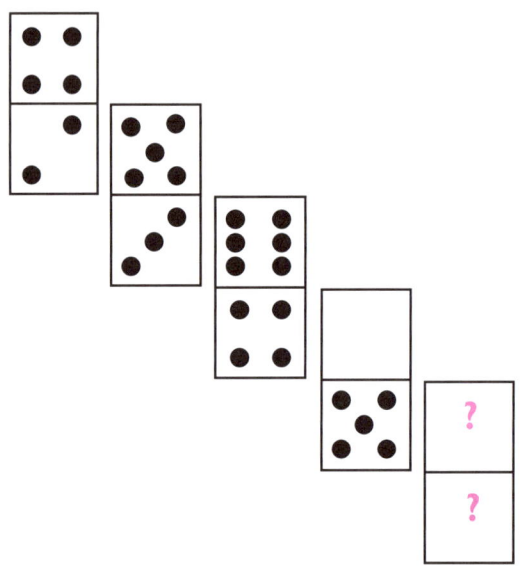

**47.**

## Les tests objectifs ou d'efficience

**48.**

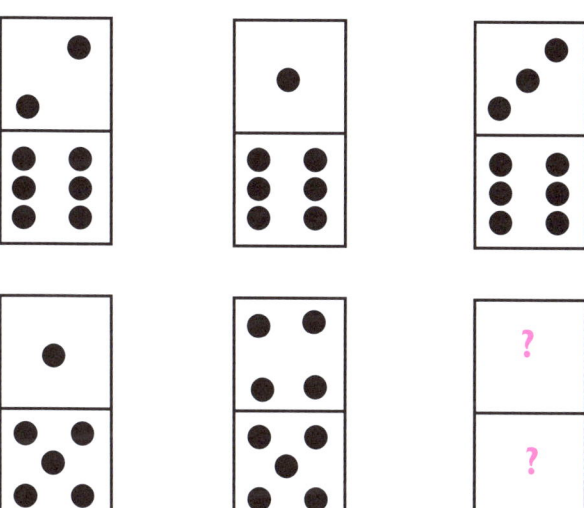

Corrigés page 302.

# Le guide marabout des tests

## Test 2

**Quel mot ne va pas avec les autres ?**

1. a. se figurer   b. s'imaginer   c. conjecturer
   d. spéculer   e. savoir   f. supposer

2. a. embrocher   b. cribler   c. empaler   d. enfiler
   e. transpercer   f. traverser

**Quel mot prolonge la série :**

3. Léo   Jean   Marie   Louise   Martine ?
   a. François   b. Paul   c. Geneviève   d. Léon
   e. Claire   f. Raoul

**Trouvez l'intrus :**

4. a. immonde   b. immobile   c. immangeable
   d. immature   e. immanent   f. immoral

**Quel groupe de lettres finit le premier mot et commence le second ?**
**Exemple :** MAI ... NER   Réponse : SON
(forme maison avec le premier groupe de lettres et sonner avec le second).
NB : le nombre de points n'indique pas le nombre de lettres à trouver.

5. BUL ... LETTE

6. ES ... LLIR

7. JUR ... CLE

# Les tests objectifs ou d'efficience

**Quel groupe de lettres peut précéder les mots de chaque série afin de former de nouveaux mots ?**

**Exemple :** Si l'on fait précéder les mots CALER, MARCHE et LUGE du groupe de lettres de, on obtient les nouveaux mots DÉCALER, DÉMARCHE, DÉLUGE.

8. ANNÉE - CHARGE - DOUÉ - FACE - FAIT

9. GRAPHE - MÈTRE - SITE - VENT - SOL


**Quel mot peut précéder ?**

10. BÊCHE - DURE - CHERCHEUSE

11. NOIR - CONCLU - À TERME

12. MONDE - PAYANT - ÉTAT


**Mots brouillés : pour répondre à la question, efforcez-vous de remettre en ordre les lettres de chaque mot.**

13. Lequel de ces pays n'est pas en Europe ?
    a. GLUIQEEB   b. OIHEEPTI   c. EENROGV
        d. LORPAGUT   e. NACFER

14. Lequel de ces mots n'est pas une fleur ?
    a. pieult      b. tvtleeoi    c. lsesreaco
        d. lulaige    e. esor

15. Lequel, parmi ces animaux, n'est pas un mammifère ?
    a. drraen      b. raddamoire   c. nootmu
        d. draanc     e. tahc

# Le guide marabout des tests

**Dans les phrases suivantes, deux mots (ou groupes de mots) peuvent être remplacés par deux homonymes. À vous de trouver lesquels.**

**Exemple** : dans la phrase : « J'avais trouvé dans ce magazine de très belles photos du défilé du 14 Juillet », les mots « magazine » et « défilé » peuvent tous deux être remplacés par le mot « revue ».

**16.** Il savait que ce n'était pas bien, pourtant il ne pouvait s'empêcher de faire souffrir celles qu'il aimait.

**17.** Paul était honnête et direct. Aussi avoua-t-il tout de suite à sa mère qu'il avait dû prendre une pièce dans son porte-monnaie.

**18.** Était-ce vraiment l'endroit rêvé pour manger du poisson ?

**Quelle figure, parmi les six proposées, vient prolonger la série ?**

**19.**

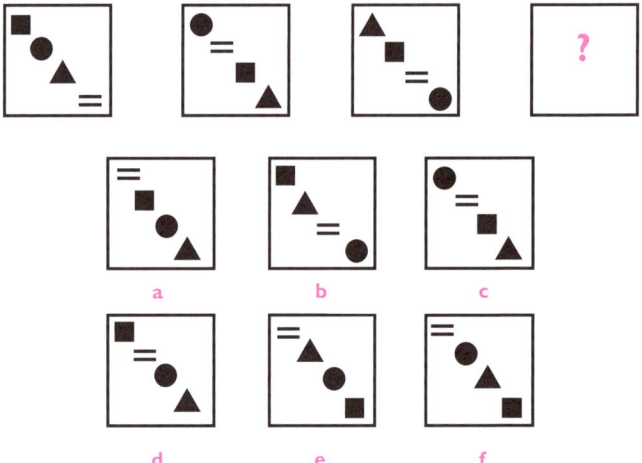

## Les tests objectifs ou d'efficience

**20.**

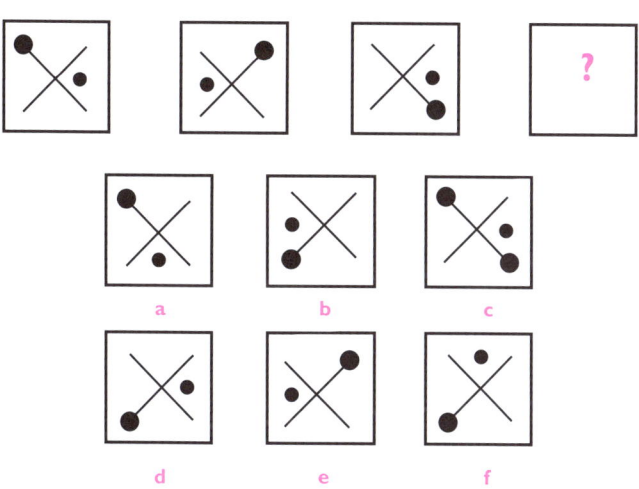

**21.**

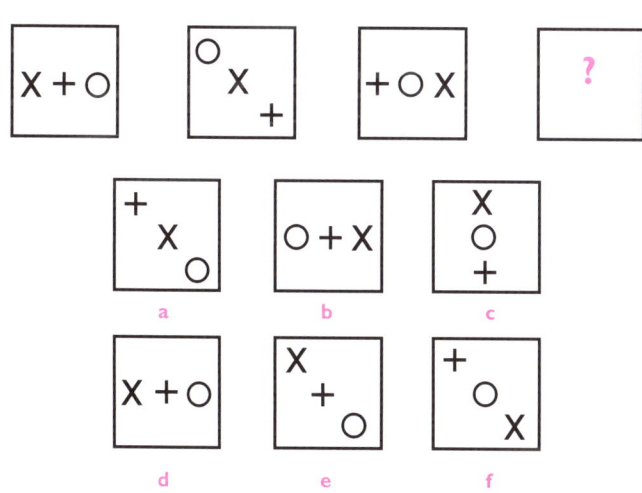

## Le guide marabout des tests

**22.**

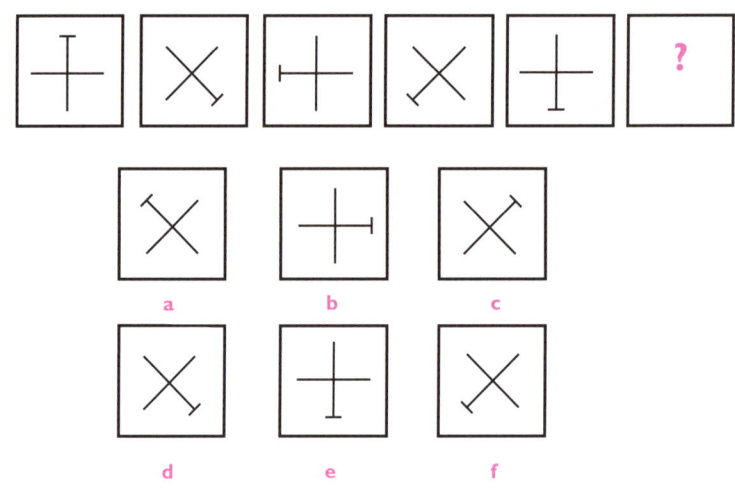

**23.**

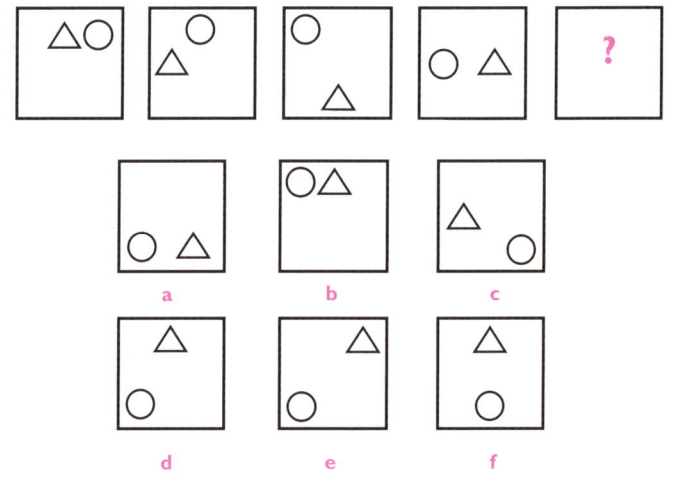

## Les tests objectifs ou d'efficience

**24.**

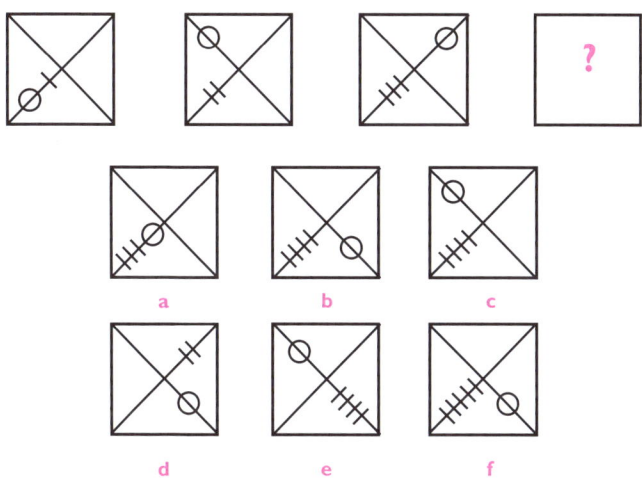

**25.**

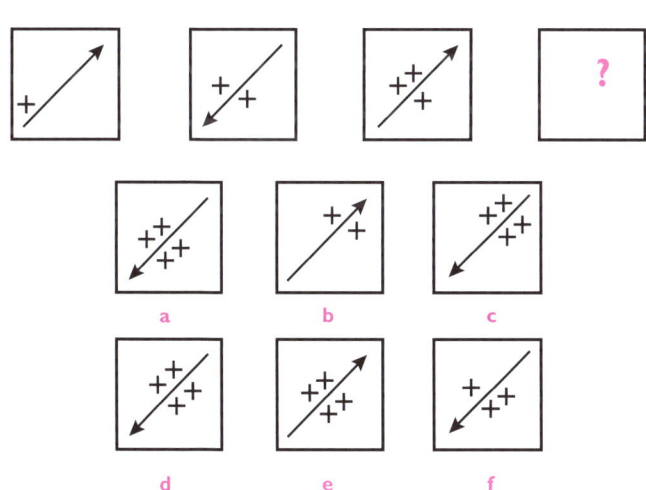

## Le guide marabout des tests

26.

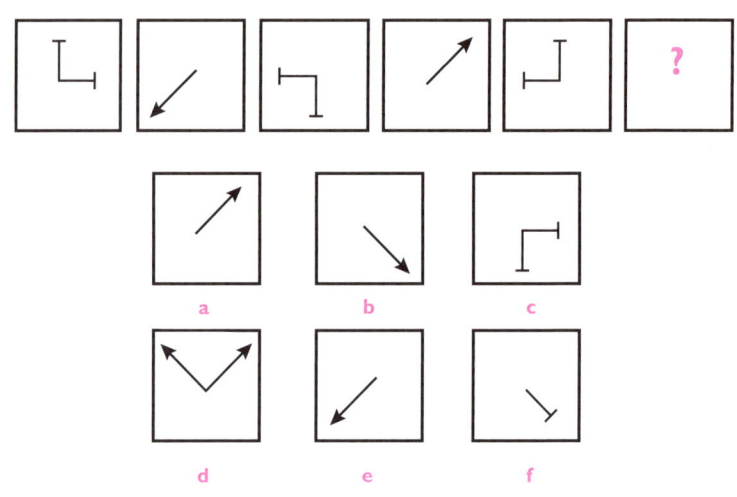

27.

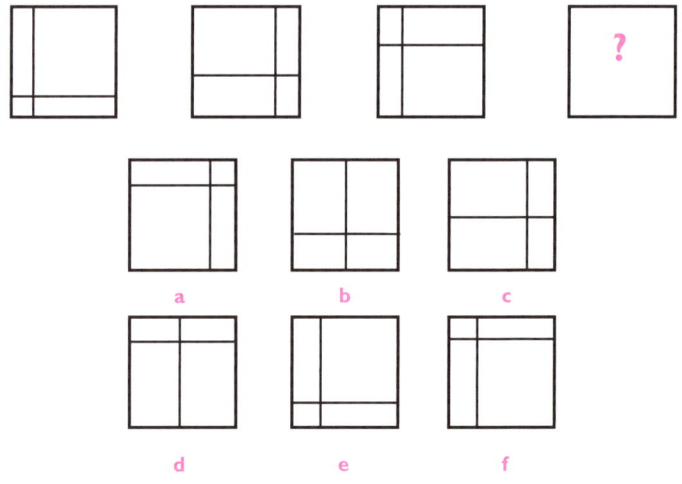

# Les tests objectifs ou d'efficience

28.

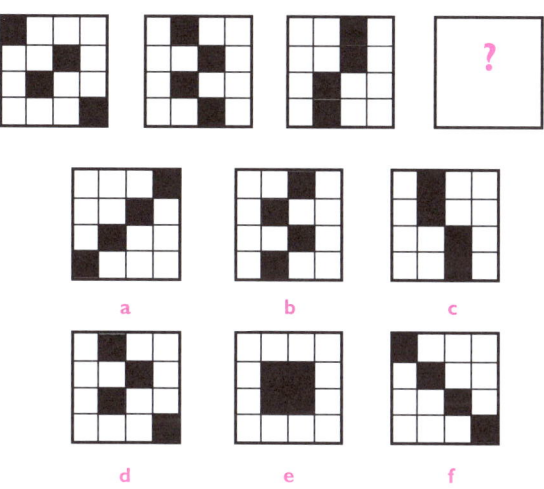

29.

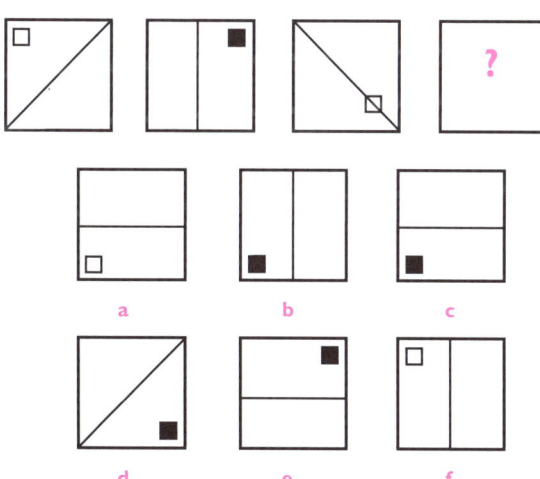

# Le guide marabout des tests

**Parmi les six figures proposées, laquelle vient compléter le carré ?**

30.

31.

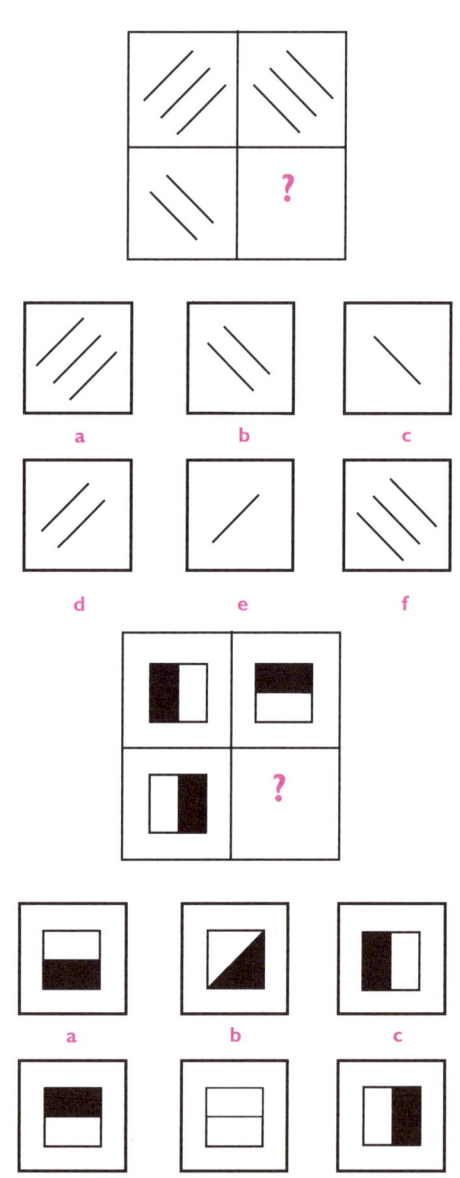

## Les tests objectifs ou d'efficience

**32.**

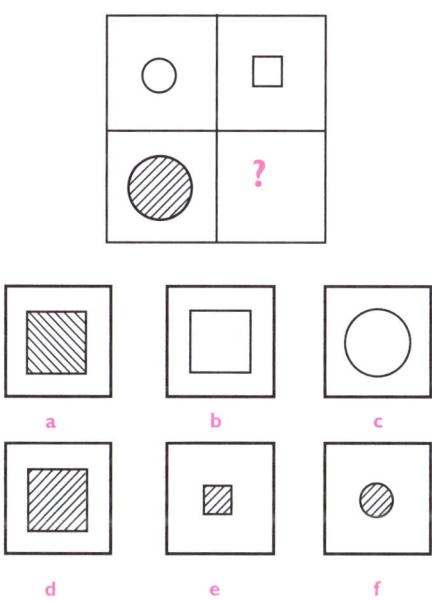

**33.**

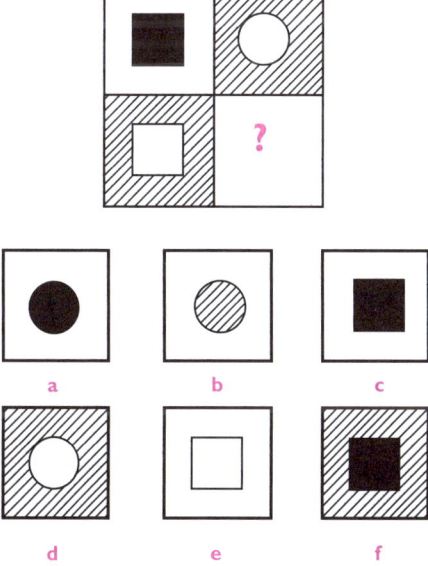

**34.**

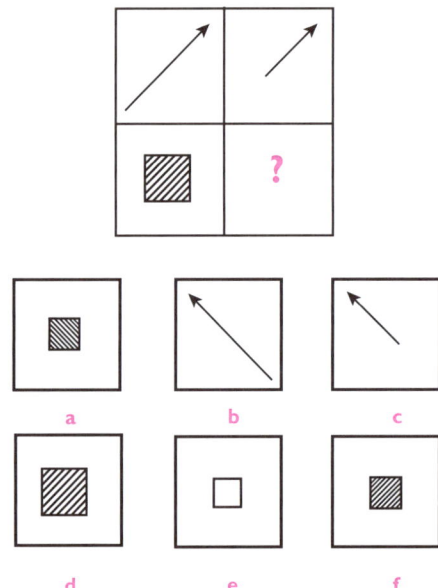

Parmi les 5 figures proposées, quelle est celle qui ne va pas avec les 4 autres ?

**35.**

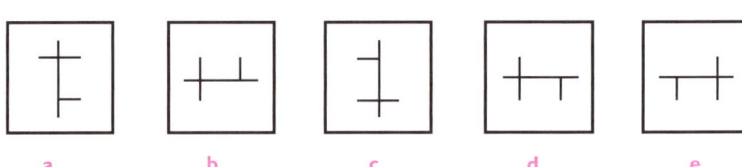

**36.**

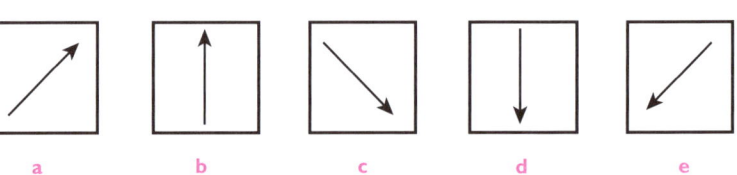

# Les tests objectifs ou d'efficience

Parmi les 7 figures proposées, quelles sont les 2 qui ne vont pas avec les 5 autres ?

**37.**

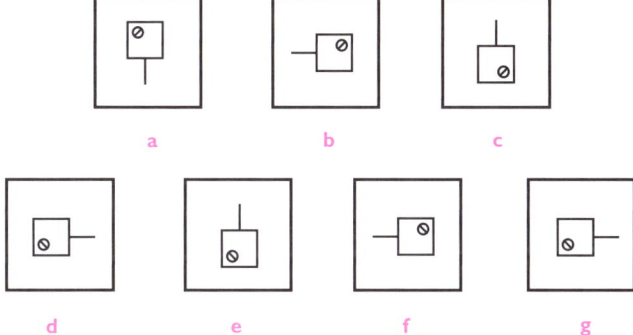

Parmi les 5 figures proposées, pouvez-vous trouver celle qui remplace le point d'interrogation ?

**38.**

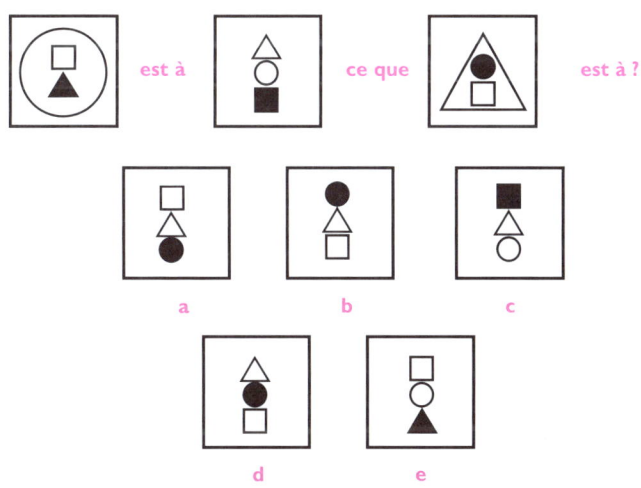

# Le guide marabout des tests

**39.**

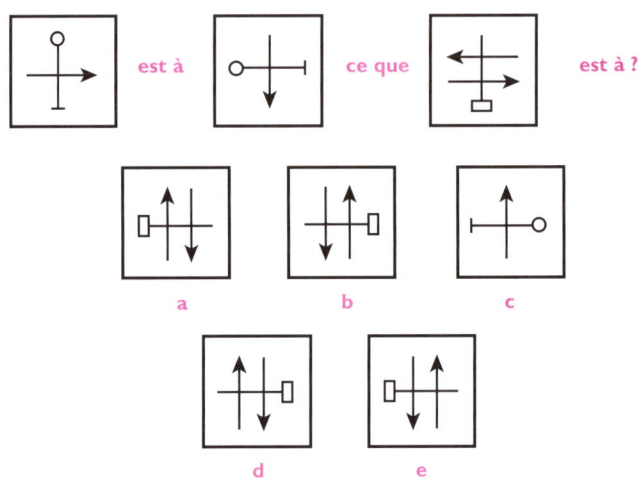

**40.**

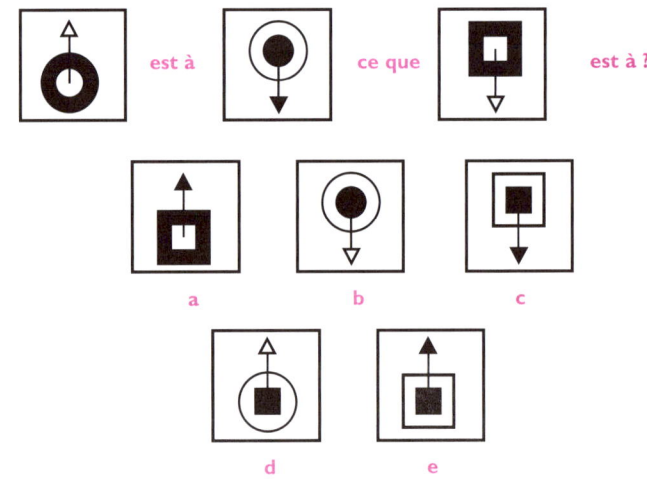

# Les tests objectifs ou d'efficience

Quelle figure, parmi les 6 proposées, vient compléter le grand carré ?

41.

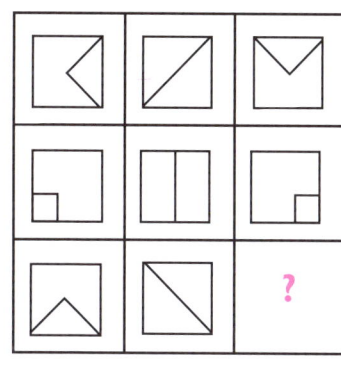

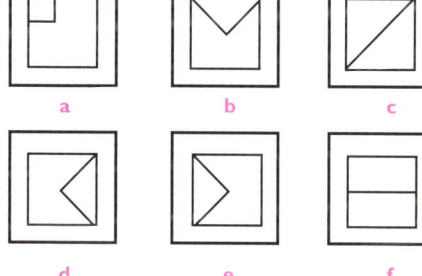

# Le guide marabout des tests

42.

a　　　　　　b　　　　　　c

d　　　　　　e　　　　　　f

# Les tests objectifs ou d'efficience

43.

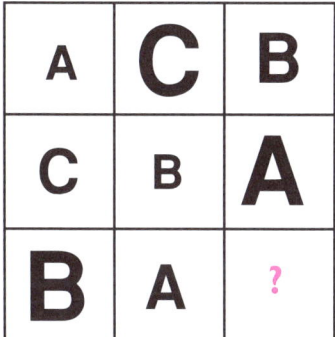

# Le guide marabout des tests

44.

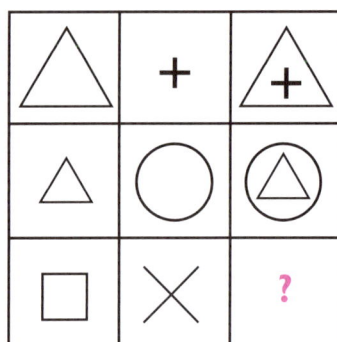

a  b  c

  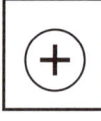
d  e  f

# Les tests objectifs ou d'efficience

**Voici des séries de dominos. Chaque côté d'un domino peut compter de 0 à 6 points. À vous de retrouver les valeurs manquantes.**

**45.**

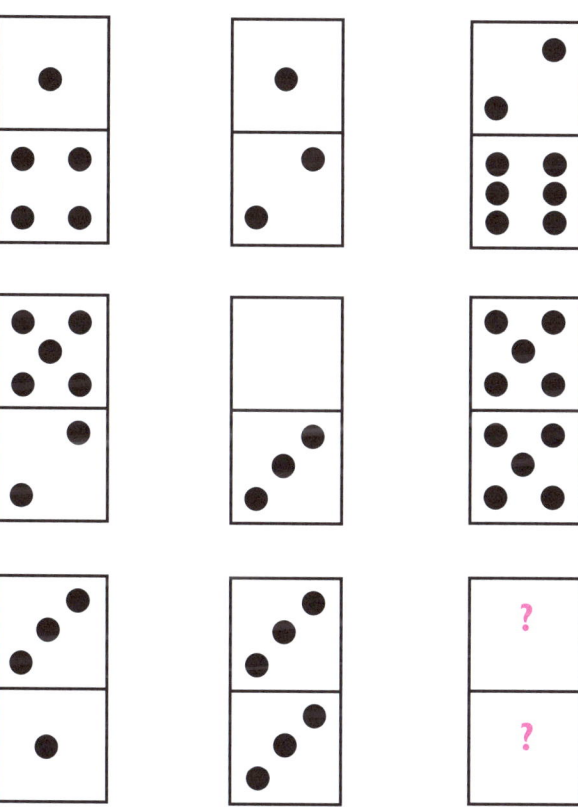

# Le guide marabout des tests

**46.**

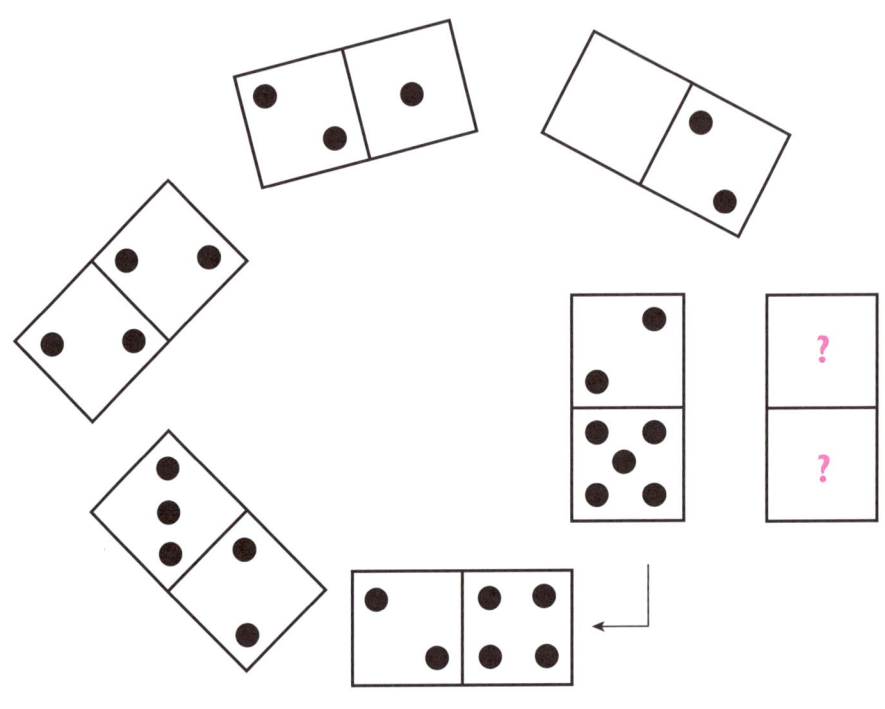

# Les tests objectifs ou d'efficience

**47.**

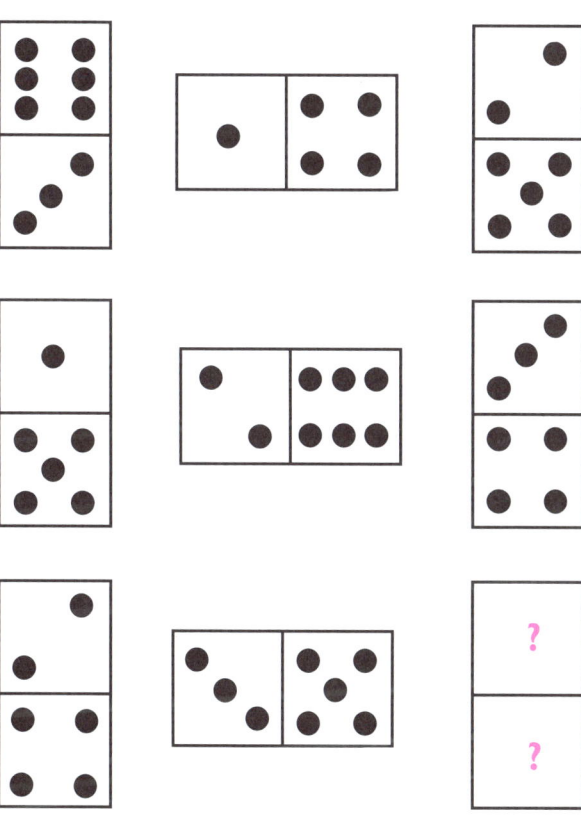

# Le guide marabout des tests

**48.**

**49.**

Corrigés page 304.

# Chapitre IV
# Les tests d'aptitude

Ces tests mesurent un potentiel, une capacité à apprendre facilement ou à être bon dans un domaine spécifique. Selon l'emploi visé, on mesurera l'aptitude à l'organisation, à l'informatique, à la mémorisation, etc. Les capacités potentielles mesurées peuvent être concrètes ou abstraites.

# Le guide marabout des tests

## Les tests de mémoire

### Exercice n° 1 : mémoire de configuration

Regardez attentivement le tableau 1 rempli pendant 2 minutes. Puis, dissimulez-le sous un cache.

Essayez de reproduire les 16 chiffres le plus exactement possible dans le tableau vide. Faites ensuite de même avec les dessins du tableau 2.

1.

|   |   |   |   |
|---|---|---|---|
| 3 | 7 | 1 | 9 |
| 8 | 4 | 2 | 3 |
| 6 | 9 | 7 | 4 |
| 2 | 8 | 5 | 1 |

2.

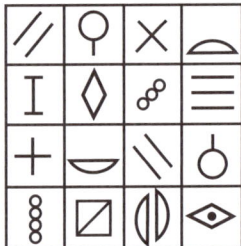 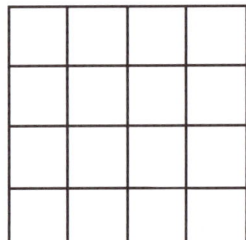

**Corrigés page 308.**

# Les tests objectifs ou d'efficience

## Exercice n° 2 :
## mémoire de texte

Lisez lentement le premier texte ci-dessous pendant 1 minute.

Lisez le second texte en cachant le premier. Il est identique au premier, mais certains mots ont été remplacés par des pointillés. La tâche consiste à replacer les mots manquants.

Temps maximum : 5 minutes.

Comptez 1 point par bonne réponse.

Nombre de points maximum : 12.

### Premier texte

« L'essentiel de la méthode expérimentale consiste à établir une relation entre deux ou plusieurs variables. Pour cela, il faut formuler cette relation comme une hypothèse explicite devant être vérifiée. Il faut encore que ces variables puissent être isolées, contrôlées et décrites, afin que l'expérience puisse être refaite et les résultats confirmés par d'autres. C'est-à-dire que les méthodes et les résultats doivent être indépendants de l'expérimentateur, d'où les exigences fondamentales d'objectivité et de répétition, ainsi que le langage précis des quantités mathématiques pour spécifier les résultats obtenus »

### Second texte

« L'essentiel de la ....... expérimentale consiste à établir une relation entre deux ou ....... variables. Pour cela, il faut ....... cette relation comme une hypothèse ....... devant être vérifiée. Il faut encore que ces variables puissent être isolées, ....... et décrites, afin que ....... puisse être refaite et les résultats ....... par d'autres. C'est-à-dire que les ....... et les résultats doivent être indépendants de l'expérimentateur, d'où les ....... fondamentales d'objectivité et de répétition, ainsi que le ....... précis des quantités ....... pour spécifier les ....... obtenus.

# Le guide marabout des tests

## Exercice n° 3 : mémoire de forme

Cachez les figures a, b, c et d.

Regardez la figure A pendant 10 secondes, puis cachez-la.

Reproduisez la figure A, de mémoire, sur la case vide A', puis cachez-la également.

Découvrez les figures a, b, c et d. Devinez laquelle est identique à la figure de départ A.

Procédez de la même façon pour les figures B et C.

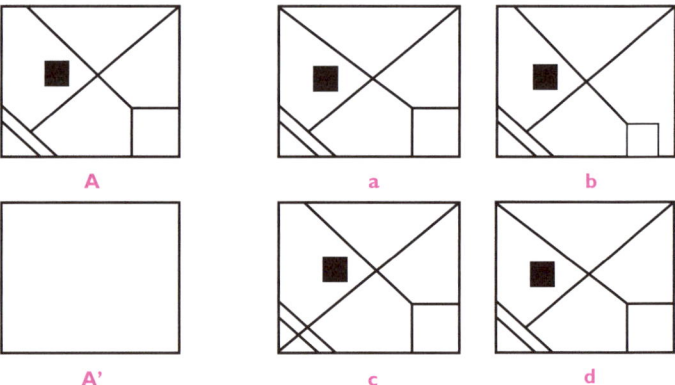

## Les tests objectifs ou d'efficience

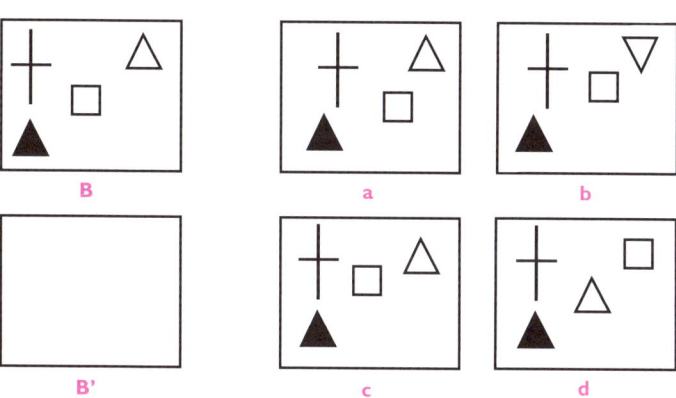

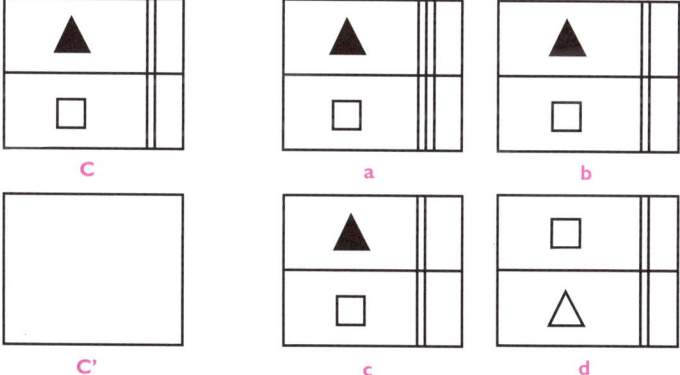

# Le guide marabout des tests

# Les tests de collationnement

Cet exercice est divisé en quatre parties de cinq items chacune. Chaque partie doit être résolue le plus rapidement possible et sans erreur.

Pour chaque partie :

- Entre 1 minute et 1 minute 30, une erreur maximum.

- Au-delà de 1 minute 30 ou à partir de deux erreurs : demandez à quelqu'un de vous inventer d'autres exercices semblables afin de vous entraîner davantage.

**1. Faites une croix sur chaque ligne reliant deux chiffres identiques.**

a. 5,325        ...   5,352
b. 6.018.967    ...   6.018.967
c. 537:62       ...   537:062
d. 202.743,18   ...   20.743,18
e. 7533429      ...   7533429

**2. Faites une croix sur chaque ligne reliant deux chiffres différents.**

a. 1.733.025    ...   1.733.25
b. 7392,485     ...   7392,4285
c. 943.257      ...   943.257
d. 808.43523    ...   808.435233
e. 146.635.566  ...   146.635.566

**3. Faites une croix sur chaque ligne reliant deux mots identiques.**

a. Amshaspends          ...   Amschaspends
b. Nanteuil-le-Haudoin  ...   Nanteuil-le-Haudoin
c. helminthiase         ...   helminthiase
d. empyreumatique       ...   empyrematique
e. siphomycètes         ...   siphomycète

# Les tests objectifs ou d'efficience

**4. Faites une croix sur chaque ligne reliant deux mots différents.**

a. Sirimavo Bandaranaike   ...   Sirimavo Bandaranaike
b. Balthazar à Balkhach   ...   Balthazar à Bakhach
c. Enghien-les-Bains   ...   Enghein-les-Bains
d. Entraygues-sur-Truyère   ...   Entraygues-sur-Truyère
e. Illkirch-Graffenstaden   ...   Illkirh-Graffenstaden

**Corrigés page 308.**

# Le guide marabout des tests

# Les tests de codage

Les exercices de codage sont très fréquents dans les tests d'aptitude. Ils permettent de mesurer à la fois votre rapidité, votre précision et la qualité de votre concentration. Ils ne demandent pas de compétences ou de connaissances particulières mais demandent une très grande attention et sont assez difficiles à réussir en temps limité. Le premier de ces tests (symboles/lettres) est facile, mais le temps imparti est bref. Les autres tests sont plus difficiles. Ils ne sont pas en temps limité. À vous de vous appliquer tout en travaillant le plus rapidement possible.

## Exercice n° 1 : codage symboles / lettres

La consigne est la suivante : « À l'aide du code, vous devez inscrire, à côté de chaque symbole, la lettre qui lui correspond. Vous avez deux minutes pour faire les six colonnes. »

**Corrigés page 309.**

# Les tests objectifs ou d'efficience

## Exercice n° 2 :
## codage lettres / chiffres

Dans cet exercice, le codage a déjà été fait, mais des erreurs peuvent s'y être glissées. Vous allez devoir les repérer.

Le code de départ attribue un chiffre à chacune des lettres. Chaque série, de 1 à 10, présente trois lignes de lettres avec les chiffres correspondants en face.

- Si aucune de ces trois lignes n'est bien codée, notez A.

- Si une seule de ces trois lignes est bien codée, notez B

- Si deux de ces trois lignes sont bien codées, notez C.

- Si les trois lignes sont bien codées, notez D.

| CODE : | C | T | V | B | M | D | G | F | P | R |
|---|---|---|---|---|---|---|---|---|---|---|
| | 0 | 1 | 2 | 3 | 4 | 5 | 6 | 7 | 8 | 9 |

| | | | | | | | | | |
|---|---|---|---|---|---|---|---|---|---|
| 1. | C | B | M | D | 0 | 3 | 4 | 5 | |
| | F | C | V | F | 7 | 0 | 2 | 7 | |
| | P | R | B | T | 8 | 9 | 3 | 1 | |
| 2. | C | T | M | G | 1 | 0 | 4 | 6 | |
| | P | C | V | M | 8 | 2 | 0 | 4 | |
| | G | P | C | D | 6 | 8 | 5 | 0 | |
| 3. | B | D | F | R | 3 | 5 | 8 | 9 | |
| | T | V | G | F | 1 | 2 | 6 | 8 | |
| | R | P | T | T | 9 | 8 | 1 | 1 | |
| 4. | M | G | V | T | 4 | 6 | 2 | 1 | |
| | F | D | B | C | 7 | 5 | 3 | 1 | |
| | R | D | V | F | 9 | 5 | 3 | 7 | |

# Le guide marabout des tests

| | | | | | | | | |
|---|---|---|---|---|---|---|---|---|
| **5.** | B | F | V | P | 3 | 7 | 2 | 8 |
| | G | T | P | C | 6 | 1 | 7 | 0 |
| | R | V | C | D | 9 | 2 | 0 | 5 |
| **6.** | V | T | C | D | 2 | 1 | 0 | 5 |
| | G | C | M | R | 6 | 0 | 4 | 9 |
| | B | G | B | V | 3 | 6 | 3 | 2 |
| **7.** | D | P | R | T | 5 | 8 | 9 | 0 |
| | V | T | R | M | 2 | 0 | 9 | 4 |
| | G | B | C | T | 6 | 3 | 0 | 0 |
| **8.** | D | R | T | M | 5 | 9 | 1 | 6 |
| | B | R | G | F | 3 | 9 | 6 | 7 |
| | R | M | T | D | 9 | 4 | 1 | 5 |
| **9.** | M | D | T | R | 4 | 6 | 1 | 9 |
| | C | R | M | P | 0 | 9 | 4 | 8 |
| | P | C | D | C | 7 | 0 | 5 | 0 |
| **10.** | T | P | G | B | 1 | 8 | 6 | 3 |
| | M | F | G | T | 4 | 7 | 6 | 1 |
| | D | C | P | V | 5 | 0 | 8 | 3 |

**Corrigés page 309.**

# Les tests objectifs ou d'efficience

## Exercice n° 3 :
## codage majuscules / minuscules / chiffres

Cette fois-ci, chaque lettre majuscule n'est pas seulement associée à un chiffre mais aussi à une lettre en minuscule. Le codage est donc double. Comme précédemment, le codage a été effectué et vous devez retrouver les éventuelles erreurs.

Les lettres à coder sont en majuscules (colonne 1).

- S'il y a une erreur en colonne 2 seulement, notez A.
- S'il y a une erreur en colonne 3 seulement, notez B.
- S'il y a une erreur en colonne 2 et 3, notez C.
- S'il n'y a pas d'erreur de codage, notez D.

**CODE :**

| N | O | R | M | A | L | I | S | E |
|---|---|---|---|---|---|---|---|---|
| m | a | l | o | t | r | u | e | s |
| 1 | 2 | 3 | 4 | 5 | 6 | 7 | 8 | 9 |

|    | colonne 1 | colonne 2 | colonne 3 |
|----|-----------|-----------|-----------|
| 1. | NORME     | malos     | 12349     |
| 2. | ROMAN     | laote     | 32451     |
| 3. | LMIEN     | roues     | 64791     |
| 4. | MARIE     | moare     | 45278     |
| 5. | ALONE     | trams     | 56218     |

# Le guide marabout des tests

**CODE :** C R E V A I S O N
      o r i e n t a u x
      9 6 7 4 8 3 1 3 2

|    | colonne 1 | colonne 2 | colonne 3 |
|----|-----------|-----------|-----------|
| 1. | C E A I V | o i n t e | 9 6 8 3 4 |
| 2. | R A I S O N | r i t a u x | 6 7 1 1 3 2 |
| 3. | S A C R E | a n o r i | 1 8 9 6 7 |
| 4. | V I S O N | e t a u x | 4 3 1 3 8 |
| 5. | N O I S E | x u t a n | 2 3 3 1 7 |

**CODE :** E N G O U R D I S
      b a l s a m o n t
      0 8 7 6 5 4 3 2 1

|    | colonne 1 | colonne 2 | colonne 3 |
|----|-----------|-----------|-----------|
| 1. | D I N G O | o n a l s | 3 2 8 7 6 |
| 2. | R U S D I | m a t o n | 4 5 1 3 4 |
| 3. | S O U R D | t l a m o | 1 5 5 4 3 |
| 4. | E N S D I | b a t o n | 0 8 1 3 2 |
| 5. | R O U G E | a s a l b | 4 6 5 7 0 |

**CODE :** E D U L C O R A N T
      c r i n o l i n e s
      8 1 5 2 4 0 6 3 7 9

|    | colonne 1 | colonne 2 | colonne 3 |
|----|-----------|-----------|-----------|
| 1. | C O R A N | o l i n s | 4 0 6 3 7 |
| 2. | O R N A T | l i e n s | 0 6 3 7 9 |
| 3. | D A N T E | r i e s c | 5 3 7 9 8 |
| 4. | D U L E N | r i n c e | 1 5 2 8 7 |
| 5. | D O U C E | r l i o c | 1 0 5 4 8 |

**Corrigés page 310.**

# Les tests objectifs ou d'efficience

## Exercice n° 4 :
## double codage

**A.** Dans un magasin, on avait l'habitude d'utiliser ce code de prix :

    L O G A R I T H M E

    1 2 3 4 5 6 7 8 9 0

À la suite d'une indiscrétion, ils durent le changer pour celui-ci :

    P A N T O U F L E R

    1 2 3 4 5 6 7 8 9 0

Dans la première colonne, vous trouverez les prix codés selon l'ancien code. Dans la deuxième colonne, les mêmes prix sont codés selon le nouveau code.

- Notez A si le nouveau codage est bien effectué.

- Notez B si vous trouvez une erreur.

| | | |
|---|---|---|
| 1. | I T H | U F L |
| 2. | A O R | T A O |
| 3. | G G O | T N A |
| 4. | M E T | E R F |
| 5. | R O A | O N T |
| 6. | L I M | P U R |
| 7. | T O H | U A L |
| 8. | O A G | A T N |
| 9. | H E L | L E P |
| 10. | R M O | O E A |

## Le guide marabout des tests

**B.** Cet exercice est le même que le précédent, mais le deuxième code a changé et l'ordre des chiffres est inversé.

Ancien code de prix :

    L O G A R I T H M E

    1 2 3 4 5 6 7 8 9 0

Nouveau code de prix :

    T R I A N G U L E S

    0 9 8 7 6 5 4 3 2 1

Dans la première colonne, les prix sont codés selon l'ancien code, dans la seconde, selon le nouveau.

- Notez A si le nouveau codage est bien effectué.

- Notez B si vous trouvez une erreur.

| | | |
|---|---|---|
| 1. | L R I | S G N |
| 2. | M H E | R I A |
| 3. | G O R | U E G |
| 4. | I H O | N A E |
| 5. | A H T | U R A |
| 6. | O A M | E U R |
| 7. | T E H | A T R |
| 8. | H I A | I N U |
| 9. | R G L | G L S |
| 10. | L M G | S I L |

Corrigés page 310.

# Les tests objectifs ou d'efficience

## Exercice n° 5 :
## codage lettres / chiffres

Le principe de cet exercice est simple : vous disposez d'un code attribuant un chiffre à une lettre. Dix mots, disposés en colonne, sont codés. Vous avez cinq possibilités de réponse. À vous de choisir la bonne. Vous noterez A si la bonne réponse est celle de la colonne A, B si la bonne réponse est en colonne B, etc.

**CODE A**

Si MELO = 9253, BAR = 148 et NUI = 607, à quoi est égal :

|  | A | B | C | D | E |
|---|---|---|---|---|---|
| 1. MANNE | 94662 | 49266 | 32807 | 84312 | 49626 |
| 2. BRIN | 1976 | 7861 | 1876 | 6781 | 8716 |
| 3. ROBE | 4920 | 8312 | 2318 | 6412 | 9123 |
| 4. MOME | 9393 | 3932 | 5415 | 9329 | 9392 |
| 5. BARÈME | 292148 | 814922 | 148292 | 150902 | 292418 |
| 6. AMOUR | 30849 | 94308 | 67810 | 38498 | 49308 |
| 7. BALLON | 145365 | 145536 | 145563 | 541635 | 145633 |
| 8. LOIRE | 78532 | 87352 | 69578 | 53782 | 28735 |
| 9. RAMER | 84928 | 92848 | 84892 | 49823 | 48829 |
| 10. MAI | 479 | 749 | 974 | 947 | 794 |

# Le guide marabout des tests

## CODE B

Si MATER = 89072, NOUER = 41672, SOL = 315, à quoi est égal :

|  | A | B | C | D | E |
|---|---|---|---|---|---|
| 1. LOUER | 51627 | 51672 | 51726 | 72615 | 27516 |
| 2. MUTER | 72860 | 86720 | 35403 | 97602 | 86072 |
| 3. TROUS | 20163 | 16302 | 02163 | 01263 | 36120 |
| 4. ANTRE | 94027 | 27049 | 92407 | 70429 | 29704 |
| 5. OTER | 2701 | 1027 | 7201 | 1072 | 0172 |
| 6. ROUTES | 216730 | 216073 | 612370 | 730216 | 370612 |
| 7. AMEN | 7489 | 8974 | 4897 | 9847 | 9874 |
| 8. NULLE | 47556 | 64557 | 46557 | 76554 | 67554 |
| 9. MATOU | 89016 | 89610 | 61890 | 16980 | 10896 |
| 10. RATON | 14290 | 92014 | 29140 | 29014 | 29041 |

## CODE C

Si PAGE = 4325, BROC = 1068, LU = 79, à quoi est égal :

|  | A | B | C | D | E |
|---|---|---|---|---|---|
| 1. GRÂCE | 20385 | 18326 | 20251 | 30523 | 79351 |
| 2. PROUE | 39604 | 96540 | 40695 | 40693 | 09564 |
| 3. ÉGAL | 6832 | 5347 | 9250 | 5428 | 5237 |
| 4. CRABE | 51308 | 75260 | 92426 | 80315 | 10318 |
| 5. COLLIER | 100775 | 867750 | 437725 | 687750 | 587760 |
| 6. BARREL | 130057 | 310057 | 130075 | 830057 | 380057 |
| 7. PUCEAU | 948539 | 498593 | 489539 | 849593 | 498539 |
| 8. PUER | 9450 | 9540 | 4950 | 4590 | 4905 |
| 9. LOUP | 9076 | 6947 | 9647 | 7694 | 4967 |
| 10. BLEU | 7159 | 1759 | 5175 | 1579 | 1795 |

Corrigés page 310.

# Les tests objectifs ou d'efficience

# Les tests de repérage d'erreurs

Dans de nombreux emplois, notamment ceux comportant une part plus ou moins importante de secrétariat, la capacité à repérer des erreurs ou des fautes réparties dans un texte est essentielle. C'est cela que mesurent les deux tests suivants. Le premier est à base de symboles sans signification mais que l'on peut rencontrer dans des documents techniques, le second est à base d'adresses.

## Exercice n° 1 :
## erreurs sur des symboles

Le tableau que voici comporte deux colonnes de seize lignes chacune. La personne qui a recopié les symboles de la colonne de gauche dans la colonne de droite, ligne par ligne, a fait quelques erreurs. À vous de barrer, dans la colonne de droite, les symboles qui sont différents de ceux qui sont situés sur la même ligne dans la colonne de gauche. Vous devez travailler très rapidement.

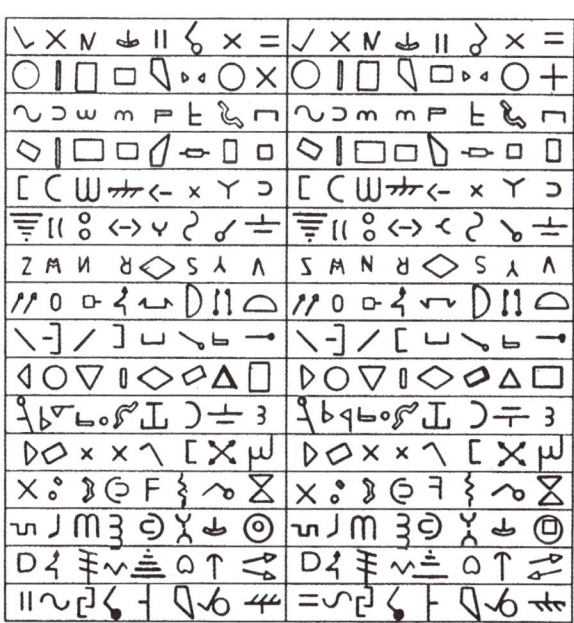

**Corrigés page 311.**

# Le guide marabout des tests

## Exercice n° 2 : erreurs sur des adresses

Voici une liste originale de dix adresses. La personne qui l'a recopiée a fait quelques erreurs. À vous de souligner ces erreurs sur la liste copiée.

**Liste originale**

| | |
|---|---|
| Pierre Brassard | 45 rue Roger Salengro |
| tél. : 48 92 22 10 | 94240 L'HAY-LES-ROSES |
| Anaïs Sylvain | 12 avenue de la Roseraie |
| tél. : 69 28 04 82 | 91380 CHILLY-MAZARIN |
| Marianne Poutre | 104 square de la République |
| tél. : 69 98 25 52 | 91200 ATHIS-MONS |
| Jean-Louis Fachine | 23 rue du Général Koenig |
| tél. : 72 27 15 15 | 94230 CACHAN |
| Maurice Calain | 83 allée du Parc |
| tél. : 47 95 61 27 | 92000 NANTERRE |
| Philippe Colavin | 132 rue de la Libération |
| tél. : 64 25 38 46 | 92920 CHATENAY-MALABRY |
| Martial Vezzari | 49 boulevard Vaillant-Couturier |
| tél. : 42 64 28 13 | 94110 ARCUEIL |
| Martine Bassalon | 51 rue du Général de Gaulle |
| tél. : 64 92 25 49 | 92140 CLAMART |
| Nicole Lavasseur | 1 rue de la 2e D.B. |
| tél. : 69 13 58 35 | 92120 MONTROUGE |
| Hervé Paralont | 68 avenue Flammarion |
| tél. : 43 20 05 50 | 92130 ISSY-LES-MOULINEAUX |

# Les tests objectifs ou d'efficience

**Liste recopiée**

| | |
|---|---|
| Pierre Brassart | 54 rue Roger Salengro |
| tél. : 48 92 22 10 | 94420 L'HAY-LES-ROSES |
| Anaïs Sylvain | 12 avenue de la Roseraie |
| tél. : 69 82 04 82 | 91380 CHILLY-MAZARYN |
| Mariane Poutre | 104 square de la République |
| tél. : 69 89 52 25 | 91200 ATHIS-MONS |
| Jean-Louis Fashine | 23 rue du Général Keunig |
| tél. : 72 27 15 15 | 94230 CHACAN |
| Maurice Calain | 83 allée du Parc |
| tél. : 47 95 61 27 | 92000 NANTERRE |
| Philippe Calovin | 123 rue de la Libération |
| tél. : 64 25 38 46 | 92920 CHATENAY-MALABRY |
| Martial Vezzari | 49 boulevard Vailland-Couturier |
| tél. : 42 64 28 13 | 94110 ARCEUIL |
| Martine Bassalon | 51 rue du Général de Gaule |
| tél. : 64 29 25 49 | 92140 CLAMART |
| Nicole Lavasseur | 1 rue de la 2e B.D. |
| tél. : 69 13 58 35 | 92120 MONROUGE |
| Hervé Paralont | 68 avenue Flammarion |
| tél. : 43 20 50 50 | 92310 ISSY-LES-MOULINEAU |

**Corrigés page 312.**

# Les tests de reconstitution de mots

Les mots que vous allez trouver dans le premier tableau sont **des mots de quatre lettres** dont les lettres ont été mélangées. Une fois que vous aurez identifié le mot, entourez sa première lettre, puis écrivez-le dans le tableau vierge. Les tableaux suivants comportent des mots de cinq et six lettres.

**Exemple :** HONT

Vous identifiez le mot « thon », vous entourez donc la lettre T, puis vous écrivez « THON » dans le tableau, à la même place que « HONT ».

| H | O | N | **T** |   | L | I | C | E |   | F | O | U | E |   | E | N | V | T |
|---|---|---|---|---|---|---|---|---|---|---|---|---|---|---|---|---|---|---|
| N | I | U | R |   | M | N | O | T |   | A | L | I | E |   | A | C | N | E |
| R | O | P | T |   | P | E | T | S |   | T | E | L | N |   | P | A | L | T |
| F | E | C | A |   | C | A | P | M |   | R | O | Z | E |   | N | U | M | E |
| I | B | E | N |   | T | I | U | E |   | D | E | S | O |   | R | O | U | C |

| T | H | O | N |   |   |   |   |   |   |   |   |   |   |   |   |   |   |   |
|---|---|---|---|---|---|---|---|---|---|---|---|---|---|---|---|---|---|---|
|   |   |   |   |   |   |   |   |   |   |   |   |   |   |   |   |   |   |   |
|   |   |   |   |   |   |   |   |   |   |   |   |   |   |   |   |   |   |   |
|   |   |   |   |   |   |   |   |   |   |   |   |   |   |   |   |   |   |   |
|   |   |   |   |   |   |   |   |   |   |   |   |   |   |   |   |   |   |   |

# Les tests objectifs ou d'efficience

Ici, il s'agit de remettre en ordre **des mots de cinq lettres** et d'entourer la lettre du milieu avant d'écrire le mot à côté.

| | | | |
|---|---|---|---|
| DECAI | ACIDE | RUNOE | …................. |
| GRALE | …................. | RALPI | …................. |
| DARME | …................. | REIAM | …................. |
| SUTLA | …................. | TACLE | …................. |
| CEMLA | …................. | BURNE | …................. |
| REPIO | …................. | ATICF | …................. |
| DICRE | …................. | LAMTE | …................. |
| ROSEC | …................. | TALEV | …................. |
| MERLA | …................. | TECHU | …................. |
| SINUE | …................. | VEAPE | …................. |

Ici, il s'agit de remettre en ordre **des mots de six lettres** et d'entourer la dernière lettre du mot avant de l'écrire à côté.

| | | | |
|---|---|---|---|
| ETROCA | ATROCE | OCASIN | …................. |
| TANOLE | …................. | LANRME | …................. |
| DEROUT | …................. | NETOIC | …................. |
| LICENT | …................. | GORANE | …................. |
| PELMOI | …................. | RIBUTA | …................. |
| ATRECN | …................. | NAMICE | …................. |
| RENLAC | …................. | ANRLEG | …................. |
| POILET | …................. | GEURAN | …................. |
| SAINTE | …................. | SERMIP | …................. |
| MACREP | …................. | TORSIE | …................. |

**Corrigés page 313.**

## Le guide marabout des tests

# Les tests de mise en ordre alphabétique

Classer des données par ordre alphabétique peut être plus difficile qu'il n'y paraît. Vous allez pouvoir, dans ces deux exercices, vous assurer de votre capacité à classer des informations. Le préalable est bien sûr de connaître parfaitement son alphabet.

### Exercice n° 1 : liste des villes de France

Ce premier exercice est composé d'une liste de soixante villes de France.

Votre tâche consiste tout simplement à souligner celles qui ne sont pas à leur place dans l'ordre alphabétique.

| | | |
|---|---|---|
| AIGURANDE | DINARD | NARBONNE |
| AIGUEPERSE | DOUARNENEZ | PONTARLIER |
| ANNECY | DOUAI | POITIERS |
| ANNEMASSE | EPERNAY | RAMBOUILLET |
| BAGNEUX | EPERNON | REIMS |
| BAGNOLET | FALAISE | RUFFEC |
| BEAUJEU | FORBACH | QUIMPER |
| BEAUGENCY | FONTENAY | SAINT-PAUL |
| BOURGES | LENS | SAINT-LO |
| BOURGOIN | LOOS | SAULIEU |
| CANNET | LONS | SAUMUR |
| CANNES | LOURDES | SAVIGNY |
| CHAMBERY | LOUVIER | SAVERNE |
| CHAMBORD | MARNAY | THIERS |
| CHATEL | MARLY | THIONVILLE |
| CHATEAUDUN | MONTAUBAN | TOURS |
| COLMAR | MONTLUÇON | TOURNUS |
| CONFOLENS | MONTHLERY | VENDOME |
| COMPIEGNE | NANCY | VERSAILLES |
| DINAN | NANTES | VEZELAY |

**Corrigés page 314.**

# Les tests objectifs ou d'efficience

## Exercice n° 2 : liste 1 des noms

La consigne de ce deuxième exercice est plus complexe. Vous devez indiquer à quel endroit se classe le nom souligné si on le range dans l'ordre alphabétique parmi ceux qui le suivent.

Notez A s'il se range avant le nom A, notez B s'il se range avant le nom B, C s'il se range avant le C et D s'il se range avant le D.

1. Anaïs Capland
A. Antoine Caplan
B. Arthur Caplan
C. Bernard Caplan
D. Didier Caplant

2. Robert Tombest
A. Éliane Tomber
B. Emmanuel Tomber
C. François Tombier
D. Gilbert Tomblert

3. Claire Floransac
A. Isabelle Floransac
B. Joëlle Floransac
C. Éléonore Florensac
D. Sylvaine Florensac

4. Arsène Shuman
A. André Schumann
B. Alexandre Shuman
C. Axel Shuman
D. Armand Shumann

5. Albert Montaynard
A. Hervé Montainard
B. Henri Montaynard
C. Frédéric Montaynard
D. Arnaud Monteinart

6. Arnaud Martin
A. Alain Martin
B. Aline Martin
C. Anne Martin
D. Aude Martin

7. Luc Crenoisier
A. Thomas Cramoisier
B. Daniel Cramosier
C. Patrick Crevoisier
D. Marc Crevossier

8. Basile Guillaumin
A. Richard Guilaumin
B. Bertrand Guillaumin
C. Boris Guillaumin
D. Bruno Guillemin

9. Doris Belanger
A. Danielle Belange
B. Daniel Bellange
C. Christian Bellanger
D. Claude Boulanger

10. Suzanne Laclairte
A. Nathalie Laclaite
B. Martine Laclaitre
C. Colette Laclarte
D. Sylvie Laclarte

**Corrigés page 314.**

# Le guide marabout des tests

## Exercice n° 3 : liste 2 des noms

Ce troisième exercice est constitué de dix listes de quatre noms numérotés.

Classez ces noms par ordre alphabétique.
- Indiquez A si l'ordre est : 2. 3. 1. 4.
- Indiquez B si l'ordre est : 1. 2. 3. 4.
- Indiquez C si l'ordre est : 1. 3. 2. 4.
- Indiquez D si l'ordre est : 3. 2. 4. 1.

**I.**
1. Jean Auberti
2. Jérôme Albert
3. Jacques Auberti
4. Joël Aubret

**II.**
1. Chantal Mertolu
2. Cécile Martolu
3. Damien Mantoul
4. Claude Mentoul

**III.**
1. Éric Armangaud
2. Joris Armengaud
3. Yves Armangaud
4. Mathieu Armengaud

**IV.**
1. Bernard Jusialevski
2. Berthe Jusielevski
3. Brigitte Jusialewski
4. Bertrand Jusielevski

**V.**
1. Raymond Caseneive
2. Roger Caseneuve
3. Raoul Cazeneuve
4. René Cazeneuve

**VI.**
1. Manuel Estinger
2. Amaury Esstinger
3. Arielle Esstager
4. Monique Estanger

**VII.**
1. Georges Lebendit
2. Madeleine Labandit
3. Raphaël Labendit
4. Gérard Lebendit

**VIII.**
1. Antoine Villadem
2. Michel Villadan
3. Christine Villadam
4. Charles Villadant

**IX.**
1. Jean-Marc Bertolie
2. Jean-Luc Bartoile
3. Jean-Louis Bartolie
4. Jean-Pierre Bertolie

**X.**
1. Sophie Renau
2. Viviane Renaud
3. Nicolas Renaudin
4. Nicole Renaudin

**Corrigés page 314.**

# Les tests objectifs ou d'efficience

# Les tests de comparaisons et repérages

Ces exercices consistent à comparer des listes de données et à repérer leurs différences.

## Exercice n° 1 : liste des peintres

Le premier exercice est composé de deux colonnes dans lesquelles figurent des noms de peintres modernes. La plupart des noms se retrouvent dans les deux colonnes. La tâche consiste à souligner les noms des peintres qui figurent dans une seule colonne.

| | |
|---|---|
| MATHIEU | MALEVITCH |
| KLEIN | DELAUNAY |
| SOULAGES | PICABIA |
| VASARELY | CANE |
| CORNELL | BUREN |
| TAPIES | WARHOL |
| MALEVITCH | GAROUSTE |
| TATLINE | BALDWIN |
| PICABIA | MORTENSEN |
| KLIMT | KANDINSKY |
| CANE | MATHIEU |
| GIACOMETTI | FAUTRIER |
| BUREN | KLEIN |
| KUPKA | VASARELY |
| GAROUSTE | SCHARF |
| CREMONI | MONDRIAN |
| FAUTRIER | HERBIN |
| BALDWIN | KLIMT |
| SCHARF | TOBEY |
| POLLOCK | SOULAGES |
| MORTENSEN | GIACOMETTI |

**Corrigés page 315.**

# Le guide marabout des tests

## Exercice n° 2 : liste des numéros de téléphone

L'exercice suivant est composé de deux colonnes dans lesquelles figurent des numéros de téléphone.

Votre tâche consiste, à l'inverse du précédent exercice, à souligner les numéros de téléphone qui figurent à la fois dans les deux colonnes.

| | |
|---|---|
| 64 29 12 37 | 69 21 32 75 |
| 35 13 49 53 | 46 87 37 64 |
| 42 24 63 92 | 63 21 52 48 |
| 55 32 28 11 | 64 29 12 37 |
| 44 23 41 70 | 99 51 77 82 |
| 46 47 58 69 | 27 51 22 37 |
| 69 22 13 75 | 16 69 83 12 |
| 27 15 22 37 | 47 92 65 23 |
| 99 51 77 82 | 55 32 28 11 |
| 46 87 37 64 | 37 67 57 47 |
| 16 96 83 12 | 35 31 49 53 |
| 63 21 52 48 | 49 33 29 61 |
| 49 33 29 16 | 46 47 58 69 |
| 15 25 43 52 | 41 17 08 20 |
| 41 07 18 20 | 42 24 63 92 |
| 47 92 65 23 | 15 25 63 52 |
| 12 63 89 47 | 33 16 34 28 |
| 45 85 65 37 | 44 23 40 71 |
| 33 16 34 28 | 45 85 56 73 |
| 37 57 67 47 | 12 63 89 47 |

**Corrigés page 316.**

# Les tests objectifs ou d'efficience

## Exercice n° 3 : comparaisons de noms et de nombres

Dans ce troisième exercice, il s'agit de comparer des listes comportant à la fois des mots et des nombres. Chaque groupe est reproduit trois fois, mais des erreurs se sont glissées.

- Notez A si les trois propositions sont identiques.
- Notez B si la première et la deuxième sont identiques.
- Notez C si la première et la troisième sont identiques.
- Notez D si la deuxième et la troisième sont identiques.
- Notez E si elles sont toutes différentes.

| | | | |
|---|---|---|---|
| 1. | Jeanne Bamais | Jeanne Bomais | Janne Bamais |
| 2. | Paul Vilain | Paul Vilain | Paul Vilain |
| 3. | 30006 | 30006 | 30600 |
| 4. | 31017 | 31107 | 31107 |
| 5. | Petits bateaux | Petit bateaux | Petits bateaux |
| 6. | Escale | Escole | Ecole |
| 7. | 49253 | 49253 | 94523 |
| 8. | 94523 | 94523 | 94523 |
| 9. | Pâté de lapin | Pâté de lapin | Paté de lapin |
| 10. | Carillon | Cendrillon | Cendrillon |
| 11. | 28464 | 28464 | 28644 |
| 12. | 56325 | 56253 | 56325 |
| 13. | Christian Durant | Christian Durand | Christian Duvand |
| 14. | Annie Vaissal | Annie Vaissol | Anne Vaissal |
| 15. | 47677 | 47677 | 47677 |
| 16. | 61312 | 61132 | 61132 |
| 17. | Pascale Lormont | Pascale Lormont | Pascal Lormont |
| 18. | Yves Lefevre | Yves Lefebvre | Yves Lefevre |
| 19. | 39586 | 39568 | 39568 |
| 20. | 76420 | 76420 | 76420 |

**Corrigés page 316.**

# Le guide marabout des tests

## Exercice n° 4 : comparaisons de noms

Chacun des dix groupes que voici contient un prénom et un nom recopiés quatre fois. Des erreurs se sont glissées en recopiant. Votre tâche consiste à comparer les noms. Vous devez travailler le plus rapidement possible.

- Notez A si tous les noms sont identiques.
- Notez B si deux seulement sont identiques.
- Notez C si trois sont identiques.
- Notez D si tous sont différents.

1. André Nicole
   Andrée Nicole
   André Nicole
   André Nicole

2. Henri Vatan
   Henri Vatan
   Henri Votan
   Henri Vaton

3. Jacques Cognet
   Jacque Cognet
   Jacques Cagnet
   Jacques Cogniet

4. Hyppolite Andemard
   Hippolyte Andemard
   Hyppolite Audemard
   Hyppolite Andemand

5. Édouard Feininger
   Édouard Feninger
   Édouard Feninger
   Édouard Feninger

6. Léo Masseube
   Léo Masseube
   Léo Masseube
   Léo Masseube

7. Louise Pufendorft
   Louise Pufendorf
   Louise Pufendorft
   Louise Purfendorft

8. Françoise Lumiet
   Françoise Lumiet
   Françoise Lumiet
   Françoise Lumiet

9. Mihail Petrosov
   Mihaïl Petrosov
   Mikhail Petrasov
   Mihkail Petrosov

10. Claire Remusat
    Claire Remusat
    Claire Remosat
    Claire Remusat

**Corrigés page 316.**

# Les tests objectifs ou d'efficience

## Exercice n° 5 : comparaisons de lettres et de nombres

- Notez A si 1 ligne seulement de la première colonne est bien reproduite dans la deuxième colonne.
- Notez B si 2 lignes de la première colonne sont identiques dans la deuxième colonne.
- Notez C si 3 lignes sont identiques en colonnes 1 et 2.
- Notez D si les 4 lignes sont identiques en colonnes 1 et 2.

| | | |
|---|---|---|
| **1.** | 3 5 2 3 | 3 2 5 3 |
| | 4 8 4 1 | 4 4 8 1 |
| | 5 9 1 2 | 5 9 1 2 |
| | 4 6 2 5 | 6 4 2 5 |
| **2.** | P A B E | P A B E |
| | s e n s e | s e s n e |
| | s e r v | s e r v |
| | m n e | n m e |
| **3.** | 5 7 2 5 | 5 7 2 5 |
| | 4 6 7 2 | 4 6 7 2 |
| | 3 9 8 6 | 3 8 6 9 |
| | 7 8 3 1 | 7 8 3 1 |
| **4.** | w v i u | v w i u |
| | v n s e | v n s e |
| | c a o m | c a o n |
| | g j l b | g j b l |
| **5.** | 1 5 2 3 | 1 5 2 3 |
| | d b l l | d b l l |
| | 4 9 8 6 | 4 9 8 6 |
| | m n e a | m n e a |

# Le guide marabout des tests

6.     Q, p ; i           Q, p, i
       9 7 5 0         9 7 5 0
       0 6 1 1          6 0 1 1
       r s x a          r s x a

7.     7 3 5 3 0       7 3 5 3 0
       c o l b e       c o l b e
       p m n q m     q n m q m
       4 4 5 4 4       4 4 5 4 4

8.     6 1 1 5 7 0     6 1 1 5 7 0
       t l b d l b      t l b l d b
       7 4 7 3 1 5     7 4 7 1 3 5
       F T E E T F     F T E E T F

9.     V W B D V U    V W B D V U
       4 4 1 5 6 9     4 4 1 5 6 9
       3 2 0 0 4 1     3 2 0 0 4 1
       M N W H I L    N M W H I L

10.    1 1 2 S H 4 F    1 1 2 S H 4 F
       7 L 3 8 Q 0 9    7 L 3 8 Q 0 9
       F E E 4 B E E T   F E F 4 B E E T
       0 8 3 B 8 8 B    0 8 3 B 8 3 B

Corrigés page 316.

# Les tests objectifs ou d'efficience

## Les tests de raisonnement

Savoir raisonner correctement est également une aptitude qui vous sera demandée dans de nombreux emplois. Cela recouvre plusieurs choses : suivre une démarche logique et cohérente, savoir quelle tâche vient avant telle autre, ordonner des informations, etc.

La consigne de ce test est simple. Cinq phrases vous sont données en ordre mélangé. Remises en ordre logique, ces phrases forment une histoire. À vous de deviner de quelle histoire il s'agit et d'ordonner les phrases en fonction de cela. Il arrive qu'il faille faire preuve d'un peu d'imagination. Par exemple, si vous lisez : « Le meunier est fatigué », il faut comprendre que c'est parce qu'il a beaucoup de grain à moudre en farine…

**A.**
1. Le meunier est fatigué.
2. Le grain est semé.
3. Le pain sort du four.
4. Le champ est labouré.
5. L'épi est mûr.

Vous avez reconstitué mentalement l'histoire du pain ? Alors quel est le numéro de la phrase que vous placez en premier ? En deuxième ? En troisième ? En quatrième ? En cinquième ? Notez ici votre ordre. Faites de même avec les groupes de phrases suivants.

**B.**
1. Le prêtre bénit les alliances.
2. Le maire félicite les mariés.
3. Les bans sont publiés.
4. La lune de miel se passe à Venise.
5. La serveuse apporte la pièce montée.

**C.**
1. La police mène l'enquête.
2. Un crime est commis.
3. Le verdict est rendu.
4. Les jurés délibèrent.
5. L'avocat plaide l'innocence.

# Le guide marabout des tests

**D.**
1. Papa, maman et Junior feront du camping.
2. Un voisin compose le 18.
3. Junior joue avec les allumettes.
4. Les pompiers éteignent le feu.
5. Un rideau s'enflamme.

**E.**
1. Un derrick est installé.
2. Un champ est prospecté.
3. Les clients font le plein.
4. La raffinerie livre la station-service.
5. Le forage s'arrête au cœur de la nappe.

**F.**
1. Je prête mon nounours.
2. J'ai un petit frère !
3. Grand-mère m'a gardé une semaine.
4. Le ventre de maman s'est arrondi.
5. Papa, tout heureux, m'a parlé d'une petite graine.

**G.**
1. Le rideau s'ouvre.
2. Le brigadier tape les trois coups.
3. Les acteurs ont eu cinq rappels.
4. L'ouvreuse reçoit un pourboire.
5. Le manteau est laissé au vestiaire.

**H.**
1. Le journal relate le fait divers.
2. L'assurance envoie un chèque.
3. Un cambrioleur casse la porte.
4. L'alarme ne fonctionne pas.
5. Le Picasso a disparu.

# Les tests objectifs ou d'efficience

**I.**
1. Le couvreur pose les tuiles.
2. L'architecte livre les plans.
3. Le maçon ajuste les parpaings.
4. On pend la crémaillère.
5. Le bulldozer creuse le sol.

**J.**
1. Le bois devient une pâte épaisse.
2. Les bonnes feuilles reçoivent les épluchures.
3. Une forêt est décimée.
4. Les journaux sont dans tous les kiosques.
5. Les rotatives tournent à plein régime.

**K.**
1. Le buffet est livré un samedi.
2. Les troncs sont débités à la scierie.
3. Un gland a fait souche.
4. Le forestier délimite la coupe.
5. L'ébéniste utilise la gouge.

**L.**
1. Le cocktail de vernissage est un succès.
2. La galerie retient toutes les toiles.
3. La palette est garnie de couleurs.
4. Le modèle se rhabille.
5. Une esquisse est tracée au fusain.

**Corrigés page 317.**

# Chapitre V
# Les tests de connaissances

La dernière catégorie de tests objectifs sont les tests de connaissances. Vous vous trouvez face à des questions ; vous connaissez la réponse ou non. Lorsque la bonne réponse se trouve parmi un choix de plusieurs qui vous sont proposées, l'exercice est généralement plus facile.

Nous avons choisi de vous proposer quatre tests de connaissances, qui sont des tests de culture générale. Le premier porte sur la culture dite « classique », ou « académique ». Le deuxième sur la culture contemporaine : notre monde, notre temps. Pour répondre au troisième, vous avez juste besoin d'être attentif et curieux de ce qui vous entoure. Le dernier, enfin, ne porte que sur la mémoire des noms propres et leur place dans les expressions.

# Culture classique

**1.** Quel événement entraîna le déclenchement de la guerre de 1870 ?
    a. L'assassinat de l'archiduc d'Autriche par un étudiant serbe
    b. L'invasion de la Pologne par l'armée allemande
    c. Une lettre injurieuse adressée à la France par l'Allemagne

**2.** *Bérénice* est une pièce de…
    a. Molière
    b. Racine
    c. Corneille

**3.** Le poète Ronsard vivait…
    a. au XV$^e$ siècle
    b. au XVI$^e$ siècle
    c. au XVII$^e$ siècle

**4.** Quel navigateur fut le premier Européen à franchir le cap de Bonne-Espérance en 1497 ?
    a. Vasco de Gama
    b. Magellan
    c. James Cook

**5.** Lequel de ces monuments n'était pas l'une des Sept Merveilles du monde ?
    a. Le temple de Diane à Éphèse
    b. Le Sphinx de Gizeh
    c. La tour de Pharos

**6.** Comment s'appelle la doctrine philosophique illustrée par Jean-Paul Sartre ?
    a. La Phénoménologie
    b. Le Spiritualisme
    c. L'Existentialisme

# Les tests objectifs ou d'efficience

**7.** Le grec Périclès (Vᵉ siècle av. J.-C.) était...
   a. un sculpteur
   b. un homme politique
   c. un philosophe

**8.** Qu'a imposé l'ordonnance de Villers-Cotterêts en 1539 ?
   a. L'usage du français dans les actes officiels
   b. L'interdiction pour les femmes d'hériter de la couronne
   c. L'impôt sur le sel et les épices

**9.** *Le Cuirassé Potemkine* est un film du réalisateur russe...
   a. Poudovkine
   b. Eisenstein
   c. Vertov

**10.** Réalisée à la fin du XIᵉ siècle, la Tapisserie de Bayeux raconte...
   a. la conquête de l'Angleterre par les Normands
   b. la mort de Roland à Roncevaux
   c. l'édification de la cathédrale de Rouen

**11.** Qui a écrit : « *Et s'il n'en reste qu'un, je serai celui-là.* »
   a. Corneille
   b. Lamartine
   c. Victor Hugo

**12.** Quel personnage de Shakespeare rencontre le fantôme de son père ?
   a. Hamlet
   b. Othello
   c. Macbeth

# Le guide marabout des tests

**13.** Qui était Rembrandt Bugatti (1885-1916) ?

    a. Un constructeur automobile

    b. Un sculpteur

    c. Un architecte

**14.** Combien de temps s'est-il écoulé entre le Bouddha et Mahomet ?

    a. 60 ans

    b. 4 siècles

    c. 11 siècles

**15.** Qu'est-ce que le boustrophédon ?

    a. une moisissure parasite de la vigne

    b. un monstre fabuleux de la mythologie grecque

    c. un procédé antique d'écriture

**16.** *Le Clavier bien tempéré* est une pièce musicale composée par...

    a. Jean-Sébastien Bach

    b. Jean-Baptiste Lully

    c. Marc-Antoine Charpentier

**17.** Qu'a-t-on codifié à Saint Andrews (Écosse) aux alentours de 1755 ?

    a. La fabrication du whisky

    b. L'organisation des chasses à courre

    c. Les règles du golf

**18.** Quel traité ont signé les pays d'Europe après la défaite de Napoléon à Waterloo ?

    a. Le traité de Cateau-Cambrésis

    b. Le traité de Vienne

    c. Le traité de Weimar

# Les tests objectifs ou d'efficience

**19.** Wassily Kandinsky (1866-1944) fut l'un des fondateurs...
- a. de l'art abstrait en peinture
- b. du dodécaphonisme en musique
- c. du néoréalisme en cinéma

**20.** Quel roi de la mythologie grecque changeait en or tout ce qu'il touchait ?
- a. Midas
- b. Minos
- c. Crésus

**21.** George Dandin est un personnage de...
- a. Balzac
- b. Molière
- c. Flaubert

**22.** Quel peintre du XIX$^e$ siècle fut impliqué dans le mouvement révolutionnaire de la Commune ?
- a. Renoir
- b. Degas
- c. Courbet

**23.** Entre le règne d'Henri IV et celui de Louis XIII, on trouve...
- a. la régence de Marie de Médicis et de Concini, maréchal d'Ancre
- b. la régence de Philippe d'Orléans, neveu du défunt roi
- c. la Fronde, révolte des nobles contre le pouvoir royal

**24.** Au XVII$^e$ siècle, l'anglais Newton, l'allemand Leibniz et le français Fermat développent conjointement...
- a. la géométrie non euclidienne
- b. le calcul infinitésimal
- c. la théorie des jeux

# Le guide marabout des tests

**25.** *Le Tombeau de Couperin* est…
    a. un poème de Leconte de Lisle
    b. un tableau de Poussin
    c. une œuvre musicale de Maurice Ravel

**26.** Le nom aztèque de Mexico était…
    a. Machu Picchu
    b. Tenochtitlan
    c. Teotihuacan

**27.** Laquelle de ces œuvres n'est pas de Franz Kafka ?
    a. *La Colonie pénitentiaire*
    b. *Le Golem*
    c. *L'Amérique*

**28.** Le grec Thucydide (460 – 394 avant J.-C.) est considéré comme l'un des fondateurs de…
    a. l'Histoire
    b. la médecine
    c. la tragédie

**29.** Le héros scandinave de la *Tétralogie* de Wagner s'appelle…
    a. Parsifal
    b. Siegfried
    c. Lohengrin

**30.** Qu'étaient la gabelle, la taille et la capitation dans la France du XVIII$^e$ siècle ?
    a. des tortures destinées à faire avouer les accusés
    b. des danses de village
    c. des impôts

**Corrigés page 318.**

# Les tests objectifs ou d'efficience

# Culture contemporaine

**1.** L'inflation se caractérise par...
   a. la hausse continue du chômage
   b. la hausse générale des prix
   c. la baisse soudaine des indices boursiers

**2.** Un accélérateur de particules atomiques est aussi appelé...
   a. cyclotron
   b. positron
   c. tachyon

**3.** Sur une disquette de 75 mégaoctets, on pourrait stocker environ...
   a. 5 livres de 600 pages
   b. 32 livres de 600 pages
   c. 65 livres de 600 pages

**4.** Assassiné en septembre 2001, le chef rebelle afghan Massoud était surnommé...
   a. le Lion du Panchir
   b. le Loup des Montagnes
   c. le Léopard des Neiges

**5.** Livre-culte pour des millions de lecteurs, *Le Seigneur des Anneaux* est dû à l'imagination de l'écrivain anglais...
   a. J. M. Barrie
   b. H. P. Lovecraft
   c. J. R. R. Tolkien

**6.** Dans la France de 2002, les maires sont élus pour une durée de...
   a. cinq ans
   b. six ans
   c. quatre ans

# Le guide marabout des tests

**7.** Le Burkina Faso est l'actuel nom de l'ancienne...
    a. Haute-Volta
    b. Rhodésie
    c. Nouvelle-Guinée

**8.** Le mot « Fractales » désigne...
    a. une variété de comètes de petite taille
    b. des roches très denses d'origine volcanique
    c. des courbes mathématiques aux propriétés curieuses

**9.** Quel monument parisien doit-on à l'architecte Pei Ieoh Ming ?
    a. l'Arche de la Défense
    b. la Bibliothèque Nationale de France
    c. la Pyramide du Louvre

**10.** Aux États-Unis, le parti Démocrate est symbolisé par...
    a. un âne
    b. un aigle
    c. un lion

**11.** L'économiste anglais J. M. Keynes (1883-1946) était plutôt partisan...
    a. d'une liberté totale des prix et des salaires
    b. d'une intervention régulatrice de l'État pour relancer la consommation
    c. d'une nationalisation de tous les moyens de production

**12.** Ce dessinateur belge, père de Gaston Lagaffe et du Marsupilami, est mort en 1997. Il s'appelait...
    a. Morris
    b. Peyo
    c. Franquin

# Les tests objectifs ou d'efficience

**13.** En 2002, en France, combien y a-t-il de députés à l'Assemblée nationale ?
   a. 492
   b. 577
   c. 598

**14.** Quel groupe de rock dirigé par Kurt Cobain a popularisé le « grunge » dans les années quatre-vingt-dix ?
   a. Nirvana
   b. The Cure
   c. Guns'n Roses

**15.** Qui sont Kramnik, Anand, Karpov ou Bacrot ?
   a. des physiciens atomistes
   b. des champions d'échecs
   c. des champions de patinage artistique

**16.** Quel matériau très répandu est utilisé pour la fabrication des microprocesseurs ?
   a. le silicium
   b. le carbone
   c. le zinc

**17.** En 2002, le roi du Maroc s'appelle…
   a. Moubarak II
   b. Muhammad VI
   c. Hassan III

**18.** À la fin des années quatre-vingt-dix, on estime qu'il y avait dans le monde…
   a. un véhicule automobile pour 200 habitants
   b. un véhicule automobile pour 60 habitants
   c. un véhicule automobile pour 9 habitants

# Le guide marabout des tests

**19.** Qu'est-ce qu'un « Zip » en micro-informatique ?

    a. un petit programme permettant d'accélérer le traitement des tâches répétitives

    b. une grosse disquette contenant jusqu'à 100 méga de mémoire

    c. un système pour augmenter la mémoire du disque dur

**20.** En janvier 2002, le record du monde masculin de saut en hauteur se situe à...

    a. 2,45 m

    b. 2,08 m

    c. 1,97 m

**21.** La fabrication de la bombe atomique par les États-Unis avait pour nom de code...

    a. Projet Alamos

    b. Projet Palo Alto

    c. Projet Manhattan

**22.** Qui a composé l'opéra-rock à succès *Starmania* ?

    a. Boublil et Schönberg

    b. Berger et Plamondon

    c. Deleuze et Guattari

**23.** Quelle est la capitale du Laos ?

    a. Vientiane

    b. Séoul

    c. Bangkok

**24.** Où le pape Jean-Paul II a-t-il organisé par deux fois des rencontres œcuméniques entre grands dirigeants religieux ?

    a. à Rome

    b. à Arezzo

    c. à Assise

# Les tests objectifs ou d'efficience

**25.** Le terme FED désigne, entre autres…
    a. la police fédérale des États-Unis
    b. la banque centrale américaine
    c. l'indice boursier des principales valeurs américaines

**26.** Sous quel nom connaissait-on mieux Ivo Livi ?
    a. Lino Ventura
    b. Vittorio Gassman
    c. Yves Montand

**27.** L'hymne national belge s'appelle…
    a. La Namurienne
    b. La Waterzoï
    c. La Brabançonne

**28.** Dans quel domaine évoque-t-on la « bifurcation de Mandelbrot » ?
    a. en chirurgie du cerveau
    b. en mathématiques
    c. en astronomie

**29.** Qui a obtenu une palme d'or à Cannes en 1979 avec *Apocalypse now* ?
    a. George Lucas
    b. Martin Scorsese
    c. Francis Ford Coppola

**30.** Qu'est-ce que l'ikebana ?
    a. un alcool de riz
    b. l'art japonais des bouquets
    c. la cérémonie du thé au Japon

**Corrigés page 319.**

*Culture contemporaine*

# Le guide marabout des tests

## Culture quotidienne

1. Que signifient les lettres U.H.T. lorsque l'on parle du lait ?
2. Quelle est la durée de validité d'un passeport français ?
3. Comment s'appelle le système d'exploitation de PC développé par Microsoft ?
4. Pourquoi y a-t-il cinq anneaux olympiques ?
5. Quel préfixe téléphonique faut-il faire pour appeler quelqu'un à Metz ?
6. Quelle est la première personne du pluriel du passé simple du verbe « valoir » ?
7. Quel type de vin est le Saint-Estèphe ?
8. Quel groupe sanguin est appelé « donneur universel » ?
9. Que se passe-t-il aux équinoxes de printemps et d'automne ?
10. Quelle est la contenance standard d'une bouteille de vin ?
11. Dans quelle unité mesure-t-on l'intensité d'un courant électrique ?
12. Quelle température fait-il généralement à l'intérieur d'un réfrigérateur ?
13. Où utilise-t-on la classification Dewey ?
14. Quelle est la note de musique jouée par la tonalité du téléphone ?
15. Qu'est-ce que la « poupe » sur un bateau ?
16. Quel est le poids standard d'une baguette de pain ?
17. Combien un enfant a-t-il de dents de lait ?
18. Combien y a-t-il de sillons sur un disque vinyle 33 tours (à 10 près) ?
19. De quel animal provient le gras-double ?
20. Quelles sont les dimensions d'une feuille de papier au format A5 ?
21. Qu'indiquent les sept premiers chiffres du numéro de sécurité sociale ?
22. Un électro-aimant utilise-t-il du courant alternatif ou continu ?
23. Sur quel type de sol cultive-t-on le curry ?
24. Que désignent les appellations LR 6 ou LR 14 ?
25. Combien y a-t-il de cases « Mot compte triple » au Scrabble ?
26. Que signifient les initiales « P.E.A. » ?
27. Combien y a-t-il de vitesses dans une boîte à cinq vitesses ?
28. Que sont l'Arial, le Bodoni ou l'Helvetica ?
29. Qu'est-ce que la grivèlerie ?
30. Pourquoi le ciel est-il bleu ?

**Corrigés page 320.**

## Les tests objectifs ou d'efficience

# Retrouver les noms propres

Certaines expressions françaises plus ou moins usitées font référence à un personnage, réel ou imaginaire. Saurez-vous associer à chacune des expressions suivantes le nom qui convient ?

1. L'épée de …
2. Fier comme …
3. Jeter le manteau de …
4. Le talon d' …
5. Pauvre comme …
6. Traître comme un …
7. Nettoyer les écuries d'…
8. Riche comme …
9. La tunique de …
10. Faire de la prose comme …
11. L'âne de …
12. Le péché d' …
13. Les travaux d' …
14. S'enfuir comme le chien de …

**Corrigés page 321.**

# 2
## Les tests subjectifs ou de personnalité

## Le guide marabout des tests

Cette catégorie regroupe les tests pour lesquels il n'y a généralement pas de bonnes et de mauvaises réponses. Chacun son tempérament, chacun sa personnalité, chacun ses goûts et son orientation professionnelle. Les réponses fournies renvoient à une interprétation et à une meilleure connaissance de soi-même.

Nous avons regroupé ces tests que nous avons conçus en trois catégories :

**- Les tests de créativité et d'intelligence divergente :** ils sont à mi-chemin entre les deux catégories de tests, objectifs et subjectifs. Certains de ces petits problèmes admettent une seule bonne solution, d'autres une multitude. Ils mesurent une forme de pensée différente de la logique habituelle, qui est finalement une forme de la personnalité, c'est pourquoi nous les avons placés ici.

**- Les tests de personnalité :** ces quelques tests ressemblent pour certains à ceux que vous pourriez être amené à passer dans le cadre d'un bilan ou d'une embauche. Mais ils n'ont ici d'autres prétentions que de vous aider à mieux vous connaître, afin de tirer parti de vos points forts et de vos points faibles.

**- Les tests d'orientation :** ils sont là pour vous aider professionnellement à faire le point, savoir où sont vos compétences, vers quoi vous pouvez vous orienter. Bien sûr, les indications que vous trouverez ici seront toujours, pour davantage de rigueur, à confirmer auprès d'un professionnel de l'orientation.

Les tests de ce livre ne sont pas « validés » comme le sont les tests scientifiques ou ceux des cabinets de recrutement, mais ils sont construits avec sérieux, selon les mêmes techniques. Les tests de cette deuxième partie peuvent vous sembler plus « légers » que ceux de la première partie de l'ouvrage. Ils le sont dans leur forme, pour la plupart. Y répondre demande certainement moins d'efforts et davantage de spontanéité. Pourtant, ne vous y trompez pas : vous pouvez, en les faisant sincèrement, apprendre des choses sur vous-même.

# Chapitre 1
# Les tests de créativité et d'intelligence divergente

Ces tests sont à la fois objectifs et subjectifs. Ils mesurent une forme d'intelligence originale, qui consiste à trouver plus de solutions ou des solutions plus originales que la moyenne de la population. Cette façon de réfléchir définit une forme de personnalité aussi bien qu'une forme d'intelligence.

# Le guide marabout des tests

## Peut-on mesurer la créativité ?

La question paraît presque contradictoire : on imagine la créativité comme une chose brisant les cadres et échappant aux règles, tandis que l'idée de mesure suppose une norme, un étalonnage, une certaine rigidité...

De fait, malgré pas mal d'efforts, cette mesure n'a pas encore été réalisée par les psychologues de façon satisfaisante.

On rencontre en effet trois grandes difficultés :

- On ne sait pas très bien comment fonctionne la créativité, par quel processus intellectuel une idée nouvelle apparaît. Il est donc difficile de cerner les éléments qui peuvent faciliter ou handicaper ce processus.

- Le concept même de créativité est difficile à quantifier : on peut mesurer le nombre d'idées produites sur un sujet, mais comment mesurer leur valeur, leur originalité, leur pertinence ? Comment définir une « bonne » idée ?

- Il est difficile de négliger, dans cette évaluation, l'aspect pratique de l'idée. Être créatif, est-ce être capable d'inventer rapidement les solutions les plus farfelues, ou de concevoir une idée novatrice et de la mettre en application ? Edison, le grand inventeur américain, parlait de « 1 % d'inspiration et 99 % de transpiration ». Or, un test peut mesurer la production quantitative d'idées, mais pas l'énergie nécessaire pour les faire exister. Il y faut d'autres tests, souvent des tests de personnalité.

Néanmoins, certains psychologues ont approché la mesure de la créativité avec la notion de pensée divergente.

On appelle « pensée convergente » la forme de réflexion utilisée pour résoudre des problèmes dans un cadre bien défini. C'est elle qui est à l'œuvre, par exemple, dans les tests de logique, mais aussi dans les opérations de tri, de sélection, d'application de consignes... Par opposition, la « pensée divergente » cherche à éviter consignes et systèmes. Elle fonctionne sur le mode de la variété, de l'anti-conformisme, de la surprise. Elle cherche à rapprocher des univers mentaux habituellement séparés. De là naissent la poésie, l'humour ou... la création technique et scientifique.

# Les tests subjectifs ou de personnalité

Les deux formes de pensée sont complémentaires. Ainsi, un inventeur ou un scientifique va faire appel à la pensée divergente pour trouver une idée, puis à la pensée convergente pour la mettre en œuvre. Un « brainstorming » comporte une phase de production d'idées (pensée divergente) puis une phase de critique et de sélection de ces idées (pensée convergente).

À défaut de mesurer la créativité, il existe des tests permettant de mesurer la pensée divergente. Celle-ci est décomposée en quatre éléments :

- la sensibilité, c'est-à-dire la capacité à bien appréhender un problème et à poser les bonnes questions ;

- la fluidité, qui se mesure par le nombre de réponses différentes proposées pour une même question ;

- la flexibilité, qui se mesure par le nombre des domaines différents auxquels appartiennent les réponses (par exemple, pour se débarrasser d'un objet, on peut proposer de le casser, de le brûler, de le désintégrer ou de le vendre : quatre réponses, mais seulement deux domaines) ;

- l'originalité, qui se mesure par rapport à une population de référence : la réponse est d'autant plus originale qu'elle a été proposée moins souvent.

Les tests proposés dans les pages qui suivent évaluent votre performance dans ces différentes dimensions. Certains mesurent votre capacité à penser hors des cadres, en posant des questions dont la réponse exige un regard neuf. D'autres n'ont pas de « bonnes » ou de « mauvaises » réponses : seules comptent la quantité et la variété des réponses que vous aurez fournies.

Enfin, n'oubliez pas que la créativité peut s'entraîner et se développer : il y faut une attitude quotidienne faite d'ouverture, de curiosité et d'une certaine dose d'amusement. Affiches publicitaires, machines, phrases entendues au bureau ou à la radio… la vie quotidienne offre mille occasions de questions, d'étonnement, de réflexion. À chacun de savoir en profiter !

# Le guide marabout des tests

## Test d'intelligence divergente

Ces tests ne sont pas des tests de logique à proprement parler : ils évaluent votre capacité à penser « hors des cadres », ce que l'on appelle la logique divergente. Malgré les apparences, leur solution ne repose pas sur un raisonnement de type alphabétique ou numérique, mais plutôt sur le recours à une vision différente de la question, à un autre regard… L'observation attentive vous sera donc plus utile que la réflexion ; et il se pourrait même qu'une certaine dose de rêverie vous aide en cas de blocage.

**1.** (1,2)   (2,4)   (3,5)   (4,6)   (5, ?)

**2.** (1,31)   (2,28)   (4,30)   (8,31)   (12, ?)

**3.** BUCOLIQUEMENT : Nuit – Loup – Bique – Moite – Mobile – Lente – Boue
Quel est l'intrus de cette liste ?

**4.** AILNP est à EEIRRRT ce que ABEEILL est à …
a. DIN        b. ACEILPR        c. AEIMSS        d. ABEELT

**5.** « Ayant bravement combattu, Dominitius, exultant, fut grandement …»
a. fêté        b. loué        c. honoré        d. récompensé

**6.** Nuit        Jument        Enfant        Dot    …
Trouver quatre autres noms communs féminins se terminant par un t.

**7.** 2 - 6 - 10 - 22 - 26 - ?
a. 30        b. 28        c. 31        d. 32

**8.** NBJTPO        MAISON        QBQJFS        ?
a. PAPIER        b. BIBERON        c. LILAS        d. CAHIER        e. MOMIES

**9.** « Ésope reste ici et se …»
Il l'a sûrement mérité, mais que fait-il au juste ?
a. détend        b. repose        c. couche        d. restaure

# Les tests subjectifs ou de personnalité

**10.** Dominos - Échecs - Go - Belote - Dames - Dés
Lequel de ces jeux est un intrus ?

**11.** Domrémy - Reims - Mirecourt - Falaise ...
Quelle ville poursuit la série ?
a. Laval     b. Solesmes     c. Honfleur     d. Rouen

**12.** « T'as pas revu cette petite minette ... ?»
De quelle nationalité était donc cette jeune fille ?
a. suédoise     b. italienne     c. ukrainienne     c. japonaise

**13.** Nœuds - Guitare - Pleuvoir - Cartes - Puits - Vocal
Quel mot est l'intrus de cette liste ?

**14.** AEEHLNPT est à EMOPRT
ce que AGKNOORUU est à ...
a. CENORS     b. ACEHST     c. DEEEFNSS     d. CEHOP

**15.** Pie     Père     Poire     Permis     ...
Quel mot continue la série ?
a. Plaisir     b. Bêtises     c. Parapluie     d. Piscine

**16.** LU     MA     ME     JE     ?

**17.** Août     Avril     Décembre     Février     Janvier     ?

**18.** Si Pierre a 33 ans, Antoine 43 ans et Alain 32 ans, quel âge a Marcel ?

**19.** 172/C     358/T     892/H     244/ ?

**20.** Nouveau     Anémiée     Manière     Franchi     ?
a. Malines     b. Carnaval     c. Avariée     d. Dénigré

**21.** 8 - 9 - 10 - V - D - R - ?

**22.** Vie     Source     Toilette     Cœur     Roche
Quel est l'intrus de cette liste ?

*Test d'intelligence divergente*

# Le guide marabout des tests

**23.** 1-O  2-T  3-T  4-F  5- ?

**24.** 3 – 1 – 4 – 1 – 5 – 9 - ?
a. 4  b. 5  c. 2  d. 8

**25.** 11 : 50 et à 13 : 00 ce que 14 : 17 est à 15 : 27 et 23 : 35 à  ?
a. 17 : 45  b. 24 : 40  c. 00 : 45  d. 05 : 50

**26.** Lundi – 3 – Mardi – 3 – Mercredi – 5 – Jeudi – 2 – Vendredi - ?

**27.** 21 = V + N  43 = Q + S  34 = T + E  56 = ?

**28.** Radar  Non  Sèmes  Kanak  ?
a. Ananas  b. Salsa  c. Démis  d. Ici

**29.** X = 2  XII = 4  XIV = 5  XVI = 5  XVIII = ?

**30.** Corps  Vol  Gel  Moine  Niche  Mite
Quel mot est l'intrus de cette série ?

**31.** AINP  x  2341  =  PAIN
ACINOPS  x  6145237  =  ?

**32.** Amande  Boule  Canard  Duvet  ?
a. Poire  b. Établi  c. Avion  d. Éléphant  e. Patte

**33.** DAKAR = 2  NAIROBI = 2  LIBREVILLE = 223  ACCRA = ?

**34.** Cahier  Ticket  Timbre  Journal  ?
a. Cerise  b. Octobre  c. Affiche  d. Tasse

**35.** DES est à CE ce que AILE est à KM et ERRE à  ?

**36.** Berthe a 25 ans, Fédora 61 ans et Denise 45 ans. Quel est l'âge de Clara ?

**37.** Les  Bas  Roc  Ces  Cal
Quel est l'intrus dans cette liste ?

# Les tests subjectifs ou de personnalité

**38.** Guitare    Arbre    Crayon    Balai    ?
a. Verre    b. Ballon    c. Clef    d. Planche    e. Livre

**39.** Grue    Biche    Marmite    Manteau    Nez
Quel est l'intrus dans cette liste ?

**40.** Si Pierre a 11 ans, Victor 4 ans et Raymond 14 ans, quel âge a Fabrice ?

**41.** Si les chiens en ont quatre, les chats quatre et les oiseaux deux, combien en ont les cochons ?

**42.** 1 – 4 – 9 – 61 – 52 – 63 – 94 – 46 – …
Quel nombre poursuit la série ?

**43.** Indifférent – Demande – Troyenne – Quatrain – Synchroniser - …
Quel mot poursuit la série ?
a. Polyèdre    b. Déstabilise    c. Diamantaire    d. Systématique

**44.** Tract – Crabe – Valise – Scolarité – Dominateur - …
Quel mot poursuit la série ?
a. Dactylographier    b. Atomique    c. Zygomatique    d. Impitoyable

**45.** « J'ai les plus rares … connues. »
De quoi suis-je donc collectionneur ?
a. les affiches    b. les miniatures    c. les émeraudes    d. les perles

**Corrigés page 322.**

# Le guide marabout des tests

# Test de créativité : idées, inventions, créations

Ces tests n'ont pas, dans la majorité, de bonne ou de mauvaise réponse. Vous devez, soit proposer dans un temps donné un maximum de réponses possibles, soit chercher des réponses originales ou inattendues. Ce qui compte ici, c'est le « regard neuf ». Les exercices proposés sont donc pour la plupart des tremplins, des occasions d'exercer votre inventivité.

Certains, cependant, ont une « bonne » réponse. Dans ce cas, vous verrez qu'il s'agissait surtout de sortir du cadre, de s'affranchir de contraintes que vous vous étiez inconsciemment données et que la question ne contenait pas. Ces contraintes induites, fruit le plus souvent de l'habitude ou de l'éducation, sont l'un des principaux obstacles à la créativité.

**1.** En 2 minutes, citez le plus possible de choses à faire avec une vieille boîte de conserve.

**2.** En quoi un corbeau ressemble-t-il à un bureau ?

**3.** J'ai plusieurs animaux chez moi. Tous sont des chiens, sauf deux. Tous sont des chats, sauf deux. Tous sont des poissons rouges sauf deux. Combien ai-je d'animaux de chaque espèce ?

**4.** En 2 minutes, faites une liste de tous les objets verts et ronds que vous connaissez.

**5.** Faites la liste des différents critères permettant de regrouper les occupants d'un terrain de camping.

**6.** Comment obtenir 25 centimes avec deux pièces si l'une n'est pas de 20 centimes ?

**7.** Découpez la forme suivante en quatre morceaux de même forme et de mêmes dimensions :

# Les tests subjectifs ou de personnalité

**8.** « Lorsqu'on ouvrit la porte de la chambre, on trouva la fenêtre grande ouverte, les rideaux volant au vent. Par terre, il y avait des éclats de verre et une large flaque d'eau. Roméo et Juliette gisaient sur le sol, morts. »

Imaginez ce qui s'est passé…

**9.** Avec quatre pièces de monnaie, matérialisez deux lignes droites contenant chacune trois pièces.

**10.** Vous avez un gros gâteau rond et huit invités. Comment couper ce gâteau en huit parts égales avec seulement trois coups de couteau ?

**11.** « Mon berger allemand sait compter jusqu'à 50. »

Trouvez différentes explications à cette phrase.

**12.** Quand une voiture tourne à droite sur l'autoroute, quelle est la roue qui tourne le moins vite ?

**13.** En moins de trois minutes, trouvez quatre phrases commençant par les lettres des noms suivants :

    MIKE

    LUC

    PAUL

**14.** Ouvrez un livre au hasard et prenez-y trois mots. Puis, en dix minutes, composez un poème de quatre vers contenant ces trois mots.

**15.** En une minute, donnez au moins trois définitions différentes de chacun des mots suivants :

    PROGRAMME

    ÉTUDE

    COMPOSITION

# Le guide marabout des tests

**16.** Et maintenant, en fonction de ce qu'ils évoquent pour vous, donnez une définition de chacun des mots suivants :

    CÉPHALOSCOPE
    LOGOTRONIQUE
    BERTOLANCIE
    CAMINOPHILE

**17.** Combien de morceaux peut-on obtenir au maximum en coupant un disque de quatre coups de scie rectilignes ?

**18.** Qu'est-ce qui peut faire le tour du monde tout en ne quittant pas son coin ?

**19.** En une minute, trouvez au moins cinq raisons pour lesquelles un homme porterait des lunettes de soleil.

**20.** Si 13 % des habitants d'une commune sont en liste rouge, combien vais-je trouver d'abonnés en liste rouge en prenant au hasard 120 noms dans l'annuaire de cette commune ?

**Corrigés page 325.**

# Chapitre 11
# Les tests de personnalité

Les tests de personnalité ont pour objectif de mettre en évidence un profil, soit suivant certains axes (sensibilité plus ou moins grande, sociabilité, capacité d'organisation…), soit dans la perspective de certaines situations (résistance au stress, capacité à travailler en équipe…). C'est pourquoi ils sont très utilisés par les entreprises ou les cabinets de recrutement. C'est pourquoi, également, il n'y a pas pour ces tests de « bonnes » et de « mauvaises » réponses. Chacun est comme il est ; ce qui compte, c'est de se connaître, avec ses goûts, ses aptitudes, ses points forts… et ses limites.

# Le guide marabout des tests

## Savoir qui on est

« Connais-toi toi-même » conseillait déjà Socrate cinq siècles avant notre ère… Aujourd'hui, le conseil reste plus que jamais d'actualité. Les quatre tests qui suivent vont vous permettre de mieux éclairer quelques facettes de votre personnalité.

### Test n° 1 : Qui êtes-vous ?

À chacun sa personnalité… Oui, bien sûr, mais laquelle ? Il y a ce que l'on croit savoir sur soi… et tout ce que l'on ignore. Pourtant, connaître sa personnalité, c'est être à même d'en tirer parti. Aujourd'hui, les styles de personnalité sont un objet d'étude nouveau et passionnant pour les psychologues.

Si vous voulez savoir qui vous êtes, ce test vous y aidera.

**1.** Lundi matin, le réveil sonne. Vous vous dites…

    a. « Quand faut y aller, faut y aller… »

    b. « Lève-toi et marche ! »

    c. « C'est parti, mon kiki ! »

    d. « Encore un instant, monsieur le bourreau… »

**2.** Votre principale qualité, c'est…

    a. l'optimisme

    b. la tolérance

    c. la capacité d'analyse

    d. l'efficacité

**3.** L'horoscope, dans les magazines…

    a. c'est un attrape-gogos

    b. c'est quelquefois plein d'humour involontaire

    c. les gens y lisent surtout ce qu'ils veulent y lire

    d. il y a parfois du vrai, malgré tout…

# Les tests subjectifs ou de personnalité

**4.** Dans la rue, quelqu'un vous bouscule et s'éloigne sans se retourner. Vous pensez…

   a. « Avec une foule pareille, c'est inévitable… »

   b. « Est-ce que j'ai encore mon portefeuille ? »

   c. « En voilà un qui doit être pressé, inquiet même… »

   d. « Le comportement de certains est inadmissible… »

**5.** Le métier que vous auriez aimé faire…

   a. économiste

   b. pédiatre

   c. publicitaire

   d. contrôleur de gestion

**6.** À votre avis, le compact disc…

   a. c'est un énorme progrès pour la qualité d'écoute

   b. cela permet de ne plus user ou rayer les disques

   c. à en juger par le succès, c'était très attendu par le public

   d. c'est pratiquement déjà dépassé

**7.** Le grand Américain du XX$^e$ siècle, pour vous c'est plutôt :

   a. Bill Gates

   b. Steven Spielberg

   c. Neil Armstrong

   d. Eisenhower

**8.** Votre devise, ce serait plutôt…

   a. « Un pour tous, tous pour un ! »

   b. « Quand on veut, on peut. »

   c. « Ne pas monter haut, peut-être, mais tout seul. »

   d. « La vie pour s'amuser, la mort pour se reposer. »

**9.** Les conducteurs qui roulent toujours sur la file de gauche de l'autoroute…

   a. cela vous irrite souvent

   b. ils n'ont aucun sens des responsabilités

   c. bah, si cela leur fait plaisir…

   d. vous avez remarqué que ce sont souvent des petites voitures

*Savoir qui on est*

# Le guide marabout des tests

**10.** Le père Noël, c'est d'abord...
- a. une tradition à faire vivre
- b. une belle histoire
- c. un symbole de joie partagée
- d. indispensable au développement affectif de l'enfant

**11.** Vous joueriez plutôt dans quel film ?
- a. « Pain, amour et fantaisie »
- b. « De l'influence des rayons gamma sur le comportement des marguerites »
- c. « Les Uns et les autres »
- d. « La Règle du jeu »

**12.** Vous n'aimez pas beaucoup...
- a. être obligé de participer à des mondanités
- b. devoir de l'argent à quelqu'un
- c. manquer de temps pour faire un travail
- d. porter une cravate (une jupe droite)

**13.** 21h30, vous êtes tout(e) seul(e) chez vous, le frigo est vide...
- a. bah... un repas de sauté, ce n'est pas la mort !
- b. c'est l'occasion d'aller manger au resto du coin !
- c. mais il y a toujours ce qu'il faut dans le placard !
- d. vous allez demander à la voisine de vous dépanner

**14.** Sportif de haut niveau, vous vous verriez plutôt...
- a. tennisman
- b. pilote automobile
- c. judoka
- d. skieur de descente

**15.** Payer ses impôts, c'est...
- a. un devoir civique
- b. une façon de rémunérer les services de l'État
- c. un moyen d'assister les plus démunis
- d. la preuve qu'on gagne plus que la moitié des Français...

# Les tests subjectifs ou de personnalité

**16.** À part enfoncer les clous, un marteau peut servir…

    a. comme arme de défense

    b. à se taper sur les doigts

    c. pour briser une vitre en cas d'accident

    d. pour rappeler à l'ordre dans une réunion

**17.** Comme jeu de société, vous choisiriez plutôt…

    a. le Scrabble

    b. le Go

    c. le Pictionary

    d. le Mille Bornes

**18.** À un guichet devant vous, un homme très irrité commence à invectiver l'employé. Vous vous dites…

    a. « En voilà un qui ne se laisse pas faire. »

    b. « Il doit être très embêté pour se mettre dans un état pareil… »

    c. « Quelle que soit la raison, une telle attitude est injustifiable ! »

    d. « Ils tournent un film ou quoi ? »

**19.** Dans les Fables de La Fontaine, vous seriez plutôt…

    a. le renard

    b. le lion

    c. la cigale

    d. la fourmi

**20.** Le meilleur endroit pour des vacances tranquilles…

    a. une villa sur la Côte d'Azur avec murs et gardien

    b. une île perdue en Grèce

    c. un multicoque en plein Pacifique

    d. un grand chalet dans les Alpes avec des amis

**Corrigés page 328.**

# Le guide marabout des tests

## Test n° 2 : Connaissez-vous mieux grâce au portrait chinois

Vous connaissez évidemment le jeu du portrait chinois. Nous vous proposons d'y jouer une fois encore, dans une version un peu différente qui pourrait s'intituler : « Dis-moi à quoi tu ressembles, je te dirai qui tu es. » Vous serez peut-être surpris de vos résultats, car les tests mettent en évidence des aspects souvent plus discrets (ou refoulés) de notre personnalité. Mais il est important de les connaître pour en tirer profit.

Attention : pour chaque question, choisissez la réponse que vous pourriez être et non celle que vous préférez. Par exemple, vous pouvez aimer les roses, mais penser que, fleur, vous seriez une tulipe… Vous verrez que ce n'est pas facile !

**1.** Si vous étiez une matière, vous seriez :

    a. de la soie

    b. du cuir

    c. du polystyrène

    d. du caoutchouc

    e. du marbre

**2.** Si vous étiez un élément, vous seriez :

    a. la terre

    b. l'air

    c. le feu

    d. l'eau

    e. l'élémen… taire

**3.** Si vous étiez un instrument de musique, vous seriez :

    a. un toumbacnari

    b. un violon

    c. une clarinette

    d. des percussions

    e. une harpe

# Les tests subjectifs ou de personnalité

**4.** Si vous étiez un éclairage, vous seriez :
- a. une lampe de bureau
- b. un chandelier
- c. une lampe halogène
- d. un phare
- e. une lampe torche

**5.** Si vous étiez une embarcation, vous seriez :
- a. une goélette
- b. un hors-bord
- c. une felouque
- d. un drakkar
- e. un canoë-kayak

**6.** Si vous étiez une heure de la journée, vous seriez :
- a. trois heures du matin
- b. l'aube
- c. midi
- d. l'après-midi
- e. le crépuscule

**7.** Si vous étiez un chapeau, vous seriez :
- a. un bob
- b. un haut-de-forme
- c. un bonnet phrygien
- d. une voilette
- e. un canotier

**8.** Si vous étiez un style de peinture, vous seriez :
- a. les préraphaélites
- b. les pompiers
- c. les impressionnistes
- d. les naïfs
- e. les cubistes

**9.** Si vous étiez un oiseau, vous seriez :
- a. une mouette
- b. un paradisier rouge
- c. un albatros
- d. un macareux
- e. un pivert

# Le guide marabout des tests

**10.** Si vous étiez un paysage, vous seriez :
   a. un désert
   b. une forêt
   c. un volcan
   d. une montagne
   e. un terrain vague

**11.** Si vous étiez une boisson, vous seriez :
   a. un tonic
   b. un cocktail
   c. du champagne
   d. de la vodka
   e. de l'éther

**12.** Si vous étiez une voiture, vous seriez :
   a. une voiture de course
   b. une troïka
   c. un pousse-pousse
   d. un camping-car
   e. une Rolls

**13.** Si vous étiez une construction, vous seriez :
   a. un monastère
   b. un abribus
   c. un gratte-ciel
   d. un cottage
   e. un castel

**14.** Si vous étiez un légume, vous seriez :
   a. un haricot vert
   b. une asperge
   c. un artichaut
   d. une tomate
   e. un topinambour

**Corrigés page 330.**

# Les tests subjectifs ou de personnalité

## Test n° 3 : Où en est votre vie quotidienne ?

Les questions de ce test concernent votre vie de tous les jours. Elles vous permettront de faire le point et de mieux savoir quels sont les domaines de votre vie où vous êtes satisfait, et ceux où l'effort doit se porter.

Pour chaque question, choisissez votre réponse parmi celles qui vous sont proposées, en entourant le chiffre correspondant.

1. Vous aimez votre maison, son espace, sa décoration…
    - 0. pas du tout
    - 1. plutôt pas d'accord
    - 2. plutôt d'accord
    - 3. oui, beaucoup
2. Vous avez quelques vrais amis, sur qui vous pouvez compter.
    - 3. oui, tout à fait d'accord
    - 2. plutôt d'accord
    - 1. plutôt pas d'accord
    - 0. non, je n'ai pas de vrais amis
3. Vous menez une vie…
    - 3. tout à fait confortable et aisée
    - 2. plutôt confortable et aisée.
    - 1. pas vraiment aisée ou confortable
    - 0. ni aisée ni confortable
4. Vous avez un moment de détente bien à vous :
    - 3. chaque jour
    - 2. de temps en temps
    - 1. rarement
    - 0. jamais
5. Vous protestez et agissez face à ce qui vous révolte :
    - 3. presque toujours
    - 2. de temps en temps
    - 1. rarement
    - 0. jamais

*Savoir qui on est*

# Le guide marabout des tests

**6.** Globalement, vous diriez de vous que vous êtes « quelqu'un de bien » :

    3. oui, tout à fait

    2. pas tout à fait, mais presque

    1. pas vraiment

    0. pas du tout

**7.** Vous faites le métier que vous avez choisi :

    3. oui, vraiment

    2. pas tout à fait, mais presque

    1. pas vraiment

    0. pas du tout

**8.** Entre la vie que vous menez et celle à laquelle vous aspirez…

    0. il y a un grand décalage

    1. il y a un certain décalage

    2. il y a de vraies convergences

    3. pas de décalage : vous menez la vie que vous désirez

**9.** Vous habitez un coin que vous aimez.

    3. tout à fait d'accord

    2. plutôt d'accord

    1. pas vraiment, mais bon…

    0. au choix, vous habiteriez ailleurs

**10.** Vous avez une vie de famille…

    0. inexistante

    1. peu satisfaisante

    2. plutôt sympathique

    3. heureuse et conviviale

**11.** Vous pouvez vous offrir le superflu dont vous avez envie :

    3. oui, sans aucun problème

    2. le plus souvent, mais pas sans compter

    1. seulement le « petit » superflu

    0. pratiquement jamais

# Les tests subjectifs ou de personnalité

**12.** Vous avez un passe-temps ou un violon d'Ingres :
   - 3. oui, et cela vous intéresse vraiment
   - 2. plusieurs choses vous intéressent plus ou moins
   - 1. vous n'avez pas assez de temps pour cela
   - 0. non, vous n'avez pas ce genre d'intérêt

**13.** Pour ce qui est de défendre vos droits :
   - 3. vous le faites avec calme et détermination
   - 2. vous le faites, mais souvent avec maladresse
   - 1. vous ne le faites qu'en dernière extrémité
   - 0. vous êtes plutôt du genre à vous laisser malmener

**14.** Honnêtement, on peut dire de vous :
   - 3. que vous avez plus de qualités que de défauts
   - 2. que vous avez autant de qualités que de défauts
   - 1. que vous avez moins de qualités que de défauts
   - 0. que vous avez sûrement des qualités, mais lesquelles ?

**15.** Le matin, vous partez travailler…
   - 0. à reculons
   - 1. à tous petits pas
   - 2. ce n'est pas l'enthousiasme, mais bon…
   - 3. avec plaisir

**16.** Vous n'êtes jamais satisfait de ce que vous avez ou de ce que vous faites.
   - 0. tout à fait d'accord
   - 1. plutôt d'accord
   - 2. plutôt pas d'accord
   - 3. pas du tout d'accord

**17.** Vous pensez à déménager :
   - 0. oui, sérieusement et depuis un moment
   - 1. oui, de temps en temps
   - 2. pas vraiment
   - 3. non, jamais

*Savoir qui on est*

# Le guide marabout des tests

**18.** La vie de couple subit forcément l'usure du quotidien.
   0. tout à fait d'accord
   1. plutôt d'accord
   2. plutôt pas d'accord
   3. pas du tout d'accord

**19.** Vos fins de mois sont…
   0. toujours difficiles
   1. souvent délicates
   2. presque toujours équilibrées
   3. sans aucun problème

**20.** Vous n'avez jamais le temps de faire tout ce que vous voudriez.
   0. tout à fait d'accord
   1. plutôt d'accord
   2. plutôt pas d'accord
   3. pas du tout d'accord

**21.** En cas de désaccord total avec l'autre :
   3. vous savez quand même écouter et vous affirmer
   2. vous avez parfois du mal à défendre votre point de vue
   1. il vous est difficile de garder votre calme
   0. vous vous bloquez

**22.** « On ne peut pas aimer les autres si on ne s'aime pas d'abord soi-même »
   0. tout à fait d'accord
   1. plutôt d'accord
   2. plutôt pas d'accord
   3. pas du tout d'accord

**23.** Votre métier vous apporte des satisfactions…
   3. importantes
   2. normales
   1. limitées
   0. aucune satisfaction

**24.** Dans votre vie quotidienne, il y a…
   0. surtout de l'ennui
   1. surtout des ennuis
   2. certaines choses intéressantes
   3. plein de choses passionnantes

**Corrigés page 332.**

# Les tests subjectifs ou de personnalité

## Test n° 4 : Mesurez votre intelligence émotionnelle

L'intelligence émotionnelle, c'est à la fois l'intelligence de soi et l'intelligence des autres. C'est-à-dire notre capacité à identifier et reconnaître nos propres sentiments et ceux des autres, à nous motiver et à bien gérer nos relations à autrui. La racine du mot « intelligence » ne fait-elle pas référence à la capacité à créer des liens ? Des recherches récentes ont montré combien cette sensibilité dans les rapports sociaux était importante. Elle compte au moins autant que les autres formes d'intelligence pour la réussite et l'épanouissement, tant personnel que professionnel.

Ce test se compose de vingt questions. Chacune se présente sous la forme de deux phrases de sens opposé. Entre ces phrases, une ligne graduée. À vous d'entourer le chiffre qui correspond à ce qui est vrai pour vous.

**Exemple :**

Il fait beau temps ＿ 1 ＿＿ 2 ＿＿ 3 ＿＿ 4 ＿＿ 5 ＿ Il fait mauvais temps.

**1.** Je suis envahi par des bouffées d'émotion :
fréquemment ＿ 1 ＿＿ 2 ＿＿ 3 ＿＿ 4 ＿＿ 5 ＿ rarement

**2.** Je manque d'estime
＿ 1 ＿＿ 2 ＿＿ 3 ＿＿ 4 ＿＿ 5 ＿ J'ai une bonne estime de moi

**3.** Quand je me donne du mal pour une chose, j'aime en recueillir les fruits rapidement.
Plutôt vrai ＿ 1 ＿＿ 2 ＿＿ 3 ＿＿ 4 ＿＿ 5 ＿ Plutôt faux

**4.** Blessé, je peux faire la tête et me renfermer :
Un bon moment ＿ 1 ＿＿ 2 ＿＿ 3 ＿＿ 4 ＿＿ 5 ＿ Très rarement

**5.** Je me mets souvent en colère
＿ 1 ＿＿ 2 ＿＿ 3 ＿＿ 4 ＿＿ 5 ＿ Je me mets rarement en colère

*Savoir qui on est*

# Le guide marabout des tests

**6.** « Comprendre les gens permet de mieux les accepter ».
D'accord __ 1 _____ 2 _____ 3 _____ 4 _____ 5 __ Pas d'accord

**7.** On dit de moi que je suis un habile négociateur, un bon diplomate :
Plutôt faux __ 1 _____ 2 _____ 3 _____ 4 _____ 5 __ Plutôt vrai

**8.** Je sais dire à mes proches (familles, amis) que je les aime.
Plutôt faux __ 1 _____ 2 _____ 3 _____ 4 _____ 5 __ Plutôt vrai

**9.** Il m'arrive de changer d'avis après une conversation :
Plutôt faux __ 1 _____ 2 _____ 3 _____ 4 _____ 5 __ Plutôt vrai

**10.** Je me laisse facilement rebuter par les difficultés :
Plutôt faux __ 1 _____ 2 _____ 3 _____ 4 _____ 5 __ Plutôt vrai

**11.** Je suis capable, en quinze secondes, de m'attribuer combien de qualités ?
0 __ 1 _____ 2 _____ 3 _____ 4 _____ 5 __ ou plus…

**12.** En période de stress :
J'ai du mal à me détendre
__ 1 _____ 2 _____ 3 _____ 4 _____ 5 __ J'arrive facilement à me détendre

**13.** Je pense non… mais je dis oui :
Très souvent __ 1 _____ 2 _____ 3 _____ 4 _____ 5 __ Rarement

**14.** Recevoir un compliment… me met souvent mal à l'aise
__ 1 _____ 2 _____ 3 _____ 4 _____ 5 __ me fait simplement plaisir

**15.** J'attire les confidences :
Rarement __ 1 _____ 2 _____ 3 _____ 4 _____ 5 __ Fréquemment

# Les tests subjectifs ou de personnalité

**16.** J'aime animer des groupes, des réunions, des activités :
Plutôt faux __ 1 _____ 2 _____ 3 _____ 4 _____ 5 __ Plutôt vrai

**17.** Je m'appuie souvent sur mon intuition, qui me trompe rarement :
Plutôt faux __ 1 _____ 2 _____ 3 _____ 4 _____ 5 __ Plutôt vrai

**18.** Je n'ose pas demander, par peur de déranger :
Plutôt vrai __ 1 _____ 2 _____ 3 _____ 4 _____ 5 __ Plutôt faux

**19.** Je suis d'humeur changeante
__ 1 _____ 2 _____ 3 _____ 4 _____ 5 __ Je suis d'une grande égalité d'humeur

**20.** Je sais rarement ce que je veux vraiment
__ 1 _____ 2 _____ 3 _____ 4 _____ 5 __ Je sais toujours clairement ce que je veux

**Corrigés page 334.**

*Savoir qui on est*

# Le guide marabout des tests

## Connaître ses points forts et ses points faibles

Plutôt sociable ou plutôt timide ? Plutôt rose ou plutôt gris ? Les trois tests suivants vont vous permettre de mieux connaître vos qualités… et vos défauts. Bon courage !

### Test n° 1 : Mesurez votre sociabilité

Comment faites-vous connaissance ? Osez-vous aborder les autres ? Êtes-vous plutôt renfermé, inaccessible, ou plutôt boute-en-train et bon copain ? Avez-vous confiance en vous dans les relations sociales ou bien doutez-vous beaucoup de vous ?

Chacun son style. Dans une soirée, l'un reste debout dans un coin, solitaire, un verre à la main. Il regarde avec envie ceux qui parlent en petits groupes, trop timide pour les aborder. L'autre, par un jeu de sourires et d'aisance, sait faire deviner sa disponibilité. Il ou elle permet que l'on vienne à lui. Un troisième, dynamique et d'abord facile, est vite sollicité peu après son arrivée. Si cela ne marche pas, c'est lui qui va vers les autres. Certains aiment avoir beaucoup de copains, d'autres privilégient les amitiés solides.

Sur tout cela, ce test vous aidera à faire le point. Pour cela :
- Répondez à toutes les questions sans exception.
- Choisissez chaque fois la réponse qui vous convient le mieux.

**1.** On vous a vendu des yaourts dont la date limite de consommation était dépassée :
    a. vous les reportez, exigeant qu'on les change
    b. vous ne dites rien mais vous vous montrez plus prudent à l'avenir
    c. vous le faites gentiment remarquer la fois suivante
    d. vous pensez : « Normal, tous des voleurs ! »

**2.** Pour réussir, il faut :
    a. avoir des relations
    b. avoir de l'argent
    c. ne compter que sur soi
    d. avoir de l'éducation

# Les tests subjectifs ou de personnalité

**3.** Votre devise, c'est :

    a. « On a toujours besoin d'un plus petit que soi. »

    b. « Qui ne risque rien n'a rien. »

    c. « Méfiez-vous de l'eau qui dort. »

    d. « Tant va la cruche à l'eau qu'à la fin elle se casse. »

**4.** Votre couleur préférée :

    a. vert

    b. bleu

    c. rouge

    d. jaune

**5.** Physiquement, vous vous trouvez :

    a. mieux que la moyenne

    b. dans la moyenne

    c. moins bien que la moyenne

**6.** Voyager agréablement en train, c'est s'installer :

    a. dans un compartiment

    b. dans une voiture-corail

    c. au wagon-restaurant

    d. dans un wagon-lit

**7.** Le fruit que vous préférez, c'est :

    a. l'orange

    b. la noix

    c. la poire

    d. la banane

**8.** On vous juge plutôt :

    a. méfiant

    b. prudent

    c. confiant

    d. intrépide

# Le guide marabout des tests

**9.** Tout plutôt que :
- a. se casser un bras ou une jambe
- b. faire injustement de la peine
- c. être ridiculisé publiquement
- d. avoir à demander pardon

**10.** Vous auriez aimé rencontrer :
- a. Sœur Emmanuelle
- b. Hillary Clinton
- c. Martine Aubry
- d. Marguerite Duras

**11.** Pour une semaine de vacances de rêve, vous choisissez :
- a. un séjour dans un club
- b. une croisière en solitaire
- c. un tête-à-tête à Florence
- d. une randonnée pédestre dans le Mercantour

**12.** Au cirque, vous préférez le numéro de :
- a. trapéziste
- b. clown
- c. funambule
- d. dompteur

**13.** Vous enviez à Napoléon :
- a. son audace
- b. son intelligence
- c. son pouvoir
- d. sa famille

**14.** Vous allez seul sans problème :
- a. au cinéma
- b. au restaurant
- c. au musée
- d. à un dîner

# Les tests subjectifs ou de personnalité

**15.** O comme :
- a. ornière
- b. oxygène
- c. ordre
- d. organisation

**16.** Vous aimeriez assister à l'enregistrement :
- a. d'un débat politique
- b. d'une émission de variété
- c. d'un grand jeu
- d. rien que l'idée vous déplaît

**17.** Animal, vous auriez pu être :
- a. un loup
- b. un cerf
- c. un lion
- d. un castor

**18.** À 40 ans, il faut s'occuper :
- a. de son couple
- b. de son métier
- c. de ses enfants
- d. de soi

**19.** Vous préférez le soleil :
- a. quand il se lève
- b. en plein midi
- c. quand il se couche
- d. vous ne supportez pas le soleil

**20.** L'avenir :
- a. cela vous attire
- b. cela vous effraie
- c. cela vous indiffère
- d. cela vous passionne

**Corrigés page 336.**

# Le guide marabout des tests

## Test n° 2 : Votre moral est-il rose ou gris ?

Êtes-vous plutôt d'un naturel optimiste et entraînant, ou avez-vous tendance à faire preuve d'une prudence parfois excessive, d'un certain négativisme ? Ce test va vous aider à mieux en prendre conscience.

1. Aimez-vous recevoir des cadeaux ?
    a. oui
    b. cela dépend
    c. non
2. Faites-vous des compliments à ceux qui vous entourent ?
    a. souvent
    b. de temps en temps
    c. rarement
3. Pensez-vous que dans un an vous aurez :
    a. évolué
    b. stagné
    c. régressé
4. Vous arrive-t-il de ressentir une vague inquiétude, sans raison précise ?
    a. souvent
    b. parfois
    c. jamais
5. Avez-vous un bon sommeil ?
    a. oui
    b. cela dépend
    c. non
6. Savez-vous inventer des histoires à raconter aux enfants ?
    a. oui
    b. oui et non
    c. non
7. Vous vous regardez dans une glace :
    a. cela vous déprime
    b. cela vous indiffère
    c. cela vous réconforte

# Les tests subjectifs ou de personnalité

**8.** « Je te l'avais bien dit » ou « Je t'avais prévenu » : cela fait-il partie de vos expressions :

    a. souvent

    b. parfois

    c. jamais

**9.** Êtes-vous sujet aux affections psychosomatiques (allergies, ulcère, asthme, maux de tête, etc.) ?

    a. souvent

    b. parfois

    c. jamais

**10.** Pouvez-vous admettre facilement que vous avez changé d'opinion ?

    a. souvent

    b. de temps en temps

    c. rarement

**11.** L'autoroute favorise surtout :

    a. la vitesse

    b. la sécurité

    c. les embouteillages

**12.** Avez-vous une peur irraisonnée (sang, souris, avion, etc.) ?

    a. plusieurs, gênantes

    b. une seule, bien circonscrite

    c. aucune

**13.** La plupart des gens que vous rencontrez sont :

    a. plutôt intéressants

    b. divers

    c. plutôt ennuyeux

**14.** Chantez-vous sous la douche ou en voiture ?

    a. souvent

    b. parfois

    c. jamais

# Le guide marabout des tests

**15.** Vous pensez que le bonheur :
- a. cela se mérite
- b. cela se fait rare
- c. c'est une question de chance

**16.** D'une manière générale, êtes-vous de bonne humeur ?
- a. souvent
- b. de temps en temps
- c. rarement

**17.** Votre première pensée le matin :
- a. je suis vivant
- b. il pleut encore
- c. je vais être en retard

**18.** Craignez-vous de ne pas être à la hauteur ?
- a. souvent
- b. de temps en temps
- c. rarement

**19.** La vie, c'est plutôt :
- a. une partie de plaisir
- b. un terrain d'expériences
- c. une épreuve difficile

**20.** Comment allez-vous ?
- a. très bien
- b. bien
- c. pas mal

**21.** Vos proches disent souvent que vous n'êtes jamais content.
- a. oui
- b. pas tellement
- c. non

**22.** Êtes-vous fatigué ou irritable ?
- a. souvent
- b. de temps à autre
- c. rarement

# Les tests subjectifs ou de personnalité

**23.** Dans une soirée ou une réunion où vous ne connaissez pas grand monde…
  a. vous restez plutôt avec les gens que vous connaissez
  b. vous liez rapidement contact avec d'autres invités
  c. vous restez à peu près seul la majeure partie de la soirée

**24.** La compagnie des jeunes enfants…
  a. vous amuse
  b. vous agace
  c. vous épuise

**25.** Vous pensez que le progrès technique est…
  a. plutôt une bonne chose
  b. plutôt un danger
  c. tout dépend de ce qu'on en fait

**26.** Quand vous parlez de vos dernières vacances, vous évoquez d'abord…
  a. les moments agréables
  b. les contrariétés et les déceptions par rapport à vos projets
  c. les lieux et les gens rencontrés

**27.** Vous trouvez que vous n'avez pas beaucoup de chance.
  a. c'est vrai
  b. ça dépend des jours
  c. c'est faux

**28.** Diriez-vous que beaucoup de gens recherchent votre compagnie ?
  a. oui
  b. non, pas tellement
  c. non, très peu

**29.** Une petite contrariété le matin peut vous rendre morose toute la journée.
  a. oui
  b. ça dépend des moments
  c. non

**30.** Vous êtes facilement agressif ou sarcastique à l'égard des autres.
  a. oui
  b. dans certaines circonstances
  c. non

**Corrigés page 338.**

## Le guide marabout des tests

### Test n° 3 : Connaissez-vous bien vos défauts ?

Avarice, orgueil, colère… On les appelait « péchés capitaux ». Mais ils peuvent n'être que des petits défauts, ou même le revers d'une qualité. L'avarice, avant de devenir un péché, commence par être de la saine gestion ; l'orgueil commence par l'estime de soi ; l'envie n'est d'abord que de l'ambition… L'objet de ce test est de déterminer les tendances les plus fortes chez vous.

1. « La vie pour s'amuser, la mort pour se reposer », c'est…
    a. une devise de fainéant
    b. sympathique, mais utopique
    c. une vérité exprimée de façon plaisante

2. Vous grignotez entre les repas…
    a. pratiquement jamais
    b. de temps à autre
    c. souvent

3. Un coup de colère au guichet d'un employé borné…
    a. ça peut vous arriver
    b. c'est encore arrivé il y a moins d'un mois.
    c. impossible, vous seriez rouge de honte

4. Au restaurant, vous faites attention au prix des plats.
    a. rarement
    b. parfois, en fin de mois
    c. bien sûr, comme tout le monde !

5. Professionnellement, vous vous trouvez…
    a. honnêtement payé(e) pour ce que vous faites
    b. plutôt surestimé(e) du point de vue salaire
    c. pas vraiment reconnu(e) par rapport à vos collègues

6. Il vous arrive de vous retrouver pris par le temps parce que vous avez remis trop de choses au lendemain.
    a. souvent
    b. parfois
    c. jamais

# Les tests subjectifs ou de personnalité

**7.** Au restaurant, vous choisissez généralement…
    a. un vin bien adapté au plat, même si c'est un peu cher
    b. un pichet du vin du jour proposé dans le menu
    c. de l'eau…

**8.** Vous trouvez que l'association de votre nom et de votre prénom…
    a. a une résonance plutôt valorisante
    b. est plutôt traditionnelle
    c. ne vous met pas assez en valeur

**9.** Vous faites des cadeaux à vos proches.
    a. souvent, pour le plaisir
    b. parfois, pour la surprise
    c. régulièrement, pour Noël et les anniversaires

**10.** Un bon bain chaud, ça vous…
    a. détend
    b. endort
    c. vous n'en prenez jamais

**11.** On dit de vous que vous avez la grosse tête.
    a. sûrement pas
    b. ça a pu arriver dans certains cas
    c. oui, mais ce sont des jaloux

**12.** Un collègue de bureau gagne 10 000 euros au Loto…
    a. vous êtes content(e) pour lui ou elle
    b. vous lui suggérez de fêter ça
    c. vous regrettez de ne pas avoir joué aussi.

**13.** Les talons de vos carnets de chèques…
    a. sont toujours remplis très précisément
    b. sont remplis au moins pour les grosses dépenses
    c. vous n'y faites pas trop attention

# Le guide marabout des tests

**14.** Vous aviez programmé votre magnétoscope et l'enregistrement n'a pas bien fonctionné…
    a. vous n'avez vraiment pas de chance !
    b. tant pis, vous achèterez la cassette…
    c. vous éclatez de fureur contre l'appareil

**15.** Vous pesez plutôt…
    a. le juste poids
    b. 4 à 5 kilos de trop
    c. plus de 5 kilos de trop

**16.** Dans un groupe, quelqu'un accapare brillamment la parole et attire tous les regards.
    a. vous écoutez, aussi passionné(e) que les autres
    b. vous observez avec intérêt sa technique
    c. vous souriez intérieurement devant la naïveté de l'auditoire

**17.** Le matin, dans le miroir de votre salle de bains, vous vous regardez plutôt…
    a. avec résignation
    b. avec sympathie
    c. avec satisfaction

**18.** Il vous arrive d'interrompre une conversation téléphonique tendue en raccrochant brutalement…
    a. souvent
    b. parfois
    c. jamais

**Corrigés page 340.**

# Les tests subjectifs ou de personnalité

# Résister au stress

Le stress est un des maux de nos sociétés modernes. Plus nous sommes « protégés » par la société, plus nous sommes tendus et anxieux. Gérer son temps est devenu un vrai casse-tête. Vie professionnelle, vie sociale ou vie familiale, tout devient source d'inquiétude.

Nous ne sommes pas égaux face au stress. Certains en souffrent davantage. Parfois parce que leur vie est ainsi faite. Mais le plus souvent parce que leur tempérament les y porte. Les uns recherchent le stress et y puisent énergie et joie de vivre ; les autres s'y engluent et deviennent, avec le temps, incapables de retrouver détente et sérénité.

Il est important de savoir, pour chacun, ce qu'il en est. En cas de stress, savez-vous faire face ? Mieux : pouvez-vous vous organiser afin de ne pas y succomber ?

## Test n° 1 : Savez-vous réagir au stress ?

La vie est faite de surprises et d'aléas. Pour certains, ce sont autant de défis qui les stimulent pour avancer. Pour d'autres, ce ne sont que des ennuis supplémentaires à gérer. Et vous, comment vous situez-vous ?

1. Le stress agit sur vous comme un stimulant.
    - a. toujours
    - b. souvent
    - c. parfois
    - d. rarement
    - e. jamais

2. Vous ne travaillez bien que dans l'urgence, « en charrette ».
    - a. toujours
    - b. souvent
    - c. parfois
    - d. rarement
    - e. jamais

# Le guide marabout des tests

**3.** Les vacances sont faites pour dormir et bronzer.
- a. tout à fait d'accord
- b. plutôt d'accord
- c. plutôt pas d'accord
- d. pas du tout d'accord

**4.** Vous n'aimeriez pas exercer un métier ou un sport comportant un risque (alpinisme, offshore, course automobile…).
- a. tout à fait d'accord
- b. plutôt d'accord
- c. plutôt pas d'accord
- d. pas du tout d'accord

**5.** Professionnellement, vous aimez la nouveauté, l'imprévu.
- a. toujours
- b. souvent
- c. parfois
- d. rarement
- e. jamais

**6.** Les obstacles et les difficultés vous minent.
- a. toujours
- b. souvent
- c. parfois
- d. rarement
- e. jamais

**7.** Vous préférez un travail passionnant à la sécurité de l'emploi.
- a. tout à fait d'accord
- b. plutôt d'accord
- c. plutôt pas d'accord
- d. pas du tout d'accord

**8.** Une vie sans stress est une vie meilleure.
- a. tout à fait d'accord
- b. plutôt d'accord
- c. plutôt pas d'accord
- d. pas du tout d'accord

# Les tests subjectifs ou de personnalité

**9.** Les rapports de compétition vous poussent à donner le meilleur de vous-même.
   a. toujours
   b. souvent
   c. parfois
   d. rarement
   e. jamais

**10.** Une vive contrariété le matin peut vous perturber pour toute la journée.
   a. tout à fait d'accord
   b. plutôt d'accord
   c. plutôt pas d'accord
   d. pas du tout d'accord

**11.** Vous supportez mal les critiques et les échecs.
   a. toujours
   b. souvent
   c. parfois
   d. rarement
   e. jamais

**12.** Vous aimez jouer.
   a. toujours
   b. souvent
   c. parfois
   d. rarement
   e. jamais

**13.** Trop de gens ou de choses reposent sur vous.
   a. tout à fait d'accord
   b. plutôt d'accord
   c. plutôt pas d'accord
   d. pas du tout d'accord

**14.** Vous aimez travaillez avec d'autres, en équipe.
   a. toujours
   b. souvent
   c. parfois
   d. rarement
   e. jamais

# Le guide marabout des tests

**15.** Vous êtes épuisé(e) en fin de journée.
- a. toujours
- b. souvent
- c. parfois
- d. rarement
- e. jamais

**16.** Vous aimez que les décisions soient rapidement suivies d'actions.
- a. tout à fait d'accord
- b. plutôt d'accord
- c. plutôt pas d'accord
- d. pas du tout d'accord

**17.** Vous savez vous offrir des petits plaisirs.
- a. toujours
- b. souvent
- c. parfois
- d. rarement
- e. jamais

**18.** Vous avez confiance dans vos capacités et dans votre intuition.
- a. toujours
- b. souvent
- c. parfois
- d. rarement
- e. jamais

**19.** Vous êtes plutôt détendu(e), gai(e).
- a. toujours
- b. souvent
- c. parfois
- d. rarement
- e. jamais

**20.** Vous aimez les gens dynamiques.
- a. tout à fait d'accord
- b. plutôt d'accord
- c. plutôt pas d'accord
- d. pas du tout d'accord

# Les tests subjectifs ou de personnalité

**21.** Vous passez au moins une heure par jour dans les embouteillages ou les transports en commun.
    a. oui
    b. non

**22.** Vous fumez un paquet de cigarettes par jour (ou davantage).
    a. oui
    b. non

**23.** Vous avez des problèmes d'insomnie.
    a. oui
    b. non

**24.** Vous avez vécu un de ces événements au cours des derniers mois : divorce, mariage, deuil, naissance, déménagement, procès.
    a. oui
    b. non

**25.** Vous êtes toujours ordonné et ponctuel.
    a. oui
    b. non

**Corrigés page 342.**

# Le guide marabout des tests

## Test n° 2 : Stress et organisation

On résiste plus ou moins bien au stress ; mais on le provoque aussi plus ou moins. L'un des moyens les plus efficaces pour diminuer son stress, en particulier dans les moments de crise, consiste à savoir s'organiser. Ce test a pour but de vous aider à apprécier où vous vous situez sur ces deux dimensions de résistance au stress et de limitation du stress par une bonne gestion de votre vie quotidienne.

1. Vous égarez vos lunettes, vos clés ou d'autres objets…
    a. tous les jours
    b. souvent
    c. parfois
    d. jamais
2. Vous supportez mal les critiques.
    a. tout à fait d'accord
    b. plutôt d'accord
    c. plutôt pas d'accord
    d. pas d'accord du tout
3. Combien de fois avez-vous ri hier ?
    a. moins de 2 fois
    b. de 2 à 4 fois
    c. 4 ou 5 fois
    d. plus de 5 fois
4. À votre dernier rendez-vous, vous étiez…
    a. un peu en avance
    b. juste à l'heure
    c. en retard, exceptionnellement
    d. en retard, comme d'habitude
5. Vous n'avez jamais le temps de lire.
    a. tout à fait d'accord
    b. plutôt d'accord
    c. plutôt pas d'accord
    d. pas d'accord du tout

# Les tests subjectifs ou de personnalité

**6.** Vous êtes fatigué(e) en fin de journée.
- a. toujours
- b. souvent
- c. parfois
- d. jamais

**7.** Le stress a tendance à vous stimuler.
- a. toujours
- b. souvent
- c. parfois
- d. jamais

**8.** Vous pratiquez une activité physique ou sportive…
- a. 1 ou 2 fois par semaine
- b. 2 ou 3 fois par mois
- c. tous les deux ou trois mois
- d. jamais, par manque de temps

**9.** Vous êtes harcelé(e) par le téléphone.
- a. tout à fait d'accord
- b. plutôt d'accord
- c. plutôt pas d'accord
- d. pas d'accord du tout

**10.** Combien de choses vraiment importantes avez-vous faites aujourd'hui ?
- a. très peu
- b. un peu moins que prévu
- c. ce que vous aviez prévu
- d. plutôt plus que prévu

**11.** Vous êtes souvent irrité ou au bord de la crise de nerfs.
- a. tout à fait d'accord
- b. plutôt d'accord
- c. plutôt pas d'accord
- d. pas d'accord du tout

# Le guide marabout des tests

**12.** Vous aimez vous lancer des défis.
- a. tout à fait d'accord
- b. plutôt d'accord
- c. plutôt pas d'accord
- d. pas d'accord du tout

**13.** Vous commencez une tâche avant d'avoir fini la précédente…
- a. toujours
- b. souvent
- c. parfois
- d. jamais

**14.** Vous êtes toujours prêt(e) à vous lancer dans une nouvelle activité.
- a. tout à fait d'accord
- b. plutôt d'accord
- c. plutôt pas d'accord
- d. pas d'accord du tout

**15.** Votre dernière grasse matinée, vous l'avez faite…
- a. le week-end dernier
- b. il y a 15 jours
- c. il y a au moins 2 mois
- d. il y a longtemps…

**16.** Chez vous, factures et papiers sont soigneusement classés.
- a. tout à fait d'accord
- b. plutôt d'accord
- c. plutôt pas d'accord
- d. pas d'accord du tout

**Corrigés page 344.**

# Chapitre III
# Les tests d'orientation

De plus en plus, les tests sont employés en entreprise. Dans les pages qui suivent, vous allez trouver différents tests orientés vers le milieu professionnel, le métier, la performance... Attention, ce ne sont pas des tests de sélection comme ceux utilisés pour le recrutement. Ce sont des tests composés pour une auto-évaluation professionnelle : motivation, attentes, besoins... Ils doivent aider à la réflexion lorsque, sur le plan professionnel, le moment est venu de « faire le point ».

# Le guide marabout des tests

# L'espace, le temps et vous

Ce test mesure votre sens de l'organisation et la manière dont vous gérez votre temps. Dans les milieux professionnels, le manque d'organisation est souvent interprété comme un défaut d'efficacité. Le « bon » professionnel est celui qui sait rendre compatible vie personnelle et vie de travail, qui applique les techniques de gestion du temps et sait faire passer l'essentiel avant l'accessoire. Est-ce votre cas ? C'est ce que ce test va vous révéler.

1. Une bonne organisation doit s'appuyer essentiellement sur le bon sens.
    a. tout à fait d'accord
    b. plutôt d'accord
    c. plutôt pas d'accord
    d. pas du tout d'accord

2. Au moins une fois par jour, vous cherchez vos clefs, ou vos lunettes, ou votre briquet, etc.
    a. tout à fait d'accord
    b. plutôt d'accord
    c. plutôt pas d'accord
    d. pas du tout d'accord

3. Pour Descartes, la « méthode » consiste à diviser chacune des difficultés et non à les envisager globalement. Vous êtes :
    a. tout à fait d'accord
    b. plutôt d'accord
    c. plutôt pas d'accord
    d. pas du tout d'accord

4. Vous pouvez retrouver n'importe quel papier en moins de 5 minutes, chez vous ou dans votre bureau.
    a. tout à fait d'accord
    b. plutôt d'accord
    c. plutôt pas d'accord
    d. pas du tout d'accord

# Les tests subjectifs ou de personnalité

**5.** L'organisation est faite pour l'homme et non l'homme pour l'organisation.

    a. tout à fait d'accord

    b. plutôt d'accord

    c. plutôt pas d'accord

    d. pas du tout d'accord

**6.** Vous êtes un peu en retard pour la remise d'un travail ou le paiement d'une facture.

    a. souvent

    b. de temps en temps

    c. rarement

    d. jamais

**7.** Organisation est synonyme d'une certaine complexité.

    a. tout à fait d'accord

    b. plutôt d'accord

    c. plutôt pas d'accord

    d. pas du tout d'accord

**8.** Mieux vaut un excès de fantaisie plutôt qu'un excès d'ordre.

    a. tout à fait d'accord

    b. plutôt d'accord

    c. plutôt pas d'accord

    d. pas du tout d'accord

**9.** Vous comparez les prix dans plusieurs endroits avant d'acheter un objet onéreux.

    a. toujours

    b. souvent

    c. parfois

    d. jamais

**10.** L'organisation ne s'apprend pas ; c'est inné : à chacun la sienne.

    a. tout à fait d'accord

    b. plutôt d'accord

    c. plutôt pas d'accord

    d. pas du tout d'accord

# Le guide marabout des tests

**11.** Il vous est arrivé de rater un avion ou un train.
- a. jamais
- b. 1 ou 2 fois maximum, pas de votre faute
- c. plus souvent que cela

**12.** L'organisation est avant tout :
- a. une perte de poésie
- b. un geste normal
- c. un gain de temps

**13.** Au sein d'une entreprise, l'organisation favorise :
- a. la communication et le dialogue
- b. le « chacun pour soi »

**14.** Vous avez 100 feuilles à plier et à mettre sous enveloppe.
- a. vous pliez la première feuille, la mettez dans une enveloppe, la cachetez, prenez une seconde feuille, etc.
- b. vous pliez d'abord toutes les feuilles, puis les mettez toutes sous enveloppe, etc.
- c. vous faites évoluer la technique en cours de travail, en l'améliorant.

**15.** Normaliser, c'est :
- a. établir des règles
- b. rabaisser à la moyenne
- c. appliquer la loi normale

**16.** La carrière idéale :
- a. monter sa propre boîte
- b. faire des boulots drôles et variés
- c. monter haut dans la hiérarchie d'une grosse boîte

**17.** Vous êtes plutôt un adepte :
- a. du système I comme insouciance et intuition
- b. du système O comme objectivité et organisation
- c. du système R comme relations et réalités

**18.** Vos revenus :
- a. vous les dépensez intégralement
- b. vous vous gardez une petite réserve
- c. vous tentez d'économiser et de faire fructifier en vue d'un achat important

# Les tests subjectifs ou de personnalité

**19.** Savez-vous toujours ce que l'on attend de vous (ou ce que vous en attendez) lorsque vous vous attaquez à un travail ?

    oui, le plus souvent

    non, le plus souvent

**20.** Avant d'appeler un interlocuteur au téléphone (autre qu'un appel purement amical), listez-vous les différents points à évoquer ?

    oui, le plus souvent

    non, le plus souvent

**21.** Avez-vous souvent l'impression de manquer de temps pour faire les choses ?

    oui, le plus souvent

    non, le plus souvent

**22.** Utilisez-vous régulièrement un agenda ?

    oui

    non

**23.** Faites-vous souvent plusieurs choses à la fois ?

    oui

    non

**24.** Dans vos déplacements habituels, avez-vous tendance à toujours prendre les mêmes itinéraires et les mêmes moyens de transport ?

    oui

    non

**25.** Vous arrive-t-il, au travail ou chez vous, de ne pas répondre au téléphone ?

    oui

    non

**26.** Faites-vous, une fois par semaine, la liste des choses à faire ?

    oui, le plus souvent

    non, le plus souvent

**27.** Rédigez-vous un plan ou un brouillon avant d'écrire un texte ou une lettre ?

    oui, le plus souvent

    non, le plus souvent

*L'espace, le temps et vous*

# Le guide marabout des tests

**28.** Si vous avez un agenda, y faites-vous de fréquents changements ?
    oui
    non

**29.** Oubliez-vous souvent d'appeler ou de rappeler des gens au téléphone ?
    oui
    non

**30.** Prenez-vous toujours quelque chose à faire durant vos déplacements ?
    oui
    non

**31.** Passez-vous beaucoup de temps en réunion ou en discussion (au travail ou à votre foyer) ?
    oui
    non

**32.** Pouvez-vous bien faire la différence, dans vos actions, entre important et urgent ?
    oui, le plus souvent
    non, le plus souvent

**33.** Vous arrive-t-il souvent de manipuler plusieurs fois les mêmes papiers ?
    oui
    non

**34.** Vous interrompez-vous facilement au cours d'un travail ou d'une activité ?
    oui, le plus souvent
    non, le plus souvent

**35.** Pouvez-vous citer tout de suite les trois choses importantes que vous avez à faire demain (sauf incident) ?
    oui
    non

**36.** Êtes-vous (étiez-vous) souvent pris de court par les demandes de vos supérieurs ?
    oui
    non

**37.** Attribuez-vous des priorités aux tâches que vous devez accomplir ?
    oui, le plus souvent
    non, le plus souvent

## Les tests subjectifs ou de personnalité

**38.** Les réunions auxquelles vous participez ou les activités que vous organisez finissent-elles à l'heure ?

      oui, le plus souvent

      non, le plus souvent

**39.** Êtes-vous capable d'estimer correctement le temps que vous prendra un travail ?

      oui, le plus souvent

      non, le plus souvent

**40.** Remettez-vous souvent les choses au lendemain ?

      oui

      non

**Corrigés page 347.**

# Le guide marabout des tests

# L'initiative : êtes-vous fonceur ou suiveur ?

Toutes ces questions se rapportent à votre vie professionnelle. Si vous êtes actuellement à la recherche d'un emploi, répondez en fonction de votre emploi précédent.

Répondez à chaque question suivant la grille :

    a : oui, tout à fait

    b : plutôt oui

    c : plutôt non

    d : non, pas du tout

**1.** Proposez-vous souvent des idées nouvelles ?

    a b c d

**2.** Avez-vous suffisamment d'informations en tête pour répondre le plus souvent de façon immédiate aux questions de vos supérieurs ?

    a b c d

**3.** Êtes-vous capable de prendre facilement la tête d'une équipe ?

    a b c d

**4.** Êtes-vous plutôt attiré par les idées et les concepts ?

    a b c d

**5.** Dans votre travail, rencontrez-vous souvent des plages de calme relatif et de « véritables coups de bourre » ?

    a b c d

**6.** D'une façon générale, vous décidez-vous rapidement ?

    a b c d

**7.** Vous considère-t-on plutôt comme quelqu'un de créatif, d'imaginatif ?

    a b c d

**8.** Avez-vous souvent recours aux autres (avis, appuis, etc.) ?

    a b c d

# Les tests subjectifs ou de personnalité

**9.** Vous sentez-vous parfois pris de court face à une démarche de votre supérieur ?

    a b c d

**10.** Êtes-vous plutôt bricoleur ?

    a b c d

**11.** Pensez-vous être capable d'improviser rapidement quand la situation l'exige ?

    a b c d

**12.** Préférez-vous la réflexion à l'action immédiate ?

    a b c d

**13.** Êtes-vous capable de trouver rapidement les informations essentielles pour répondre à un problème inattendu ?

    a b c d

**14.** Avez-vous l'esprit de synthèse ?

    a b c d

**15.** Proposez-vous toujours une solution en même temps que vous évoquez une difficulté nouvelle ?

    a b c d

**16.** Êtes-vous capable de vous enflammer pour une idée qui vous tient à cœur ?

    a b c d

**17.** Avez-vous souvent l'impression de manquer de temps ?

    a b c d

**18.** Anticipez-vous facilement les besoins de votre supérieur ?

    a b c d

**19.** Vous arrive-t-il de demander qu'on vous attribue des projets ou des tâches ?

    a b c d

**20.** Avez-vous tendance à prendre les choses en main lorsqu'une situation difficile se présente dans votre équipe ?

    a b c d

**Corrigés page 350.**

**L'initiative : êtes-vous fonceur ou suiveur ?**

# Le guide marabout des tests

# Au fait, pourquoi travaillez-vous ?

Voici 20 phrases qui sont autant d'affirmations concernant le travail et l'entreprise. Pour chacune d'entre elles, choisissez a, b, c ou d selon que vous êtes :

    a : tout à fait d'accord

    b : plutôt d'accord

    c : plutôt pas d'accord

    d : pas du tout d'accord

avec l'opinion émise.

**1.** Ce qui compte pour vous, c'est d'avoir des horaires souples qui vous permettent des loisirs à côté.

    a b c d

**2.** Vu la conjoncture, un bon poste est avant tout un poste stable.

    a b c d

**3.** Vous pourriez travailler dans une entreprise fabriquant ou vendant pratiquement n'importe quel produit.

    a b c d

**4.** Il n'est pas primordial pour vous d'aboutir à un salaire élevé.

    a b c d

**5.** Vous n'aimez pas prendre de risques dans votre travail.

    a b c d

**6.** Le temps perdu dans les transports pour aller travailler est vraiment détestable.

    a b c d

**7.** L'avancement à l'ancienneté est finalement une bonne chose.

    a b c d

**8.** L'entente avec les collègues et la liberté dans le travail sont des points très importants.

    a b c d

**9.** Vous visez avant tout une position reconnue au sein de l'entreprise.

    a b c d

# Les tests subjectifs ou de personnalité

**Au fait, pourquoi travaillez-vous ?**

**10.** L'essentiel n'est pas à quel poste on démarre, mais les possibilités de promotion.
    a b c d

**11.** On ne peut pas dire que vous aimez le travail, mais comment vivre autrement ?
    a b c d

**12.** Il est essentiel aujourd'hui de travailler dans une entreprise solide.
    a b c d

**13.** Vous tenez à être informé de ce qui se passe dans l'entreprise.
    a b c d

**14.** Vous avez besoin de sentir que vous faites un travail important et de qualité.
    a b c d

**15.** Vous aimez faire corps avec une entreprise dynamique.
    a b c d

**16.** Les conditions de travail et d'environnement sont assez secondaires.
    a b c d

**17.** Vous détestez être supervisé, jugé, annoté.
    a b c d

**18.** Vous ne supportez qu'un supérieur hiérarchique compétent et responsable.
    a b c d

**19.** Vous aimez un patron qui apprécie votre travail et vous laisse libre de l'organiser.
    a b c d

**20.** Un travail doit aussi permettre de se réaliser et de se développer sur le plan personnel.
    a b c d

**Corrigés page 352.**

# Le guide marabout des tests

# Travail : ce qui vous plaît vraiment

Toutes ces questions concernent votre métier et votre milieu professionnel.

Pour faire ce test, deux cas possibles :

• Vous êtes en poste actuellement et souhaitez faire le point sur votre satisfaction professionnelle. Pour chaque question, vous avez le choix entre quatre possibilités de réponses :

    a : tout à fait d'accord

    b : plutôt d'accord

    c : plutôt pas d'accord

    d : pas du tout d'accord

• Vous n'êtes pas en poste actuellement. Les 30 questions sont autant de descriptions d'un emploi. Dites alors si, pour vous, le point abordé est :

    a : très important

    b : plutôt important

    c : plutôt pas important

    d : pas important du tout

**1.** Votre équipe de travail est bien unie.
    a : tout à fait d'accord
    b : plutôt d'accord
    c : plutôt pas d'accord
    d : pas du tout d'accord

ou
    a : très important
    b : plutôt important
    c : plutôt pas important
    d : pas important du tout

# Les tests subjectifs ou de personnalité

**2.** Vous n'êtes pas arrivé à faire un travail qui vous plaît.
   a b c d
**3.** Vous ne faites qu'exécuter.
   a b c d
**4.** On vous demande votre avis.
   a b c d
**5.** Vous avez une large part de création dans votre travail.
   a b c d
**6.** Vous bénéficiez d'une assez bonne sécurité d'emploi.
   a b c d
**7.** Vous faites un bon travail d'équipe.
   a b c d
**8.** Vous êtes assez content de votre salaire.
   a b c d
**9.** Vous avez un certain ascendant sur les autres.
   a b c d
**10.** Vous avez des difficultés à vous faire respecter.
   a b c d
**11.** Vous êtes informé de ce qui concerne vous-même et l'entreprise où vous êtes.
   a b c d
**12.** Professionnellement, vous plafonnez.
   a b c d
**13.** À ce poste, vous êtes bien dans votre peau.
   a b c d
**14.** Vos collègues sont aussi des amis.
   a b c d
**15.** Vous n'arrivez pas à vous passionner pour ce que vous faites.
   a b c d
**16.** Vous travaillez dans une mauvaise ambiance.
   a b c d
**17.** Vous êtes en accord avec ce que vous faites.
   a b c d

*Travail : ce qui vous plaît vraiment*

# Le guide marabout des tests

**18.** Vous avez une assez grande liberté d'action.
   a b c d
**19.** Il n'y a pas de complicité de travail.
   a b c d
**20.** On ne tient pas compte de votre avis.
   a b c d
**21.** Vous pourriez être licencié brusquement.
   a b c d
**22.** Vous ne disposez que de peu d'initiative.
   a b c d
**23.** Votre équipe manque de solidarité.
   a b c d
**24.** Votre compétence n'est pas reconnue.
   a b c d
**25.** Vous apprenez toujours de nouvelles choses.
   a b c d
**26.** Vous n'êtes qu'un rouage de l'entreprise.
   a b c d
**27.** Votre compétence vous donne une certaine autorité.
   a b c d
**28.** Votre salaire est nettement en dessous de ce que vous valez.
   a b c d
**29.** Vous ne vous investissez pas dans votre travail.
   a b c d
**30.** Vous utilisez pleinement vos capacités.
   a b c d

**Corrigés page 355.**

# Les tests subjectifs ou de personnalité

# Patron : connaissez-vous le mode d'emploi ?

Répondez par « oui » ou par « non » à toutes les questions suivantes. Si vous avez du mal à vous déterminer, choisissez la réponse « oui » chaque fois que vous pensez « le plus souvent oui » ou « plutôt oui » ; choisissez la réponse « non » chaque fois que vous pensez « le plus souvent non » ou « plutôt non ». Ne sautez aucune question. Si vous n'êtes pas en poste actuellement, répondez en fonction de votre précédent emploi.

### Première partie

**1.** Vous sentez-vous parfois frustré dans votre travail ?

    OUI   NON

**2.** Votre supérieur est-il fréquemment absent ?

    OUI   NON

**3.** Avez-vous le sentiment d'être correctement informé de ce qui se passe dans le cadre de votre travail ?

    OUI   NON

**4.** Recevez-vous souvent à la dernière minute des tâches à effectuer de toute urgence ?

    OUI   NON

**5.** Connaissez-vous les objectifs professionnels de votre supérieur pour les prochains mois ?

    OUI   NON

**6.** Les suggestions que vous faites sont-elles souvent accueillies avec intérêt ?

    OUI   NON

**7.** Vous sentez-vous libre de la façon d'organiser votre travail ?

    OUI   NON

**8.** Avez-vous des objectifs clairs à atteindre ?

    OUI   NON

**9.** Hésitez-vous à aller voir votre supérieur ?

    OUI   NON

**10.** Avez-vous régulièrement des entretiens d'évaluation de vos résultats avec votre supérieur ?

    OUI   NON

# Le guide marabout des tests

### Deuxième partie

**1.** Parlez-vous facilement à votre supérieur des problèmes que vous rencontrez dans votre travail ?

     OUI   NON

**2.** Avant d'aller le voir, listez-vous l'ensemble des points à évoquer avec lui ?

     OUI   NON

**3.** Tenez-vous votre supérieur au courant de l'évolution des projets qu'il vous a confiés ?

     OUI   NON

**4.** Savez-vous ce que votre supérieur apprécie chez vous ?

     OUI   NON

**5.** Et ce qu'il n'apprécie pas, d'une façon générale ?

     OUI   NON

**6.** Avez-vous toujours une idée précise de ce qu'il attend lorsqu'il vous confie un travail ?

     OUI   NON

**7.** Demandez-vous parfois à votre supérieur de vous fixer des priorités dans l'organisation de votre travail ?

     OUI   NON

**8.** Ses demandes ou ses avis vous paraissent-ils parfaitement justifiés ?

     OUI   NON

**9.** Vous arrive-t-il de lui demander son aide en expliquant clairement ce que vous attendez de lui ?

     OUI   NON

**10.** Êtes-vous capable d'anticiper ses besoins et de vous préparer à l'avance aux demandes qu'il va vous faire ?

     OUI   NON

**11.** Avez-vous le sentiment d'être vraiment une aide pour votre supérieur ?

     OUI   NON

**12.** Êtes-vous souvent en retard sur des projets qu'il vous a confiés ?

     OUI   NON

**Corrigés page 358.**

# Les tests subjectifs ou de personnalité

## Pourriez-vous travailler sous vos ordres ?

Ce test s'adresse à tous ceux qui ont ou qui ont eu un rôle de manager ou une petite équipe à animer. Répondez en fonction d'un poste actuel ou passé.

1. Dans un recrutement, la question la plus importante au sujet d'un candidat ?
   - a. est-ce qu'il me plaît ?
   - b. a-t-il l'esprit maison ?
   - c. quel est son potentiel ?
   - d. a-t-il les compétences pour le poste ?
2. Quand vous demandez un travail à un collaborateur, vous lui dites :
   - a. « Je vous demande ça pour telle raison. »
   - b. « Pouvez-vous me faire ça ? »
   - c. « Faites-moi ça. »
   - d. « J'aurais besoin de ça. »
3. Pour vous, un objectif doit être surtout :
   - a. accepté par le subordonné
   - b. clair pour le subordonné
   - c. assorti d'un délai
   - d. expliqué au subordonné
4. Parmi ces titres de journaux, lequel choisiriez-vous ?
   - a. « L'illustration »
   - b. « Ouest-France »
   - c. « L'équipe »
   - d. « L'intransigeant »
5. Pour prendre une décision importante intéressant votre département :
   - a. vous faites une réunion officielle
   - b. vous vous fiez à votre intuition
   - c. vous en parlez avec vos collaborateurs
   - d. vous cherchez un maximum d'informations

# Le guide marabout des tests

**6.** Votre résidence secondaire idéale, ce serait plutôt :
   a. un manoir caché au fond d'un grand parc
   b. un mas dans un village provençal
   c. un ancien château en bordure de rivière
   d. une grande maison propre et accueillante

**7.** Ce qui est le plus utile, à vos yeux, dans votre travail :
   a. votre téléphone
   b. vos dossiers
   c. votre salle de réunion
   d. votre agenda

**8.** Pour réprimander un collaborateur, vous diriez plutôt :
   a. « Je suis déçu. »
   b. « Je ne comprends pas. »
   c. « Qu'est-ce qui vous a gêné ? »
   d. « Que pensez-vous faire pour arranger ça ? »

**9.** Ce qui compte le plus dans une équipe :
   a. que chacun connaisse son rôle
   b. que le chef soit respecté
   c. que les ordres soient exécutés
   d. qu'il y ait une bonne ambiance

**10.** Quel proverbe ou expression choisiriez-vous ?
   a. « Je pense donc je suis. »
   b. « Dire c'est bien, faire c'est mieux. »
   c. « Les copains d'abord. »
   d. « Chacun son métier, les vaches seront bien gardées. »

**11.** Pour vous, une machine, c'est d'abord :
   a. une libération de l'individu
   b. une belle organisation technique
   c. un triomphe de l'esprit
   d. un outil efficace

# Les tests subjectifs ou de personnalité

**12.** Le personnage historique dont vous vous sentez le plus proche :
- a. Louis XV
- b. Charlemagne
- c. Danton
- d. Jaurès

**13.** Ce qui vous agace le plus chez un collaborateur :
- a. la familiarité
- b. la mauvaise foi
- c. l'ironie
- d. la mauvaise volonté

**14.** Votre proposition pour lutter contre le chômage, ce serait :
- a. un véritable impôt-solidarité
- b. une bonne aide à la création d'entreprise
- c. une incitation à la création d'emplois dans les entreprises à fort CA
- d. des créations de postes administratifs

**15.** Selon vous, un bon manager doit surtout savoir :
- a. animer une équipe
- b. donner des instructions
- c. donner des conseils
- d. déléguer des tâches claires

**Corrigés page 360.**

# Le guide marabout des tests

# Entreprise : quelle culture vous faut-il ?

Multinationale ou PME, consensuelle ou « bagareuse », déterminez le type d'entreprise où vous seriez le plus heureux...

1. Vous pratiquez ou préféreriez pratiquer :
    a. le rugby
    b. le volley-ball
    c. le golf
2. À votre avis, ce qui compte le plus chez un débutant, c'est :
    a. la personnalité
    b. le diplôme
    c. la motivation
3. Vous voyez la hiérarchie comme :
    a. un chemin à gravir
    b. une pyramide de compétence
    c. un mal nécessaire
4. Pour des vacances de neige, vous choisiriez :
    a. de louer un chalet avec des amis
    b. de filer au Club Méditerranée
    c. de vous inscrire à un stage de surf des neiges
5. Vous souhaitez qu'on vous trouve :
    a. sympathique
    b. compétent
    c. débrouillard
6. Quelle citation préférez-vous ?
    a. « Un pour tous, tous pour un. » (A. Dumas)
    b. « Je plie mais ne romps pas. » (La Fontaine)
    c. « Ne pas monter bien haut, peut-être, mais tout seul. » (E. Rostand)
7. À la pause-déjeuner, vous préférez :
    a. filer avec quelques collègues au petit bistrot voisin
    b. manger au restaurant d'entreprise
    c. rentrer chez vous

# Les tests subjectifs ou de personnalité

**8.** Les pires réunions de travail sont celles :
    a. où tout le monde règle ses comptes
    b. où l'on perd son temps
    c. où le chef impose sa façon de voir

**9.** Quand vous allez au cinéma, vous choisissez plutôt le film :
    a. que tout le monde veut aller voir, pour y aller en bande ou pouvoir en parler
    b. en vous fiant aux avis de quelques critiques que vous appréciez
    c. d'après les échos de votre entourage

**10.** Selon vous, un chef d'entreprise doit être :
    a. prudent et ouvert
    b. compétent et mener ses hommes
    c. audacieux et dynamique

**11.** Vous ne voudriez surtout pas être :
    a. technicien informatique
    b. surveillant de collège
    c. employé aux PTT

**12.** La plus grosse erreur pour une société, c'est de :
    a. négliger son personnel
    b. sous-estimer la concurrence
    c. ne plus innover

**13.** Ce qui vous agace le plus :
    a. la vantardise
    b. l'incompétence
    c. le dirigisme

**14.** Ce qui compte dans l'exécution d'un ordre, c'est :
    a. la bonne volonté
    b. l'efficacité
    c. la façon dont il a été compris

**15.** Parmi ces héros de bandes dessinées, vous préférez :
    a. Astérix
    b. Tintin
    c. Gaston Lagaffe

**Corrigés page 362.**

# Le guide marabout des tests

## Quels métiers pour votre profil ?

La plupart de ces questions se rapportent à votre vie professionnelle. Si vous n'êtes pas en poste actuellement, répondez en fonction de votre précédent emploi.

**1.** Quand il faut prendre une décision importante :
   a. vous rassemblez le maximum d'informations
   b. vous marchez plutôt à l'instinct

**2.** Pour vous, un groupe est plutôt :
   a. fermé aux nouveaux
   b. influençable

**3.** On vous propose un meilleur salaire mais des responsabilités plus réduites :
   a. pas question
   b. sans problème

**4.** Pour faire vos cadeaux de Noël :
   a. vous flânez dans les rayons à la recherche de bonnes idées
   b. vous faites une liste en fonction des goûts de chacun

**5.** L'animal domestique qui vous ressemble le plus :
   a. le chat
   b. le chien

**6.** Vous préférez passer des week-ends :
   a. égoïstes, à lire ou se promener
   b. avec les copains, à se retrouver autour d'une activité commune

**7.** Vous débarquez dans une soirée où vous ne connaissez pas grand monde :
   a. vous vous joignez à un groupe pour écouter la conversation
   b. vous attendez que la maîtresse de maison vienne vers vous et vous introduise

**8.** Vous préférez les bureaux :
   a. « paysage », où l'on peut discuter grâce à l'absence de cloisons
   b. classiques, où l'on peut travailler seul au calme

**9.** Votre style de jeu, c'est plutôt :
   a. la roulette
   b. les échecs

**10.** Ce que vous aimez le moins :
   a. les instructions peu précises
   b. que l'on soit souvent sur votre dos

# Les tests subjectifs ou de personnalité

11. La situation la plus déplaisante :
    a. devoir négocier son salaire
    b. devoir passer la nuit au bureau
12. Comme type d'explorateur, vous admirez plutôt :
    a. Christophe Colomb
    b. l'équipage de la 65$^e$ navette spatiale
13. Ce que vous supportez le moins dans votre travail :
    a. le désordre
    b. la hiérarchie
14. Avec quelle formule êtes-vous plutôt d'accord ?
    a. « Je ne cherche pas, je trouve »
    b. « Le génie est une longue patience »
15. Un bon chef, c'est celui :
    a. qui sait déléguer les responsabilités
    b. qui sait donner les bons conseils aux bons moments
16. Votre conception du couple :
    a. nous deux
    b. toi et moi
17. Dans un litige où vous êtes persuadé d'avoir raison :
    a. vous recherchez quand même le compromis
    b. vous préférez couper court
18. Pour réussir sa vie professionnelle, il est plus important :
    a. de savoir saisir les opportunités
    b. de suivre son projet d'évolution personnel
19. Quand vous entrez dans un magasin :
    a. vous aimez rester seul pour regarder les différents rayons
    b. vous préférez être accueilli par un vendeur ou une vendeuse
20. Ce qui vous agace le plus chez un collaborateur :
    a. le manque d'initiative
    b. le manque de réflexion
21. Le plus important pour diriger une équipe, c'est :
    a. réaliser un véritable consensus
    b. être le plus compétent

**Corrigés page 363.**

# Le guide marabout des tests

## Feriez-vous un bon patron ?

Honnis ou admirés, les patrons ne laissent pas grand monde indifférent. C'est qu'il faut, pour le devenir, des qualités particulières. Ce test vous aidera à décider si vous pourriez, demain, vous lancer dans l'aventure de créer votre entreprise.

**1.** Ce qui est important dans la vie, c'est :
- a. le pouvoir
- b. faire ce que l'on aime
- c. ne pas faire de mal aux autres

**2.** Vous ne manquez jamais :
- a. d'idées
- b. d'argent
- c. de temps

**3.** L'avancement le plus juste, c'est :
- a. à l'ancienneté
- b. au mérite
- c. une combinaison des deux

**4.** Vous êtes vivement intéressé par :
- a. la gestion et l'économie politique
- b. l'histoire et l'actualité sociale
- c. l'art, le bricolage ou les mots croisés

**5.** Monter sa boîte signifie :
- a. ne plus avoir d'horaires à respecter
- b. plusieurs années difficiles
- c. faire enfin ce qu'on veut

**6.** Les tensions, dans le travail, vous servent de stimulant :
- a. toujours
- b. souvent
- c. rarement

## Les tests subjectifs ou de personnalité

**7.** Dans votre tête, vous avez :
    a. l'âge de la jeunesse et de l'enthousiasme
    b. l'âge de la maturité et de la réflexion
    c. l'âge de la sagesse et de la patience

**8.** Vous êtes plutôt :
    a. sujet aux coups de tête, aux coups de sang ou aux coups de cafard
    b. d'humeur stable même dans la tourmente

**9.** Vous êtes capable de vous faire rapidement une opinion correcte sur la personne qui est en face de vous :
    a. rarement
    b. de temps en temps
    c. souvent

**10.** Vous avez 10 idées par jour, des bonnes et d'autres moins :
    a. rarement
    b. de temps en temps
    c. souvent

**11.** Et l'on dit généralement de vos idées :
    a. qu'elles sont géniales et doivent réussir
    b. qu'elles sont intéressantes et peuvent se jouer
    c. qu'elles sont absurdes ou très risquées

**12.** Votre carnet de relations :
    a. commence à peine à se constituer
    b. comporte quelques adresses bien utiles
    c. est plein et bien organisé

**13.** Avez-vous des amis qui ont monté leur propre entreprise ?
    a. oui, plusieurs
    b. oui, un
    c. non, aucun

**14.** Se jeter à l'eau, c'est :
    a. risquer la noyade
    b. commencer à nager
    c. faire juste un pas en avant

# Le guide marabout des tests

**15.** Votre santé et votre résistance à la fatigue sont :
    a. dans la moyenne
    b. moins bonnes que la moyenne
    c. meilleures que la moyenne

**16.** Prévoyez-vous immédiatement les conséquences des actions que vous projetez, ainsi que la façon de les assumer ?
    a. oui, systématiquement
    b. pour les choix importants seulement
    c. non, à chaque jour son problème

**17.** Comment supporteriez-vous d'être impopulaire et critiqué ?
    a. sereinement et sûr de vous
    b. moyennement, en doutant de vous
    c. très mal, vous voulez qu'on vous aime

**18.** Quel rôle préférez-vous ?
    a. l'éminence grise
    b. le bouffon du roi
    c. le rôle principal

**Corrigés page 365.**

# Les tests subjectifs ou de personnalité

## Dans la peau d'un politique

L'espace de quelques questions, vous allez vous mettre dans la peau des grands hommes d'État qui, de Charlemagne à nos jours, ont contribué à bâtir l'Europe. À vous de décider, situation après situation, ce que vous auriez fait à leur place… Ensuite, rendez-vous aux résultats pour découvrir votre profil de « décideur politique ».

**1.** Fils d'un roi conquérant et organisateur, vous héritez d'un empire s'étendant de l'Espagne à la Hollande et à la frontière italo-grecque. Que ferez-vous de cet empire, sachant que vous avez trois fils ?

    a. vous le partagez en trois parties égales

    b. vous organisez une suite d'épreuves destinées à désigner votre successeur

    c. vous obéissez à la tradition et désignez votre aîné comme seul héritier

**2.** Depuis deux siècles, des pirates venus de Scandinavie désolent votre royaume de France par leurs pillages. Pour mettre fin à leurs expéditions, vous décidez de…

    a. construire une flotte qui partira attaquer leurs bases

    b. passer un traité avec eux pour qu'ils aillent attaquer vos ennemis

    c. leur offrir une région de votre royaume en échange de leur soumission

**3.** Pape à la fin du XI$^e$ siècle, vous souhaitez maintenir l'unité de l'Occident. Pour éviter des guerres intra-européennes, vous décidez de…

    a. réunir les principaux souverains et leur faire signer un traité de non-agression

    b. faire proclamer dans tout l'Occident que la volonté divine est de voir régner la paix

    c. créer l'union en lançant une croisade contre les Turcs qui se font de plus en plus menaçants

**4.** Roi de France au XVI$^e$ siècle, vous vous inquiétez de la puissance croissante de l'Espagne. Pour assurer vos arrières, il vous paraît préférable de…

    a. faire bâtir des forteresses tout le long des Pyrénées

    b. passer un traité d'assistance mutuelle avec l'Angleterre

    c. trouver un prétexte pour déclarer la guerre à l'Espagne pendant qu'elle n'est pas encore trop forte

# Le guide marabout des tests

**5.** Un siècle plus tard, vous êtes Premier ministre de France et c'est toujours l'Espagne qui vous inquiète, par sa domination des Pays-Bas. C'est pourquoi…

    a. vous attendez la mort prochaine du roi d'Espagne pour profiter des désordres autour de sa succession

    b. vous attisez les rivalités entre Pays-Bas et Suède pour les mener à s'affronter

    c. vous convainquez le roi Louis XIII de s'allier aux Suédois pour lui déclarer la guerre

**6.** Premier ministre anglais aux alentours de 1760, vous voyez votre politique coloniale compromise par les ambitions françaises. Il vous paraît plus prudent de…

    a. proposer à la France un partage des territoires à coloniser

    b. faire construire une flotte capable de détruire la flotte française si les choses devaient s'envenimer

    c. encourager et financer discrètement les mouvements révolutionnaires qui apparaissent en France

**7.** Meneur révolutionnaire en France au lendemain de 1789, vous voyez se dresser contre vous l'ensemble des puissances européennes. Sans hésiter, vous décidez de…

    a. déclarer « La Patrie en danger » et de mettre sur pied une énorme armée populaire

    b. faire demander par le roi de France lui-même que les autres souverains laissent l'expérience révolutionnaire se poursuivre

    c. corrompre les principaux généraux ennemis avec les richesses prises à la couronne française

**8.** Profitant des désordres post-révolutionnaires, vous avez réussi à devenir empereur des Français et à conquérir de nombreux territoires. À leur tête, vous décidez de placer…

    a. des membres éloignés des familles royales que vous avez vaincues, qui vous devront tout et vous seront donc fidèles

    b. vos frères, sœurs et meilleurs compagnons d'armes

    c. des personnalités issues du peuple et reconnues par lui

# Les tests subjectifs ou de personnalité

**9.** Président du conseil de Prusse en 1869, vous voulez pousser les différentes régions allemandes à s'unir derrière votre roi. Le mieux vous semble être de…

    a. développer les moyens de transport pour faciliter échanges commerciaux et migrations internes

    b. profiter des liens économiques existant entre les différentes régions pour les développer et leur donner un cadre officiel

    c. déclencher sous un quelconque prétexte une guerre avec un pays voisin pour susciter un réflexe d'union

**10.** Président des États-Unis en 1917, vous pensez nécessaire de participer à la Première Guerre mondiale aux côtés de la France et de l'Angleterre. Comment allez-vous justifier cette décision aux yeux du pays ?

    a. vous faites monter en épingle par la presse l'exécution d'une infirmière ou le torpillage d'un bateau par les Allemands

    b. vous faites fabriquer un faux télégramme par lequel l'Allemagne se montre très menaçante pour votre pays

    c. vous organisez un référendum pour demander son avis au peuple

**11.** Président du Conseil français et artisan de la victoire de 1918, vous devez maintenant « gagner la paix » avec l'Allemagne. Que ferez-vous ?

    a. vous rencontrez discrètement les dirigeants allemands pour voir ce qu'ils peuvent accepter ou non

    b. vous imposez des conditions tellement dures que tôt ou tard l'Allemagne voudra prendre sa revanche

    c. vous profitez de votre aura et de votre réputation pour appeler publiquement à la réconciliation

**12.** Premier ministre anglais en 1938, vous voyez se développer en Allemagne un régime autoritaire et militariste qui semble menacer la paix européenne. De concert avec votre collègue français, vous décidez de…

    a. rencontrer le principal dirigeant allemand et obtenir de lui la promesse de ne pas briser les traités internationaux

    b. lancer une politique de réarmement afin de manifester clairement votre intention de ne pas laisser faire n'importe quoi

    c. convoquer une session extraordinaire de la Société des Nations (l'ONU de l'époque) pour tenter de satisfaire tout le monde

# Le guide marabout des tests

**13.** Pendant ce temps, en Espagne, une guerre civile sanglante déchire républicains et partisans d'un régime autoritaire. En tant que président du Conseil français, quelle mesure prenez-vous face à cette situation ?

    a. vous en profitez pour lancer des expéditions coloniales vers les possessions espagnoles

    b. sans prendre parti, vous créez des camps d'internement pour y mettre les réfugiés espagnols qui débarquent chez vous

    c. vous créez une force d'intervention pour soutenir le camp républicain, idéologiquement proche de vous

**14.** Finalement, le régime autoritaire né en Allemagne a déclenché la guerre en annexant ses voisins proches. Nommé Premier ministre par le roi, vous faites un discours au peuple anglais :

    a. vous promettez de tenir l'Angleterre éloignée du conflit aussi longtemps que possible

    b. vous expliquez que cette guerre est l'occasion pour votre pays de renforcer sa domination économique et commerciale

    c. vous dénoncez la barbarie de l'agresseur et promettez une victoire finale payée de sang, de sueur et de larmes

**15.** Vieux roi du Danemark, vous essayez de sauver ce qui peut l'être de votre pays occupé par les nazis. Lorsque l'occupant impose des mesures anti-Juifs, vous réagissez en…

    a. portant désormais vous-même une étoile jaune

    b. organisant discrètement l'évacuation des citoyens juifs de votre pays vers un pays voisin encore libre

    c. protestant officiellement contre cette atteinte à la dignité humaine

**16.** La Seconde Guerre mondiale s'est achevée, laissant l'Europe en lambeaux et, à l'Est, un puissant bloc soviétique. Haut responsable du gouvernement américain, vous proposez de…

    a. créer une commission de reconstruction réunissant les principaux États européens

    b. revenir à la doctrine de l'isolationnisme en laissant l'Europe se débrouiller avec ses problèmes

    c. débloquer d'énormes crédits pour aider l'Europe à se reconstruire et en profiter pour l'habituer aux produits et aux mœurs américains

# Les tests subjectifs ou de personnalité

**17.** Premier secrétaire du parti communiste d'URSS en 1948, vous voulez assurer votre domination sur la partie Est de l'Europe. Pour cela, vous décidez...

    a. d'installer un blocus autour de Berlin pour empêcher Américains, Français et Anglais d'y accéder sans votre autorisation

    b. d'approcher discrètement les dirigeants allemands et d'obtenir leur obéissance par corruption ou par chantage

    c. de passer un traité secret avec les Américains pour leur échanger la domination du Moyen-Orient contre celle de l'Europe

**18.** Président français du Conseil en 1956, vous voyez vos intérêts coloniaux menacés par le nouveau gouvernement égyptien. Après mûre réflexion, vous décidez de...

    a. lancer une expédition armée destinée à faire sentir à l'Égypte votre puissance militaire

    b. déposer devant le bureau de l'ONU une résolution condamnant les agissements du gouvernement égyptien

    c. rencontrer les dirigeants des pays du Moyen-Orient hostiles à l'Égypte pour mettre au point une action concertée

**19.** Gouvernant français soucieux de renforcer l'unité européenne, vous proposez dès les années 70 de...

    a. voter un budget d'aide systématique aux entreprises européennes installant des filiales dans d'autres pays de l'Union

    b. développer un programme de coopération industrielle autour de l'aéronautique et de l'espace

    c. généraliser l'enseignement des langues européennes dès les classes du primaire

**20.** Député européen, vous êtes confronté à une crise alimentaire majeure. Vous rédigez un discours dans lequel...

    a. vous réclamez d'importantes aides financières pour soutenir les agriculteurs de votre pays - et de votre circonscription électorale

    b. vous exigez la création d'une commission d'enquête pour déterminer les responsabilités de chacun

    c. vous proposez de créer une commission réunissant les divers pays concernés pour déterminer les décisions à prendre d'urgence

**Corrigés page 366**

# 3 Corrigés

# Le guide marabout des tests

## Les tests à base de dominos

### Exercice n° 1 (page 8)

Pour qu'une réponse soit considérée comme bonne, il faut que les deux valeurs du domino à trouver soient bonnes. Comme ces deux valeurs sont le plus souvent indépendantes l'une de l'autre, il faut trouver la suite logique qui régit chacune d'elles.

1. On constate que les dominos qui se suivent sont les mêmes, mais un sur deux a été retourné. Le domino suivant a donc les mêmes valeurs que les autres 2 et 4, avec le 4 en haut.

   Une autre façon d'arriver au résultat est de regarder d'abord la suite des valeurs du haut : 2 4 2 ? Puis celle du bas : 4 2 4 ? Dans ce cas, on considère ces deux suites comme autonomes et on les résout l'une après l'autre, très simplement.

2. Regardons les valeurs du haut : 1 2 3 4 ? Puis celles du bas : 5 6 0 1 ?

   Il s'agit de deux suites reposant sur le même principe simple d'une progression d'un point d'un domino à l'autre.

3. Les valeurs du haut (0 6 5 4 ... 3) forment une suite décroissante de un point.

   Les valeurs du bas (2 3 4 5 ... 6) forment une suite croissante de un point.

4. Les valeurs du haut augmentent progressivement de 1, 2, 3, puis 4 points. Donc 1 + 4 = 5.

   Les valeurs du bas diminuent progressivement de 1, 2, 3, puis 4 points. Donc 5 − 4 = 1.

5. Dans cette figure, il s'agit de deux progressions croisées. C'est-à-dire qu'il faut passer du haut du premier domino, au bas du deuxième, au haut du troisième, etc. On se trouve alors face à deux suites très simples.

   L'une n'est faite que de 2, donc la valeur cherchée est 2. L'autre progression est régulière de 1 point : 3 4 5 6 0 ? Donc la valeur suivante est 1.

6. Ici encore, il s'agit de deux progressions croisées. En avançant de façon alternée haut-bas, on se trouve face à deux nouvelles séries numériques très simples : 0 2 4 6... 1    1 3 5 0... 2.

# Corrigés

**7.**  Pour résoudre ce problème, il faut séparer les dominos en trois groupes de trois, par deux lignes horizontales imaginaires. Ou si l'on regarde les deux premiers groupes, complets, on constate que les six faces des dominos présentent les six valeurs 1, 2, 3, 4, 5 et 6.

 Appliquons la même règle au dernier groupe. Les quatre valeurs visibles sont 1, 2, 4 et 5. Les deux valeurs manquantes, 3 et 6, sont donc celles que l'on cherchait.

**8.**  La suite des valeurs du haut des dominos et celle des valeurs du bas suivent la même règle de progression : alternance entre une avance de 3 points et un recul de 4 points.

Haut : 5 (– 4) 1 (+ 3) 4 (– 4) 0 (+ 3) 3 (– 4)… 6.

Bas : 3 (+ 3) 6 (– 4) 2 (+ 3) 5 (– 4) 1 (+ 3)… 4.

**9.**  Examinons la première ligne de trois dominos. Les valeurs du troisième sont obtenues en additionnant les valeurs des deux premiers dominos selon les diagonales : 4 + 2 = 6 et 2 + 1 = 3.

En appliquant la même règle à la seconde ligne de dominos, on obtient : 2 + 3 = … 5 et 3 + 2 = … 5.

**10.**  Nous sommes en présence de trois lignes de trois dominos.

Examinons la première. On constate que :
– la valeur du haut du troisième domino est égale à la somme des valeurs du haut des deux premiers dominos (3 + 2 = 5)
– la valeur du bas du troisième domino est égale à la différence des valeurs du bas des deux premiers dominos (4 – 0 = 4).

Examinons la deuxième ligne. La même règle s'applique :
0 + 3 = 3 et 2 – 1 = 1.

Appliquons cette règle à la dernière ligne :
1 + 4 = … 5 et 6 – 3 = … 3.

**11.**  Il s'agit de deux progressions croisées, l'une augmentant de 1 point (6, 0, 1, 2, 3, … 4), l'autre décroissant de 2 points (4, 2, 0, 5, 3, … 1).

**12.**  Lorsqu'on regarde attentivement le tableau dans son ensemble, on peut constater que les trois diagonales haut-gauche/bas-droite sont constituées par des dominos identiques.

**13.**  Les dominos présentent deux suites :
– la première où les chiffres croissent régulièrement de 1 point (1, 2, 3, 4, 5, 6, … 0) ;
– il en est de même pour la seconde suite (3, 4, 5, 6, 0, 1, … 2).

# Le guide marabout des tests

**14.**  Considérons que les dominos forment un cercle. Les deux dominos situés sur un même diamètre sont identiques et disposés de façon symétrique.

**15.** Si l'on tourne dans le sens de la flèche en partant du premier domino, on constate que :
– dans la première suite, les chiffres croissent de 1 point ;
– dans la seconde suite, les chiffres décroissent de 1 point.

**16.** En regardant attentivement la suite des dominos (en partant du centre de la spirale), on constate que deux lois se complètent :
– dans chaque domino, la première partie est égale à la seconde augmentée de 1 point ;
– en passant d'un domino à l'autre, on saute de deux points.

**17.** Dans chaque ligne de trois dominos :
– les valeurs du haut augmentent de deux en deux ;
– la valeur du bas du premier domino est égale à la somme des valeurs du bas des deux autres dominos.

**18.** En partant du premier domino et en tournant dans le sens de la flèche, on constate que :
– les valeurs de la première suite augmentent d'un point ;
– les valeurs de la seconde suite valent alternativement 2 et 5.

**19.**  ou ▯ ou ▯

La somme des valeurs du haut et du bas de chaque domino décroît régulièrement de 1 point : 4 + 3 = 7, 2 + 4 = 6, 5 + 0 = 5, etc.

**20.** Regardons les paires de dominos en vis-à-vis : les valeurs de celui de droite sont égales au double des valeurs du domino de gauche, symétriquement par rapport à l'axe central.

**21.** Imaginons deux lignes verticales qui séparent les dominos en trois groupes de trois.
Dans les deux premiers groupes, on s'aperçoit que les valeurs du domino du centre sont calculées à partir des dominos qui l'entourent de la façon suivante :
– la valeur du haut est égale à la différence entre les deux valeurs du domino supérieur ;
– la valeur du bas est égale à la somme des valeurs du domino inférieur. Ce qui donne, pour le premier groupe : 6 - 2 = 4 et 3 + 1 = 4. Appliquée au dernier groupe, cette règle donne : 4 - 2 = ... 2 et 0 + 2 = ... 2.

# Corrigés

**22.** Dans cet exercice, il faut voir la suite de dominos comme composée de deux suites indépendantes. Suivons la flèche :
- Pour la première suite, on a : 4, 2, 5, 2, 6, 2, ?, soit une suite croissante (4, 5, 6) où s'intercale la valeur 2.
- Pour la seconde suite, on a : 4, 3, 4, 2, 4, 1, ?, soit une suite décroissante (3, 2, 1) où s'intercale la valeur 4.

**23.** Pour résoudre facilement ce problème, il faut regarder séparément :
- les côtés des dominos qui forment une ligne médiane : leur valeur décroît régulièrement de 1 point (3, 2, 1, 0, 6,...5) ;
- les côtés extérieurs à cette ligne qui décroissent de 2 en 2 (6, 4, 2, pour les valeurs du dessus ; 5, 3, ... 1, pour les valeurs du dessous).

**24.** Deux règles régissent cette suite de dominos :
- à l'intérieur de chaque domino, il y a une progression de deux points entre le premier et le second côté ;
- pour passer d'un domino à l'autre, on soustrait 1 point, puis 2, 3, 4, etc.

**25.** Il faut voir cette suite de six dominos comme deux séries de trois. On constate alors que le troisième se déduit des deux précédents selon les règles suivantes :
- la valeur du haut est égale à la somme des deux valeurs du haut précédentes : (3 + 3 = 6 et 0 + 4 = ...4) ;
- la valeur du bas est égale à la différence des deux valeurs du bas précédentes : (4 - 1 = 3 et 6 - 2 = ...4).

**26.** Il faut voir ce problème comme trois suites horizontales de trois dominos. En cherchant comment la valeur du domino central peut être déduite des deux dominos qui l'encadrent, on constate que :
- la valeur de droite de ce domino central est égale à la valeur de la partie de domino juste à côté dont on a soustrait 1 : 6 - 1 = 5, 0 - 1 = 6 et 4 - 1 = ...3 ;
- la valeur de gauche est égale à la valeur de la partie de domino juste à côté dont on a soustrait 1 : 2 - 1 = 1, 4 - 1 = 3 et 1 - 1 = 0.

**27.** Voyons ce groupe de dominos comme s'il était composé de trois paires de dominos. Dans chaque paire, le second domino se déduit du premier de la façon suivante :
- la valeur du haut du second est égale à la valeur du bas du premier ;
- la valeur du bas du second est égale à la valeur du haut du premier dont on a soustrait 1.

**28.** Ces dominos suivent une progression croisée (première partie du premier domino, seconde partie du deuxième...). Partant du domino central et tournant dans le sens de la flèche, on obtient deux nouvelles séries de valeurs :
0, 1, 2, 3, 4, 5, 6, ... 0 (progression + 1) et 4, 2, 0, 5, 3, 1, 6, ... 4 (progression - 2).

# Le guide marabout des tests

**29.** La règle qui régit cette série de dominos est toute simple : la somme des deux valeurs de chaque domino est toujours égale à 7 et tous les dominos sont différents. Le seul domino manquant est 6/1.
On peut résoudre ce problème d'une autre façon en constatant que les trois premiers dominos ont tous leur inverse dans la seconde moitié de la série, sauf un.

**30.** Il faut voir ce problème comme trois suites horizontales de trois dominos, dont le troisième découle des deux premiers selon les règles suivantes :
- les valeurs du haut décroissent de 2 en 2 ;
- la valeur du bas du troisième domino est égale au produit des valeurs du bas des deux autres dominos : 2 x 0 = 0 ; 3 x 2 = 6 ; 4 x 1 = ... 4.

## Exercice n° 2 (page 22)

**1.** Alternance de dominos inversés.

**2.** Hauts et bas progressent de deux.

**3.** Symétrie de part et d'autre du domino central.

**4.** Symétrie par rapport à un axe horizontal.

**5.** Symétrique au domino opposé.

**6.** Symétrie de part et d'autre du domino central.

**7.** Symétrique au domino opposé.

**8.** Progression de + 1 en haut et en bas.

**9.** Glissement des dominos selon la diagonale : le premier de la première ligne devient le deuxième de la deuxième ligne, etc.

# Corrigés

**10.** Un à six points dans chaque ligne.

**11.** Les faces extérieures augmentent de +1, les faces intérieures aussi.

**12.** Faces supérieures : + 1, faces inférieures : – 1.

**13.** Face supérieure de la colonne 1 + face gauche de la colonne 2 = face supérieure de la colonne 3. Face inférieure de la colonne 1 + face droite de la colonne 2 = face inférieure de la colonne 3.

**14.** Diminution de 1 dans chaque ligne.

**15.** Par groupes de deux, les dominos s'inversent.

**16.** Face inférieure = face supérieure + 1. Face supérieure = face inférieure du domino précédent.

**17.** Domino identique après saut de 1.

**18.** Diminution de 1 de haut en bas et de gauche à droite. Augmentation de 1 de haut en bas et de droite à gauche.

**19.** Somme des faces gauches des dominos horizontaux = face supérieure du domino central. Idem pour les faces droites vis-à-vis de la face inférieure.

**20.** La troisième colonne est l'addition des deux précédentes (somme des faces gauches et somme des faces droites).

# Le guide marabout des tests

# Les tests à base de cartes à jouer

## Exercice n° 1 (page 31)

La méthode la plus simple pour trouver la réponse à ce type de problème est de séparer la recherche de la couleur de la carte (pique, cœur, carreau, trèfle) de la recherche de sa valeur (1 à 10). Les deux problèmes ne sont jamais liés et doivent donc être traités l'un après l'autre, afin d'éviter toute confusion.

Trouver la couleur de la carte est toujours plus simple (parce qu'il n'y a que quatre valeurs possibles et parce qu'il s'agit d'une variable qualitative). C'est donc par là que nous allons chaque fois commencer. En second, nous chercherons la valeur de la carte.

Pour qu'une réponse soit considérée comme bonne, il faut que la valeur et la couleur de la carte à trouver soient bonnes.

### 1. Quatre de carreau
- Les trois premières cartes sont de la même couleur, pique. On peut donc supposer qu'il en est de même pour les trois autres. La carte cherchée est donc du carreau.
- La première carte, un 4, est égale à la somme des deux cartes : 4 = 3 + 1.
En appliquant la même règle au groupe de cartes suivant, on obtient : 7 = ? + 3. Donc ? = 4.

### 2. Dix de cœur
- Deux cartes de même couleur se font face : on voit deux cartes de pique et deux cartes de carreau. En face du cinq de cœur doit logiquement se trouver une autre carte de cœur.
- En regardant toujours les cartes qui se font face, donc celles de même couleur, on constate que l'une est le double de l'autre : 3 x 2 = 6 et 1 x 2 = 2.
De la même façon, le cinq doit être multiplié par deux (s'il s'agissait d'un chiffre pair, il y aurait un doute entre le multiplier par deux ou le diviser par deux, mais ici il ne peut s'agir que d'une multiplication). 5 x 2 = 10. La carte recherchée est donc le dix de cœur.

### 3. Trois de pique
- Sur la première rangée, on trouve successivement les quatre couleurs : trèfle, pique, cœur et carreau. Sur la seconde rangée, on trouve cœur, carreau et trèfle. On peut donc supposer que les couleurs sur les deux rangées sont les mêmes, et qu'elles ont seulement changé de place. La couleur manquante sur la seconde rangée est le pique.
- On trouve en haut les valeurs : 8, 3, 5 et 1.
En bas, on a les valeurs : 5, 1, 8 et ?.
En appliquant le même raisonnement que pour la couleur, on déduit que les valeurs sont les mêmes en haut et en bas. Donc, la valeur manquante est un trois.
- On peut aboutir à ce résultat plus rapidement en constatant que les cartes sont les mêmes dans la première et dans la seconde rangée. Mais ce n'est pas toujours le cas, aussi vaut-il mieux appliquer un raisonnement qui sera valable même si les couleurs appliquées à chaque valeur s'échangent.

# Corrigés

### 4. Deux de pique
- Comme précédemment, les quatre couleurs étant présentes sur la première rangée, elles doivent se retrouver dans la seconde rangée. L'ordre où elles apparaissent a changé, mais on voit vite que le pique, qui se trouve sur la première rangée, manque sur la seconde. La carte cherchée est donc à pique.
- Regardons la valeur des cartes de la rangée du haut : 9, 7, 5, 3.
On constate que la valeur baisse de deux points à chaque carte. Dans la rangée du bas, on a : 8, 6, 4 ?
La valeur baisse également de deux en deux. La carte suivante doit avoir la valeur : 4 - 2 = 2.

### 5. Trois de pique
- Les couleurs des cartes qui sont côte à côte sont identiques : trèfle-trèfle et cœur-cœur. La couleur de la carte à trouver, située à côté d'un pique, doit donc en être un aussi.
- Regardons les valeurs verticalement. Dans la première colonne (2, 6, 4), on repère que le chiffre du milieu est égal à la somme des chiffres qui l'encadrent : 6 = 2 + 4.
Si on applique la même règle à la deuxième colonne, on obtient : 7 = 4 + ? Donc ? = 3.

### 6. Quatre de trèfle
- Les couleurs des cartes qui sont l'une au-dessus de l'autre sont les mêmes : pique-pique et cœur-cœur. La carte qui manque, située sous un trèfle, doit donc en être un également.
- Les valeurs des cartes de la première ligne croissent régulièrement d'un point : 7, 8, 9. En regardant les valeurs de la seconde ligne : 5, ?, 3, on devine facilement que, à l'inverse des valeurs du dessus, elles décroissent régulièrement d'un point. La valeur manquante est donc 4.

### 7. Deux de pique
- Les couleurs de la suite des cartes alternent : pique, carreau, pique, carreau, ?
On en déduit que, pour poursuivre la série, la carte suivante doit être à pique.
- Les valeurs des cartes décroissent régulièrement de deux en deux : 10, 8, 6, 4, ? La valeur manquante est donc : 4 - 2 = 2.

### 8. Huit de carreau
- Les cartes qui se font face sur chaque diagonale ont les mêmes couleurs, disposées de façon symétrique. Pique et cœur pour la diagonale complète, trèfle et carreau pour la diagonale où il manque une carte. Cette carte, symétrique d'une carte à carreau, est donc aussi une carte à carreau.
D'une autre façon, on peut constater que les cartes intérieures alternent : cœur, trèfle, cœur, trèfle, tandis que les cartes extérieures alternent : pique et carreau.
- Dans chaque paire de deux cartes côte à côte, la valeur de la carte extérieure est obtenue en ajoutant trois à la carte intérieure : 7 + 3 = 10, 6 + 3 = 9 et 4 + 3 = 7.
En appliquant la même règle à la dernière paire, on obtient : 5 + 3 = ?, donc la carte à trouver a pour valeur 8.

# Le guide marabout des tests

### 9. Deux de pique
- Les couleurs de la première rangée alternent : trèfle, carreau, trèfle, carreau.
On en déduit que les couleurs de la seconde rangée appliquent la même règle : cœur, pique, cœur, ? La carte à trouver est donc à pique.
- Les valeurs des cartes de la première rangée décroissent de deux en deux : 9, 7, 5, 3.
Les valeurs de la seconde rangée étant 8, 6, 4, ?, on en déduit qu'elles suivent la même règle et décroissent également de deux en deux. La valeur manquante est donc : 4 - 2 = 2.

### 10. Cinq de carreau
- Dans la diagonale complète, on trouve une carte de chaque couleur : trèfle, pique, carreau et cœur. En appliquant cette même règle à l'autre diagonale qui comporte déjà un pique, un cœur et un trèfle, on en déduit que la carte manquante est un carreau.
- Dans la diagonale complète, on constate que les valeurs sont les mêmes de part et d'autre du centre, reproduites identiquement : 6, 3 et 6, 3.
Dans l'autre diagonale, les valeurs fournies (7, 5 et 7, ?) laissent supposer que la règle est la même et que la valeur manquante est 5.

### 11. Deux de trèfle
- La couleur des deux cartes situées l'une au-dessus de l'autre est la même. La carte manquante est donc à trèfle.
- Si l'on regarde attentivement les valeurs de ces paires de cartes de même couleur (3 et 6, 5 et 4, 1 et 8), on constate que leur somme est toujours égale à 9.
Appliquant la même règle à la dernière paire, on trouve : 7 + ? = 9, donc la valeur à trouver est 2.

### 12. Huit de cœur
- Nous sommes devant deux groupes de quatre cartes disposées de façon particulière. Dans le premier groupe, chaque carte est d'une couleur différente des autres. Dans le second groupe, on voit les couleurs pique, carreau et trèfle. On en déduit que la quatrième carte est à cœur.
- Regardons la disposition des cartes dans chaque groupe : c'est la carte centrale (horizontale) qui doit être devinée. On sait que sa valeur doit être déduite des valeurs des trois autres cartes. La règle est la suivante : la valeur du centre est égale à la somme des deux valeurs du haut, moins la valeur du bas. Comme si la carte horizontale était en fait un signe de soustraction. Donc : 3 + 7 - 4 = 6. De la même façon : 5 + 4 - 1 = ?, donc ? = 8.

### 13. Neuf de trèfle
- Les couleurs des cartes sont les mêmes dans chaque colonne de cartes : première colonne à carreau, deuxième colonne à cœur, troisième colonne (dont la carte cherchée) à trèfle.
- Il faut se représenter mentalement ce groupe de dix cartes séparé par une ligne horizontale en deux groupes de cinq. Il apparaît alors rapidement que les valeurs des cartes au sein de chaque groupe se suivent, dans l'ordre et selon la même disposition.
On trouve : 1, 2, 3, 4, 5 dans le groupe du haut et 6, 7, 8, ?, 10 dans le groupe du bas. La carte manquante a donc pour valeur 9.

# Corrigés

### 14. Sept de cœur
- Comme dans le cas précédent, les couleurs des cartes sont les mêmes dans chaque colonne. La carte manquante est donc à cœur.
- Regardons la rangée de cartes du dessus. Elle se présente comme une soustraction : 8 - 2 = 6. En appliquant la même règle à la rangée du dessous, on obtient : ? - 3 = 4, d'où ? = 7.

### 15. Dix de pique
- Dans la première colonne de quatre cartes, chaque couleur est représentée une fois : carreau, pique, cœur et trèfle. Dans la seconde colonne, on voit trois cartes à trèfle, carreau et cœur. On en déduit que la dernière carte, cachée, est à pique.
- Regardons maintenant les lignes :

    6 (+ 1) = 7
    3 (+ 2) = 5
    1 (+ 3) = 4
    6 (+ 4) = ?

Une fois que l'on a repéré que, pour passer de la carte de gauche à la carte de droite, on ajoutait chaque fois un chiffre de plus, on en déduit facilement que la valeur cherchée est 10.

### 16. Huit de trèfle
- Les couleurs sont les mêmes que les cartes situées en vis-à-vis, de façon symétrique :

    cœur/pique      pique/cœur       (rangée verticale)
    trèfle/carreau  carreau/?        (rangée horizontale).

Donc, la carte cherchée est à trèfle.
- Regardons les valeurs des quatre cartes centrales : elles se suivent en tournant dans le sens des aiguilles d'une montre (2, 3, 4, 5). Regardons les valeurs des cartes périphériques en tournant dans le même sens. On trouve : 6, 7, ?, 9.
On devine alors que la valeur à trouver est 8.

### 17. Trois de trèfle
- La couleur est la même pour les trois cartes de chaque rangée : trois cartes à pique, trois cartes à carreau, donc trois cartes à trèfle.
- Si l'on regarde les valeurs des cartes de chaque rangée, on constate que la première valeur est égale au produit des valeurs des deux cartes suivantes : 6 = 2 x 3     10 = 5 x 2
9 = 3 x ?. Donc la valeur cherchée est 3.

### 18. Deux de trèfle
- Toutes les cartes de la ligne centrale sont à carreau. Toutes les autres cartes qui ne sont pas à carreau sont à trèfle, donc la carte recherchée également.
- Imaginons une ligne verticale qui séparerait les cartes en deux groupes de quatre et regardons le groupe de gauche. On constate que la valeur de la carte seule à droite est égale à la somme des valeurs des trois autres cartes situées à sa gauche : 1 + 1 + 4 = 6.
Appliquons la même règle à l'autre groupe de quatre cartes. On obtient : 4 + 3 + ? = 9. D'où il ressort que la valeur recherchée est un 2.

# Le guide marabout des tests

**19. Cinq de carreau**
- Les couleurs des cartes sont les mêmes dans les deux rangées, disposées dans le même ordre. La couleur manquante est donc à carreau.
- Si l'on fait la somme des cartes de même couleur (situées l'une au-dessus de l'autre), on trouve :
        Première colonne : 1 + 7 = 8.
        Deuxième colonne : 3 + 6 = 9.
        Troisième colonne : 5 + ? = ?.
        Quatrième colonne : 8 + 3 = 11.
Pour reproduire la suite logique (8, 9, 10, 11), la somme des deux cartes de la troisième colonne doit être 10. Si 5 + ? = 10, alors ? = 5.

**20. Quatre de trèfle**
- Si l'on trace une ligne horizontale imaginaire qui sépare les dix cartes en deux groupes de cinq, on constate que toutes les cartes du groupe supérieur sont du carreau, et toutes les cartes du groupe inférieur sont du trèfle. Donc la carte à trouver également.
- Regardons le groupe du haut (cartes à carreau). On devine que la carte centrale, dont l'équivalente en dessous est cachée, doit être la résultante de calculs effectués sur les quatre cartes qui l'entourent. En cherchant un peu, on s'aperçoit que : (10 + 6) - (4 + 3) = 9.
Autrement dit, la valeur centrale est égale à la somme des valeurs de gauche de laquelle on déduit la somme des valeurs de droite.
Appliqué au groupe inférieur (cartes à trèfle), on obtient : (5 + 3) - (3 + 1) = ?. Donc, la valeur cherchée est 4.

# Corrigés

## Exercice n° 2 (page 42)

**1.** 3 de cœur — Les cartes sont alternées.

**2.** 6 de trèfle — Plus 1, dans la suite des couleurs.

**3.** 5 de cœur — La carte centrale est la somme des deux qui l'encadrent.

**4.** 10 de pique — La troisième carte est la somme des deux premières sur chaque ligne. Les couleurs sont fixes par colonne.

**5.** 8 de pique — Les couleurs sont fixes par colonne. Les valeurs progressent de +1.

**6.** 4 de carreau — Les valeurs diminuent de 1 dans chaque ligne. Les couleurs sont fixes par ligne.

**7.** 3 de pique — Les cartes sont identiques mais déplacées en haut et en bas.

**8.** 7 et 10 de pique — Progression de + 1 de haut en bas selon les diagonales.

**9.** 3 de pique — Les couleurs sont fixes par colonne. Les valeurs diminuent de -2 sur les lignes.

**10.** 1 de cœur — Trois couleurs sur les trois lignes et colonnes. Les valeurs augmentent de +1 horizontalement.

**11.** 7 de carreau — Les valeurs augmentent de + 3 horizontalement et il y a une couleur par colonne.

**12.** 3 de carreau — Il y a trois cartes de chaque valeur.

**13.** 2 de cœur — La somme des valeurs de chaque colonne augmente de +1 (4, 5, 6, 7). Il n'y a que deux couleurs.

**14.** 6 de carreau — La couleur est fixe. La somme dans chaque colonne est 9.

**15.** 7 de trèfle — La somme de chaque colonne augmente de +1 horizontalement (4, 5, 6, 7) ; il y a une couleur par colonne.

# Le guide marabout des tests

# Les tests à base de dessins

## Exercice n° 1 (page 51)

**1.** b      Le nombre de barres augmente d'une. Elles restent horizontales.

**2.** d      Deux figures sont alternées. Celle qui est en deuxième se retrouve donc en quatrième.

**3.** d      Il s'agit d'une même spirale qui, chaque fois, se prolonge d'un trait.

**4.** b      Trois dessins sont alternés. Celui qui est en troisième place se retrouve donc en sixième.

**5.** a      Il y a un point de plus dans chaque carré. Ces points sont situés sur une diagonale qui change de sens une fois sur deux.

**6.** e      En colonnes, les deux dessins sont identiques, mais le second est plus gros que le premier. En lignes, les deux dessins ont la même taille, mais on passe d'un carré noir à un triangle blanc.

**7.** c      En colonnes : le dessin s'inverse en position et en couleur. En ligne : on passe d'un gros dessin à deux petits, de couleur et position inverses.

**8.** c      Sur chaque ligne, les deux dessins sont identiques.

**9.** a      La barre tourne d'un quart de tour vers la gauche.

**10.** b      Le carré blanc va de coin en coin en tournant vers la droite. Le carré noir fait la même chose en tournant vers la gauche.

**11.** e      Il s'agit de deux séries alternées. Pour trouver la figure suivante, il faut faire subir à la deuxième figure les mêmes transformations que celles nécessaires pour passer de la première à la troisième figure : changer le sens de la diagonale et changer le sens de la barre.

**12.** c      La barre verticale se décale progressivement vers la droite, jusqu'à se confondre avec celle du cadre. La barre horizontale remonte régulièrement. Le carré noir occupe les coins en tournant vers la gauche.

**13.** a      On peut résoudre cet item de deux façons :
         – le nombre de tirets augmente de 1 : il doit donc y en avoir sept ;
         – il y a deux séries alternées. Pour passer de la première à la troisième figure, on ajoute deux tirets en bas. Il suffit donc d'ajouter deux tirets au bas de la seconde figure pour avoir la quatrième.

# Corrigés

**14.** e    Pour dessiner chaque figure, on a besoin de trois, quatre, cinq, puis six segments de droite.

**15.** d    La barre tourne autour du carré vers la droite. Le point est tantôt à l'une, tantôt à l'autre extrémité. La lettre avance dans l'alphabet et remonte le long de la diagonale.

**16.** b    Pour obtenir la seconde figure à partir de la première, il suffit de la couper en deux suivant une diagonale, puis d'espacer les morceaux sur l'autre diagonale.

**17.** d    Si l'on avance d'une figure à l'autre, on constate que :
- le carré du milieu y reste ;
- le carré en bas à gauche fait les coins dans le sens des aiguilles d'une montre ;
- le carré en haut à droite avance d'une case vers la gauche.

**18.** b    C'est le triangle, la seule figure à n'avoir que trois côtés.

**19.** b    La diagonale du carré est inversée par rapport aux quatre autres, qui sont simplement tournées sur elles-mêmes, et recto verso.

**20.** c    La barre tourne régulièrement de trois huitièmes de tour (un quart de tour, plus la moitié d'un quart) vers la droite. La troisième figure est fausse par rapport à cette progression.

**21.** b    Cette figure est tournée recto verso par rapport aux quatre autres.

**22.** a    Cette figure est la seule où l'on ne trouve que des barres verticales ou horizontales.

**23.** e    La figure a été tournée de 90 degrés dans le sens des aiguilles d'une montre et ensuite recto verso.

**24.** c    La figure a été tournée de 90 degrés dans le sens inverse des aiguilles d'une montre et ensuite recto verso.

**25.** b    La figure a été tournée de 90 degrés dans le sens inverse des aiguilles d'une montre et ensuite recto verso.

**26.** a    La figure a été tournée de 90 degrés dans le sens des aiguilles d'une montre et ensuite recto verso.

**27.** d    La barre verticale change d'axe. L'autre reste en place. Le carré (donc le rectangle) change de couleur.

**28.** a    La figure est tournée sur elle-même de 180 degrés et les proportions réciproques des deux formes s'inversent (la plus grosse devient la plus petite).

**29.** c    Le petit triangle qui était sur le grand carré passe dessous et change de couleur. De même, le petit carré qui était sous le grand triangle va passer dessus et

# Le guide marabout des tests

changer de couleur. Du grand carré il ne reste que l'intérieur, dont la couleur change. Idem pour le grand triangle.

**30.** d  La flèche qui rentrait sort. La croix passe de l'intérieur à l'extérieur du grand carré (ou l'inverse). Le petit carré change de couleur.

## Exercice n° 2 (page 60)

**1.** f  Les trois mêmes figures se retrouvent sur les trois lignes, dans un ordre différent. Sur la troisième ligne, le carré noir manque.

**2.** d  Sur chaque ligne, la figure de droite est le résultat de la superposition (ou addition) des deux figures précédentes.

**3.** a  Pour obtenir la figure de droite à partir des deux figures précédentes, on procède, sur chaque ligne, de la façon suivante :
- on superpose les deux premières figures comme précédemment,
- on supprime les éléments en commun à ces deux figures.

Si l'on superpose les deux premières figures de la troisième ligne, les deux cercles disparaissent. Il ne reste que le petit carré noir.

**4.** c  Sur les deux lignes complètes, on retrouve les trois mêmes figures : un carré, un rond, un triangle, mais de taille différente. Sur chaque ligne, on observe une figure petite, une moyenne et une grande. Dans les huit figures, il y a :
- 3 carrés : un moyen, un grand, un petit ;
- 3 ronds : un grand, un petit, un moyen ;
- 2 triangles : un petit et un moyen.

Logiquement, la figure manquante est le grand triangle.

**5.** e  Sur les deux premières lignes, on observe deux figures identiques et une différente. Il doit en être de même pour la troisième ligne.
Il existe deux façons de savoir laquelle des deux figures de la troisième ligne doit être doublée :
- la figure seule se situe sur chaque ligne à une place différente : il ne reste que la colonne 1 ;
- parmi les six réponses possibles, seule figure l'une des deux figures de la troisième ligne (la figure c en diffère légèrement).

**6.** f  Sur chaque ligne, il faut voir les deux figures de droite comme deux moitiés devant se réunir pour former la figure de gauche. On peut dire autrement que la figure de droite est obtenue en déduisant la figure du centre de celle de gauche.

**7.** a  Sur les deux premières lignes, on constate que :
- les figures 1 et 2 (gauche et centre) sont identiques ;
- la figure 3 (droite) a la même forme, mais elle est tournée d'un quart de tour et sa couleur est inversée.

# Corrigés

Appliquant la même règle à la troisième ligne, on devine que la figure manquante est un rectangle, horizontal, de couleur noire.

**8.** e  Sur chaque ligne, pour passer d'une figure à l'autre, on applique la règle suivante :
- une des aiguilles reste fixe ;
- l'autre avance d'un huitième de tour.

**9.** b  Sur chaque ligne, la figure 3 (de droite) s'obtient en accolant les figures 1 et 2, mais en passant la figure 1 à droite de la figure 2.

**10.** d  Sur chaque ligne et dans chaque colonne, il y a :
- une fois chaque forme (carré, triangle, cercle) ;
- une fois chaque trame.

**11.** c  Les trois figures de chaque ligne ont la même forme. Mais l'une a l'intérieur noir, l'autre a l'extérieur noir, la troisième est entièrement blanche. Sur la dernière ligne, c'est donc celle-ci qui manque.

**12.** f  Chaque figure est composée de deux petits rectangles. Chacun de ces petits rectangles, dans chaque ligne et dans chaque colonne, peut prendre l'un des trois états suivants : lignes verticales, lignes horizontales, lignes obliques.
En regardant les rectangles dessinés dans la dernière ligne et dans la dernière colonne, on voit que le premier manquant ne peut être qu'à lignes obliques et le second, à lignes horizontales.

**13.** c  La figure de droite de chaque ligne s'obtient par les règles suivantes :
- on superpose les figures 1 et 2.
- on supprime les tirets qui sont au même emplacement.

**14.** b  La règle est semblable à celle de l'exercice ci-dessus :
- on superpose les deux premières figures ;
- on supprime tout ce qui est commun aux deux.
Le résultat donne la troisième figure.

**15.** d  Ici encore, pour trouver la troisième figure, il faut commencer par superposer les deux premières. Ensuite, la règle est la suivante :
- trame horizontale + blanc = trame verticale,
- trame verticale + blanc = trame horizontale,
- blanc + blanc = blanc,
- trame horizontale + trame verticale = noir.

**16.** a  La troisième figure s'obtient en accolant la partie droite de la première figure à la partie gauche de la seconde figure.

**17.** e  Chaque ligne suit les deux règles suivantes :
- la flèche tourne d'un quart de tour à droite ;
- le point est alternativement au bout et au milieu de la flèche.

# Le guide marabout des tests

**18.** f  Sur chaque ligne, la figure évolue dans les trois carrés de la façon suivante :
- elle s'aplatit de plus en plus ;
- elle tourne d'un quart de tour à droite.

**19.** b  Pour obtenir, sur chaque ligne, la troisième figure, il faut superposer les deux premières puis appliquer la règle suivante :
- si deux traits se trouvent dans l'alignement (l'un étant à l'intérieur du carré et l'autre à l'extérieur), ils se suppriment mutuellement, comme deux chiffres de signes contraires ;
- si deux traits se superposent juste, ils changent de côté.

**20.** d  On observe une combinaison des trois règles suivantes :
- le dessin, identique sur chaque ligne, peut prendre trois états : tramé, blanc ou noir (cette alternance se retrouve dans les colonnes ;
- le cadre autour du dessin peut également prendre trois états : pointillés, tirets, trait continu (cette alternance se retrouve dans les colonnes) ;
- le dessin lui-même tourne vers la gauche d'un quart de tour sur la première ligne, d'un huitième de tour sur la deuxième ligne et d'un seizième de tour sur la troisième ligne.

# Corrigés

# Les tests d'intelligence verbale

## Exercice n° 1 (page 72)

1. cité
2. franc
3. masse
4. solde
5. inspirer
6. pis            Qui forme TAPIS et PISTON
7. lit             Qui forme DÉLIT et LITIGE
8. chat         Qui forme ENTRECHAT et CHÂTIER
9. ton          Qui forme PITON et TONSURE
10. lion         Qui forme TRUBLION et LIONCEAU
11. manteau    Qui est le seul mot à ne pas faire partie des objets de l'école.
12. fourchette   Qui est le seul à ne pas être un objet de bricoleur.
13. carotte      Qui est la seule racine (les autres poussent sur des arbres ou arbustes), ou le seul légume parmi des fruits.
14. lourd        Qui est le seul terme qui ne s'applique pas à la préparation ou à la cuisson des œufs.
15. aplomb      Qui est le seul terme à évoquer quelque chose de vertical et non de penché.
16. arpenter     Verbe qui signifie « marcher rapidement », contrairement aux autres termes qui évoquent plutôt la lenteur.
17. se réfugier   Qui évoque l'arrivée et la sécurité, contrairement aux autres verbes qui évoquent la fuite et le départ.
18. comparer    Il s'agit du seul verbe à ne pas donner l'idée de causalité ou de filiation entre les deux choses.
19. questionner et interroger
20. corridor et couloir
21. chantonner et fredonner
22. fainéant et paresseux
23. Illustre et célèbre
24. goût et saveur
25. gêner et déranger
26. main        Qui forme mainlevée, mainmise, maintenir, mainmorte.
27. bien         Qui forme bien-être, bienfait, bientôt, bienvenu.

# Le guide marabout des tests

**28.** bas          Qui forme bas âge, bas-bleu, bas-relief, bas morceau.
**29.** part         Qui forme quelque part, faire-part, mauvaise part, prendre part.
**30.** rouge      Qui forme Peau-Rouge, vin rouge, place Rouge, lanterne rouge.

## Exercice n° 2 (page 74)

**1.** Tristesse a le même sens que chagrin.
**2.** Estimable
**3.** Gros
**4.** Rusé
**5.** Foi
**6.** Penché
**7.** Pliable
**8.** Déguiser
**9.** Cultivé
**10.** Voyant
**11.** Méchant a le sens contraire de gentil.
**12.** Clair
**13.** Mobile
**14.** Ignorant
**15.** Disperser
**16.** Infini
**17.** Hésitant
**18.** Facile
**19.** Rusé
**20.** Pratique
**21.** Habileté a un sens très proche de dextérité.
**22.** Dépassé
**23.** Liberté
**24.** Nombreux
**25.** Certaines
**26.** Suffisance
**27.** Émouvant
**28.** Dépôts
**29.** Poète
**30.** Trouble

# Corrigés

## Exercice n° 3 (page 77)

1. Montée est synonyme d'élévation comme descente l'est d'<u>abaissement</u>.
2. Décéder est le contraire de naître comme mourir est celui de <u>vivre</u>.
3. L'aigu est le timbre de voix de la soprano comme le grave est celui de la <u>basse</u>.
4. L'histoire décrit la réalité comme le conte décrit une <u>fiction</u>.
5. Bon est synonyme de juste comme livre l'est d'<u>ouvrage</u>.
6. Pomme et poire sont des fruits à pulpe, noix et <u>noisette</u> sont des fruits à coquille.
7. Effrayer est le contraire de rassurer comme prendre l'est de <u>donner</u>.
8. Homme est le masculin de femme comme cheval est celui de <u>jument</u>.
9. Gauche est le synonyme de maladroit comme habile l'est d'<u>avisé</u>.
10. Meilleur est le contraire de pire comme mêler l'est de <u>séparer</u>.
11. Le chef dirige l'orchestre comme le président dirige le <u>pays</u>.
12. Le cheval dort dans l'écurie comme le <u>porc</u> dans la porcherie.
13. Le moineau et le pigeon sont de la même espèce animale, la carpe et le <u>brochet</u> aussi.
14. Le violet est une couleur comme le curry est une <u>épice</u>.
15. La lave sort du volcan comme l'eau de la <u>source</u>.
16. La glace est froide comme le désert est <u>sec</u>.
17. On pèle une banane, on <u>épluche</u> une pomme de terre.
18. Le chien aboie, le <u>lion</u> rugit.
19. Dans son métier, le tailleur coud, l'actrice <u>joue</u>.
20. La peine se traduit par des larmes, la joie par un <u>sourire</u>.
21. Mai précède juin dans le calendrier, octobre précède <u>novembre</u>.
22. Fils et père ont le même degré de parenté que fille et <u>mère</u>.
23. Envoyé est l'action préalable à reçu, comme lancé est préalable à <u>attrapé</u>.
24. La robe est faite de tissu comme le pneu de <u>caoutchouc</u>.
25. Lire et lecture sont de la même famille comme se nourrir et <u>nourriture</u>.
26. La pluie mouille comme la flamme <u>brûle</u>.
27. Les mots composent les phrases comme les pages le <u>livre</u>.
28. L'avion et l'hélicoptère volent, la barque et le <u>paquebot</u> vont sur l'eau.
29. Le pansement recouvre la coupure comme la ficelle entoure le <u>paquet</u>.
30. Le blanc est la couleur de la neige comme le noir est celle du <u>charbon</u>.

*Les tests d'intelligence spécifique*

# Le guide marabout des tests

## Exercice n° 4 (page 80)

| | | |
|---|---|---|
| **1.** QUE | Forme banque et quête | |
| **2.** c | Signifie « du Sud » ; tous les autres mots font référence au Nord. | |
| **3.** Page | | |
| **4.** d | a = mur, b = fenêtre, c = toit, d = niche, e = porte. | |
| **5.** AIO | Forment le mot abricot. | |
| **6.** Clos | Vase clos, espace clos, huis clos. | |
| **7.** Eau | Bateau, veau, radeau, chapeau. | |
| **8.** Rat | Ingrat et ration. | |
| **9.** Rond | Compte rond, chapeau rond, chiffre rond. | |
| **10.** Billet | | |
| **11.** b et e | Eux seuls ont le sens de « rendre plus beau ». | |
| **12.** OUE ou UEU | Forment le mot louer qui forment le mot lueur. | |
| **13.** b | a = cousine, b = amie, c = sœur, d = tante, e = mère. | |
| **14.** OIRE | Forme boire, ivoire, moire, noire. | |
| **15.** Mi | Forme mi-course, mi-carême, mi-clos. | |
| **16.** Livre | | |
| **17.** c et e | Même sens : « qui commande avec énergie ». | |
| **18.** d | a = camembert, b = bleu, c = gruyère, d = matière, e = edam. | |
| **19.** Main | Mainmorte, main propre, main basse. | |
| **20.** ION | Lion, pion, action, camion. | |
| **21.** EOE ou IOE | qui permettent d'écrire pelote qui permettent d'écrire pilote. | |
| **22.** SON | Forme maison et sonore. | |
| **23.** Haricot | | |
| **24.** TRI | Forme tripot, tribut, tricher, trique. | |
| **25.** EIE | Ces deux voyelles permettent d'écrire église. | |

# Corrigés

## Votre résultat

18 points et plus : très bon résultat

12 à 17 points : bon résultat

5 à 11 points : résultat moyen

0 à 4 points : résultat médiocre

Ce test mesure vos performances dans le domaine verbal. Une note médiocre indique que vous ne ferez certainement pas carrière dans un emploi où le support du travail n'est que verbal et où la tâche essentielle consiste à agencer des mots entre eux. Il vous faut un support plus technique, plus matériel ou plus mathématique. Une note élevée indique, à l'inverse, que vous devriez pouvoir tirer parti de cette capacité dans votre vie professionnelle. Ne serait-ce que pour rédiger des lettres de candidature qui retiennent l'attention par leur pertinence ! Vous pouvez postuler pour tous les emplois de bureau. Vous avez un bon vocabulaire et vous savez vous en servir : les mots sont vos amis. Attention toutefois : ce test ne mesure pas votre niveau d'orthographe !

# Les tests d'intelligence numérique

## Exercice n° 1 (page 83)

**1.** 5  Les chiffres se suivent : 1, 2, 3, 4, 5, 6.
**2.** 0  Les chiffres décroissent de 1, 2, 3 puis 4.
**3.** 368  Le chiffre du centre est égal à la somme des trois chiffres qui l'entourent.
**4.** 10  Chaque chiffre est égal à la somme des deux qui le précèdent.
**5.** 15  Les chiffres augmentent régulièrement de 3 en 3.
**6.** 32  Chaque chiffre est le double du précédent.
**7.** 30  Chaque chiffre du centre est égal à la somme des deux chiffres qui l'entourent.
**8.** 1  2  Il s'agit de deux séries alternées : 4, 3, 2, … 1 et 5, 4, 3, … 2.
**9.** 2  10–7=3, 7–5=2 et 3–2=1
**10.** 4  Chaque chiffre est le tiers du précédent.
**11.** 26  Il s'agit d'une série qui croît alternativement de 2 et de 5 : 5 (+2) 7 (+5) 12 (+2) 14 (+5) 19 (+2) 21 (+5) … 26.
**12.** 43  Les chiffres augmentent de 10, 9, 8, 7 et … 6.
**13.** 13  Chaque colonne est à voir comme une soustraction : 11–3=8, 15–10=5 et 19–6=…13.
**14.** 20  Les chiffres de droite sont égaux au double de la somme des deux chiffres dont ils sont issus : (1+6)x2=14, (6+4)x2=20 et (14+20)x2=68.
**15.** 18  Les chiffres augmentent de 2, 3, 4,… 5.
**16.** 33  Les chiffres augmentent de 2 de plus à chaque fois : 9 (+3) 12 (+5) 17 (+7) 24 (+9)… 33.
**17.** 60  Le chiffre qui est en dessous est le triple de celui qui est au-dessus.
**18.** 22  Les chiffres décroissent de moitié moins à chaque fois : 52 (–16) 36 (–8) 28 (–4) 24… (–2) 22.
**19.** 45  Le chiffre du centre est égal à la différence entre les deux chiffres qui l'encadrent.
**20.** 4  Dans chaque ligne, le troisième chiffre est égal à la somme des deux premiers.
**21.** 24 16  Il s'agit de deux séries alternées :
- l'une progresse de 5, 6, … 7 : 6 11 17… 24
- l'autre est une suite de multiplication par 2 : 2 4 8… 16.
**22.** 53  56  - Un chiffre sur deux est égal au précédent +3
- Un chiffre sur deux est égal à la somme des deux précédents.

# Corrigés

**23.** 61 — Chaque chiffre est déduit du précédent par la règle : x2+3. 1x2=2 et 2+3=5, 5x2=10 et10+3=13, etc.

**24.** 45 — Les chiffres augmentent de 3 de plus à chaque fois : +1, +4, +7, +10, … +13.

**25.** 12 — Le chiffre du milieu est égal au double de la différence entre les deux chiffres qui l'entourent : (39–28)x2=22 et (12–6)x2=… 12.

**26.** 14 — Tournez la deuxième croix d'un quart de tour vers la gauche. Additionnez les chiffres qui sont aux mêmes places dans les deux premières croix : la somme se trouve à la même place dans la troisième croix : 7+11=18, 5+3=8, 9+8=17 et 10+4=… 14.

**27.** 6 — La somme des trois chiffres de chaque ligne est égale à 15. 0+9+?=15, donc ?=6.

**28.** 0 — Le chiffre qui se trouve sur la tête du bonhomme est égal à la somme de ses mains moins la somme de ses pieds : (6+6)–(2+3)=7 et (9+7)–(8+8)=… 0.

**29.** 21 — Le chiffre du centre est égal au produit des deux chiffres qui l'entourent, divisée par 2 : (6x4) : 2=12 et (7x6) : 2=… 21.

**30.** 15 — Le chiffre du centre est égal à la somme des trois chiffres qui l'entourent, divisé par 3. (20+15+4) : 3=13 et (3+25+17) : 3=… 15.

**31.** T — Les lettres progressent de 2 en 2.

**32.** N — Les lettres défilent à rebours.

**33.** F — Chaque ligne est formée de trois lettres qui se suivent.

**34.** 16 — Chaque lettre est suivie de sa place dans l'alphabet.

**35.** CHR — Les lettres BNQ sont celles qui précèdent immédiatement les lettres COR. Celles qui précèdent dis sont CHR.

**36.** BCE — Les chiffres indiquent les places des lettres correspondantes dans l'alphabet.

**37.** 4 — Les chiffres correspondent à la place de la lettre qui précède, plus 1.

**38.** Q — Les lettres progressent de trois en trois (donc on en saute deux chaque fois).

**39.** F — Les lettres reculent de quatre en quatre (donc on en saute trois, tout en faisant défiler l'alphabet à rebours).

**40.** TS — Dans chaque ligne, les lettres se suivent en partant de la droite (CDE, MNO, STU).

**41.** 25 — Les chiffres représentent la place de la lettre qui précède, moins 1.

**42.** SPJ — Les trois lettres de droite sont celles qui suivent juste les trois lettres de gauche.

# Le guide marabout des tests

**43.** WY — Sur chaque ligne, les trois lettres se suivent de deux en deux (il faut donc en sauter une pour trouver la suivante).

**44.** ENGH — Ajouter 2 à chaque place dans l'alphabet des lettres qui composent DAME fournit les lettres de FCOG.

**45.** JN — La première lettre d'une paire suit juste la dernière lettre de la paire précédente. Au sein de chaque paire, les deux lettres sont séparées d'une place, deux, trois, … et quatre places.

**46.** PO — Les places des lettres dans l'alphabet se succèdent comme ceci : +4, −1, +4, −1, etc.

**47.** NP — Dans chaque groupe, les quatre lettres se suivent et sont placées dans un ordre identique.

**48.** HO — Il s'agit de deux séries intercalées : d, e, f, g, … h et k, l, m, n, … o.

**49.** DI — Il s'agit de deux séries intercalées à progression +2 pour l'une (c, e, g, … i) et −2 pour l'autre (j, h, f, … d).

**50.** G — Il s'agit d'une suite de lettres dont les places dans l'alphabet reculent de 1, 2, 3, … 4 rangs.

## Exercice n° 2 (page 88)

**1.** K — On saute une lettre.
**2.** K — On recule d'une lettre.
**3.** a — Même ordre des lettres, dans chaque groupe.
**4.** TVU — Chaque lettre figure 1 fois par ligne et colonne.
**5.** b — + 3
**6.** e — − 9
**7.** c — −5, +2, −5, +2, −5.
**8.** e — x1, x2, x3, x4.
**9.** d — Deux séries alternées : 3, 6, 12, 24 et 1, 3, 5, 7.
**10.** a — Le milieu est la somme des extrêmes.
**11.** c — Le milieu est la somme + 5.
**12.** e — Le milieu est le produit des extrêmes.
**13.** b — Somme des chiffres équivalents dans autres carrés : 10 + 9 = 19, 21 + 5 = 26, 8 + 15 = 23.
**14.** b — Somme des 2 chiffres qui précèdent : 2 + 8 = 10, 8 + 11 = 19, 10 + 19 = 29.
**15.** e — 7 x 7 x 7, 8 x 8 x 8, 9 x 9 x9, 10 x 10 x10.

# Corrigés

**16.** d  Différence des 2 chiffres multipliée par 3 : (20 - 15) x 3 = 15,  (15 -12) x 3 = 9, (15 - 9) x 3 = 18.

**17.** a  Divisé par 6, puis 5, puis 4, puis 3.

**18.** c  Tête = bras + jambes :
18 = (2 + 4) + (7 + 5) ;
25 = (6 + 3) + (10 + 6).

**19.** c  Tête = jambes - bras :
7 = (5 + 7) - (2 + 3) ;
10 = (6 + 9) - (2 + 3).

**20.** c  Rang de la lettre -1.

**21.** b  Somme des 3 chiffres, multipliée par 2.

## Votre résultat

18 points et plus : très bon résultat

12 à 17 points : bon résultat

6 à 11 points : résultat moyen

0 à 5 points : résultat médiocre

Ce test vise à mesurer vos performances dans le domaine logique. Tantôt à base de chiffres, tantôt à base de lettres, il est indépendant de votre niveau de culture. Il détermine une aptitude à résoudre rapidement, en envisageant mentalement une succession d'hypothèses, des problèmes logiques. Cette aptitude est présente dans toutes les professions de type informatique, gestion, comptabilité, ainsi que dans tous les postes à responsabilité technique ou commerciale et dans les postes d'encadrement. Une note élevée vous autorise, selon votre curriculum vitæ, à postuler dans ces domaines : les tests dits « tests d'intelligence » ou « tests de raisonnement » que vous aurez à passer lors des séances de recrutement, du même genre que celui-ci, seront sans difficulté pour vous.

# Le guide marabout des tests

## Exercice n° 3 (page 91)

1. 9 La progression est de + 2.
2. 6 Les chiffres sont symétriques par rapport au 12 central.
3. 14 La progression est : + 1, + 2, + 1, + 2…
4. 18 La progression est de + 3.
5. 96 La progression est : x 2 (3 x 2 = 6, 6 x 2 = 12, etc.)
6. 0 La progression est − 2.
7. 66 La progression est + 11, ou encore on double les chiffres pris en ordre croissant.
8. 1 La progression est : − 5, − 2, − 5, − 2, etc.
9. 24 La progression est de + 4.
10. 8 La progression est : + 1, − 2, + 1, − 2, etc.
11. 16 La progression est : + 1, + 2, + 3, + 4, + 5.
12. 108 La progression est : x 3.
13. 36 Il s'agit de la suite des carrés de 1, 2, 3, etc.
14. 14 La progression est : + 4, − 3. On peut aussi voir deux séries alternées, chacune de progression + 1.
15. 15 À partir du troisième, tous les chiffres sont la somme des deux précédents.
16. 9 La progression est : − 5, − 4, − 3, − 2, − 1.
17. 10 Deux séries alternent, l'une de progression + 1, l'autre de progression − 1.
18. 26 La progression est : + 2, x 2, + 2, x 2.
19. 240 La progression est : x 2, x 3, x 4, x 5.
20. 19 La progression est : + 4, − 3, + 5, − 2, + 6, − 1.

# Corrigés

## Les tests d'intelligence spatiale

### Exercice n° 1 (page 92)

**1.** C
**2.** D
**3.** A
**4.** B
**5.** E
**6.** B
**7.** C
**8.** C
**9.** E
**10.** A
**11.** 5
**12.** 6
**13.** 7
**14.** 10
**15.** 13
**16.** D     Le point est dans le rond alors qu'il n'y est pas dans les autres figures.
**17.** C     Le point est dans un seul carré et non dans les deux.
**18.** B     Le point est à la fois dans le carré et dans le cercle.
**19.** C     Le point est de l'autre côté de la ligne par rapport au carré.
**20.** A     Le point est dans le carré au lieu d'être dans le rectangle.

### Exercice n° 2 (page 97)

Comptez un point par bonne réponse.

**1.** b     Le carré barré se déplace de coin en coin dans le sens inverse des aiguilles d'une montre. Le carré vide se déplace d'une case dans le sens des aiguilles d'une montre.

**2.** c     Les quatre autres figures sont identiques: elles ne sont que pivotées. Seule la figure c est retournée recto verso.

**3.** a     Idem. Dans les quatre autres figures, le carré est placé sous les barres, si on les

# Le guide marabout des tests

дispose en haut à droite. Dans la figure a, le carré est à gauche des barres, car cette figure a été retournée recto verso.

**4.** a     Faites l'expérience !

**5.** e     La figure a été tournée à 180°, puis recto verso. Étant donné que l'on ignore de combien de degrés la figure a été tournée, il est préférable de commencer par le recto verso (étape à faire mentalement ou devant un miroir). On cherchera ensuite, parmi les cinq figures proposées, celle qui, sans tenir compte de l'orientation, lui est identique.

**6.** b     Idem, mais la figure n'a tourné que de 90°.

**7.** e     La « théière », vue debout (comme sur le dessin d'origine), doit, une fois retournée, avoir la poignée à gauche et le bec verseur à droite. Le point reste au-dessus du bec verseur. La figure e est la seule possible (90° de rotation dans le sens inverse des aiguilles d'une montre).

**8.** d     Si on observe la transformation qui permet de passer de la première figure à la seconde, on constate que :
- le grand carré qui entoure les deux autres figures devient petit et s'intercale entre elles ;
- le petit triangle et le petit rectangle gardent leur place et leur taille, mais changent de couleur.
Appliquons ces transformations à la troisième figure :
- le grand triangle devient petit et s'intercale entre le carré et le triangle ;
- le carré et le losange gardent forme et place, mais le carré devient blanc et le losange noir.
On obtient donc : carré blanc, petit triangle, losange noir. C'est la figure d.

**9.** d     Pour passer de la première à la seconde figure :
- la forme de base est la même ;
- les couleurs des triangles sont interchangées (les blancs deviennent noirs et les noirs deviennent blancs).
Une autre façon d'arriver à la bonne réponse : la seconde figure n'est que la première retournée recto verso (ou vue dans un miroir).

**10.** c     Pour passer de la première à la seconde figure, il suffit de la retourner recto verso, puis de la pivoter de 90° dans le sens inverse des aiguilles d'une montre. Le même traitement appliqué à la troisième figure… aboutit à la figure c.

**11.** a     Les quatre autres figures sont identiques.

**12.** b     Idem.

**13.** e     idem.

# Corrigés

**14.** c   Le carré noir qui est dans le coin en haut à droite descend le long de la diagonale : il se retrouve en bas à gauche. Le carré qui est en haut descend verticalement, case par case. Le carré de droite se déplace vers la gauche, case par case.

**15.** d   Toutes les autres réponses sont composées de deux figures identiques, de tailles semblables ou différentes. Ici, on a deux figures différentes : un carré et un rectangle.

## Vos résultats

12 points et plus : excellent résultat

8 à 11 points : bon résultat

5 à 7 points : résultat moyen

0 à 4 points : résultat médiocre

Ce test mesure votre aptitude à raisonner mentalement sur des dessins et des configurations. Certaines personnes sont plus aptes que d'autres à réfléchir dans l'espace, en imaginant les déplacements de figures dans leur tête. D'autres s'y embrouillent totalement. Cette compétence est importante dans les emplois du domaine industriel particulièrement; dessinateur, architecte, etc., mais également dans les autres professions du bâtiment (artisans, etc.) ou de l'environnement (décorateur, paysagiste, etc.) ; bref, partout où l'on doit se représenter quelque chose qui sera construit dans l'espace. Si vous avez une note élevée à ce test et qu'en plus vous êtes bon navigateur et n'avez jamais eu de problèmes pour lire des cartes et des plans, ces emplois sont peut-être pour vous.

# Le guide marabout des tests

# Des tests pour s'entraîner

## Exercice n° 1 (page 104)

**1.** c   Seul le verbe « patienter » n'a pas le sens de « permission » que contiennent tous les autres verbes.

**2.** b   Seul le verbe « surprendre » ne contient pas la notion de peur.

**3.** c   Les initiales des mots de la série suivent les lettres de l'alphabet dans l'ordre (a, b, c, d). Le mot suivant est donc « envie » dont l'initiale est e.

**4.** f   Les prénoms pris deux à deux ont le même nombre de lettres. Dans les noms proposés, seul Anne a quatre lettres, comme Jean.

**5.** BON   Forme bonbon et bonheur.

**6.** TON   Forme chaton et tonnerre.

**7.** BEUR   Forme flambeur et beurre.

**8.** EN   Forme entente, enserrer, entendu, ensuite, entasser, enterrer.

**9.** IM   Forme importer, imposition, imprévu, impotence, impie et impossible.

**10.** BLEU   Forme un ciel bleu, un oiseau bleu et un bas-bleu.

**11.** BLANCHE   Forme une souris blanche, une nuit blanche et une sauce blanche.

**12.** GROS   Forme le gros sel, le gros œuvre et le gros mot.

**13.** b   Remis en ordre, les mots sont respectivement : rose, tendre, marron, gris.

**14.** c   Les mots sont : orgue, harpe, tabouret, piano.

**15.** d   Les mots sont : oncle, mère, fils, voisin.

**16.** bière   Peut remplacer les mots « verre » et « cercueil ».

**17.** note   Peut remplacer les mots « avis » et « bémols et croches ».

**18.** livre   Peut remplacer les mots « roman » et « 500 grammes ».

**19.** b   Le nombre de « V » augmente: 1, 2, 3... puis 4. Leur sens s'inverse d'un dessin à l'autre.

**20.** f   Pour obtenir le second dessin, on coupe le premier selon un axe horizontal et on éloigne les deux parties. Si l'on fait subir le même sort au troisième dessin, on obtient la figure f.

# Corrigés

**21. e** — Le nombre d'éléments dans chaque case augmente d'un à chaque fois. Ces dessins sont orientés tantôt verticalement, tantôt horizontalement.

**22. a** — Le cercle se déplace d'un coin à l'autre du carré selon la diagonale : il n'a que deux places possibles. La croix fait tous les coins dans le sens direct.

**23. c** — Les trois petits cercles ont deux positions possibles, qui alternent d'un carré à l'autre. La croix est tantôt en haut, tantôt en bas. Si bien que l'on obtient l'alternance de deux figures identiques.

**24. f** — La croix accueille 1, 2, 3 puis… 4 points.

**25. d** — La zone hachurée augmente régulièrement, et les hachures sont toujours dans le même sens.

**26. f** — La croix est toujours la même et le point tourne autour dans le sens direct.

**27. d** — Les dessins représentent les quatre angles formés par une croix, dessinés dans le sens direct.

**28. f** — Chaque trait unique est au centre de l'angle formé par les deux traits de la figure suivante.

**29. a** — La flèche tourne de trois huitièmes de tour à chaque fois, dans le sens direct.

**30. d** — Le trait qui est extérieur au petit carré lui est chaque fois intégré dans la figure suivante. Le petit carré possède donc 0, 1, 2… puis 3 axes, les précédents étant reportés de façon identique.

**31. d** — Un axe s'ajoute chaque fois au carré, mais les précédents restent les mêmes.

**32. e** — Selon les lois horizontale et verticale, la figure cherchée doit à la fois être semblable à celle du dessus et de la même couleur que celle d'à côté.

**33. b** — En descendant d'une case, la figure se double d'une autre identique.

**34. d** — C'est la seule figure où la croix et le cercle sont en sens inverse.

**35. a** — C'est la seule figure où le trait simple est dans le plus petit angle du triangle.

**36. b** — Quand on positionne le petit cercle en bas de la figure, toutes présentent le signe = en haut à gauche, sauf la figure b où il est en haut à droite.

**37. b** — Les deux triangles se superposent et changent de couleur. Les carrés doivent faire de même.

**38. c** — La loi est la suivante 304

: les positions des deux figures s'inversent (celle qui incluait est inclue) et celle du centre est noircie.

# Le guide marabout des tests

**39.** c    La petite croix passe à l'intérieur de la figure (cercle ou carré), mais en changeant d'axe.

**40.** e    Sur chaque ligne, il suffit d'accoler les deux figures de gauche pour obtenir la figure de droite.

**41.** b    Sur chaque ligne, les deux figures de gauche sont identiques. La figure de droite s'obtient en tournant la figure de gauche d'un quart de tour vers la droite et en la changeant de couleur.

**42.** d    Chaque ligne et chaque colonne sont composées d'un exemplaire de chacun des trois cercles.

**43.** a    Sur chaque ligne, deux dessins sont identiques, alors que le troisième est différent. Le dessin manquant sur la dernière ligne est donc semblable à l'un des deux dessins représentés.

**44.**    La série est composée des deux mêmes dominos simplement alternés.

**45.**    Sur chaque ligne, le nombre de points va décroissant : 4-3-2-1, 6-5-4-3 et 0-6-5-4.

**46.**    Sur la ligne du haut, le nombre de points va croissant : 4-5-6-0-1. Il en est de même sur la ligne du bas : 2-3-4-5-6.

**47.**    Les deux dominos qui se font face sont construits de façon symétrique.

**48.**    Sur la ligne du haut, le troisième domino est égal à la somme des deux autres. Sur la ligne du bas, les faces des trois dominos sont identiques.

## Exercice n° 2 (page 124)

**1.** e    « Savoir » est le seul verbe qui relève d'une certitude.

**2.** b    « Cribler » est le seul verbe qui implique une multitude d'impacts. Tous les autres n'évoquent l'idée que d'un seul «trou».

**3.** a    D'un prénom au suivant, le nombre de lettres augmente d'un. Le prénom à trouver a donc forcément huit lettres.

**4.** c    Prononcé à haute voix, « immangeable » est le seul mot commençant par le son « in » et non par le son « imm ».

# Corrigés

**5.** BE   Forme bulbe et belette.

**6.** SAI   Forme essai et saillir.

**7.** ON   Forme juron et oncle.

**8.** SUR   Forme surannée, surcharge, surdoué, surface et surfait.

**9.** PARA   Forme paragraphe, paramètre, parasite, paravent et parasol.

**10.** TÊTE   Forme tête-bêche, tête dure et tête chercheuse.

**11.** MARCHÉ   Forme marché noir, marché conclu et marché à terme.

**12.** TIERS   Forme tiers-monde, tiers payant et tiers état.

**13.** b   Les mots brouillés sont Belgique, Éthiopie, Norvège, Portugal et France.

**14.** c   Les mots brouillés sont tulipe, violette, casserole, glaïeul et rose.

**15.** d   Les mots brouillés sont renard, dromadaire, mouton, canard et chat.

**16.** mal   Peut remplacer les mots « pas bien » et « souffrir ».

**17.** franc   Peut remplacer les mots « honnête et direct » et « sou ».

**18.** lieu   Peut remplacer les mots « endroit » et « poisson ».

**19.** e   Chacun des quatre éléments de la diagonale occupe alternativement chacune des places possibles.

**20.** b   Le gros point noir tourne dans le sens direct et se place au bout d'une diagonale. Le petit point n'a que deux positions possibles alternées.

**21.** e   La ligne formée par les figures est tantôt horizontale, tantôt en diagonale. Avant de basculer, les trois éléments subissent une permutation : le dernier passe en premier.

**22.** a   On observe deux séries alternées, l'une de +, l'autre de x. Dans la seconde (x), le tiret tourne dans le sens direct (et dans le sens indirect dans la série +).

**23.** d   Le cercle se déplace d'un demi-côté en sens indirect. Le triangle passe alternativement d'un côté à l'autre, toujours en sens indirect.

**24.** b   Le cercle passe d'un coin à l'autre du carré en sens direct. Les tirets ne changent pas de place mais un tiret supplémentaire s'ajoute chaque fois.

**25.** c   La flèche change d'orientation un dessin sur deux. Le nombre de croix augmente d'un dessin à l'autre et le groupe des croix remonte sur l'axe de la flèche.

# Le guide marabout des tests

**26.** b    La flèche qui suit un angle formé de deux traits est située dans le prolongement de la médiane de cet angle.

**27.** a    La droite verticale n'a que deux positions possibles alternées. La droite horizontale remonte régulièrement.

**28.** a    Les carrés noirs sur les lignes 2 et 3 ne bougent pas. Le carré de la ligne supérieure se décale régulièrement vers la droite. Celui de la ligne inférieure se décale régulièrement vers la gauche.

**29.** c    Le petit carré suit les coins dans le sens direct, une fois blanc, une fois noir. La droite tourne également, son axe se décalant régulièrement en sens indirect (il passe donc à l'horizontale).

**30.** d    En passant aux figures inférieures, le nombre de traits passe à deux et leur orientation change.

**31.** a    En passant aux figures inférieures, le dessin reste le même mais partie noire et partie blanche changent de côté.

**32.** d    En passant de la figure de gauche à celle de droite, le rond devient un carré, mais garde sa taille et sa trame.

**33.** a    Le fond du dessin a deux étapes : blanc et rayé. Le dessin a deux couleurs : blanc ou noir. Ces deux éléments alternent d'un dessin à celui du dessous.

**34.** f    De gauche à droite, le dessin reste identique mais diminue de taille.

**35.** d    Son orientation est recto verso par rapport aux quatre autres dessins qui sont identiques.

**36.** b    La flèche tourne en sens direct d'un huitième de tour à chaque fois, sauf en b.

**37.** b-e    Les cinq autres dessins sont identiques, seulement orientés différemment. Ces deux-là sont différents.

**38.** c    D'une figure à la suivante :
- le dessin «englobant» se réduit et passe entre les deux autres ;
- les deux autres dessins inversent leur position et changent de couleur.

**39.** d    Le dessin pivote d'un quart de tour en sens indirect et les flèches changent de sens.

**40.** e    Les zones noire et blanche alternent. La flèche change de sens.

**41.** d    Les carrés doivent être vus comme des cadrans d'horloge. Sur chaque ligne, passant d'un dessin au dessin suivant, l'une des « aiguilles » reste immobile alors que l'autre avance régulièrement d'un quart d'heure (ou d'un quart de tour).

# Corrigés

**42.** b — Verticalement, le dessin reste identique. Les zones colorées ne peuvent prendre successivement que trois états (toute blanche, zone extérieure hachurée, zone intérieure noire) qui sont illustrés sur les deux premières lignes.

**43.** f — Verticalement comme horizontalement, on doit trouver les trois lettres A, B, C et les trois tailles : petit, moyen, grand.

**44.** c — Sur chaque ligne de trois dessins, le troisième est constitué par la simple superposition des deux dessins précédents.

**45.** — Sur chaque ligne, le troisième domino est égal à la somme des deux précédents.

**46.** — L'une des deux faces (de manière alternée) est toujours égale à 2. Le nombre de points sur l'autre face diminue de 1 régulièrement.

**47.** — ou — Sur chaque ligne de trois dominos, tous les chiffres de 1 à 6 sont représentés, en ordres divers.

**48.** — Le nombre de points sur la première case des dominos augmente régulièrement de 2. Sur la seconde case, ce nombre diminue régulièrement de 2.

**49.** — Chaque face de domino se retrouve identique si l'on saute un domino et que l'on change de face (ex. : le 3 sur la face extérieure du premier domino se retrouve sur la face intérieure du troisième domino).

# Le guide marabout des tests

# Les tests de mémoire

## Exercice n° 1 (page 146)

- Comptez 1 point pour un chiffre ou un dessin bien reproduit mais mal orienté.
- Comptez 2 points pour un chiffre ou un dessin parfaitement reproduit.

Nombre maximum de points : 32.
- Si votre résultat est inférieur à 16, recommencez cet exercice dans quelque temps et inventez-vous-en de similaires afin de vous entraîner.

Une variante consiste à reproduire le tableau dessiné, puis à le découper afin d'obtenir 16 vignettes dessinées.
L'exercice consiste alors, après avoir regardé 1 minute le tableau complet et l'avoir masqué, à poser les vignettes sur le tableau vide afin de le reconstituer. Le mode de correction est le même. En dessous de 22 points, entraînez-vous.

# Les tests de collationnement (page 150)

Il fallait cocher :

1. Les lignes b et e.

2. Les lignes a, b et d.

3. Les lignes b et c.

4. Les lignes b, c et e.

# Corrigés

## Les tests de codage

### Codage n° 1 (page 152)

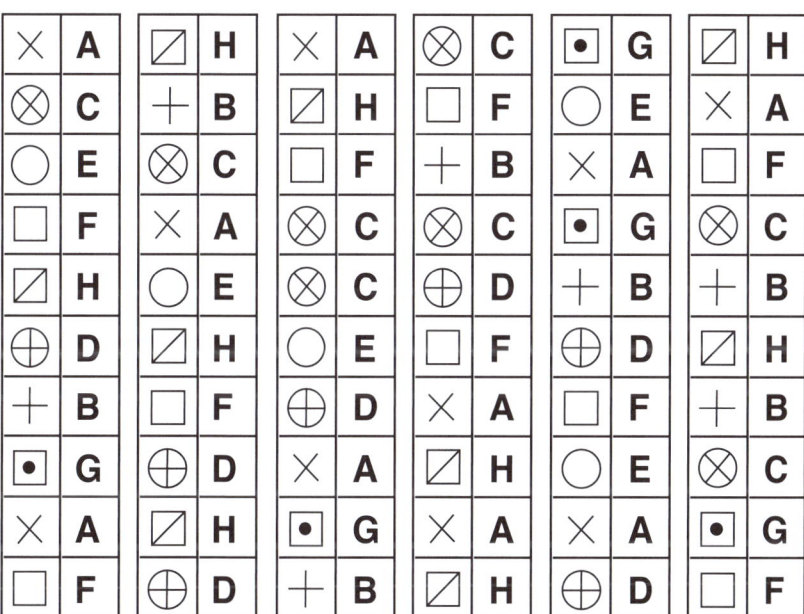

### Codage n° 2 (page 153)

1. D    2. A    3. B    4. B    5. C
6. D    7. A    8. C    9. B    10. C

# Le guide marabout des tests

## Codage n° 3 (page 155)

**Code NORMALISE**
1. D  2. A  3. A  4. C  5. B

**Code CREVAISON**
1. B  2. C  3. D  4. B  5. A

**Code ENGOURDIS**
1. D  2. B  3. C  4. D  5. A

**Code EDULCORANT**
1. A  2. B  3. C  4. D  5. D

## Codage n° 4 (page 157)

**4 A**
1. A  2. A  3. B  4. A  5. B
6. B  7. B  8. A  9. B  10. A

**4 B**
1. A  2. B  3. B  4. B  5. B
6. A  7. B  8. A  9. A  10. B

## Codage n° 5 (page 159)

**5 A**
1. A  2. C  3. B  4. E  5. C
6. E  7. B  8. D  9. A  10. D

**5 B**
1. B  2. E  3. C  4. A  5. D
6. B  7. E  8. C  9. A  10. D

**5 C**
1. A  2. C  3. E  4. D  5. B
6. A  7. E  8. C  9. D  10. B

# Corrigés

## Les tests de repérage d'erreurs

### Repérage d'erreurs sur des symboles (page 161)

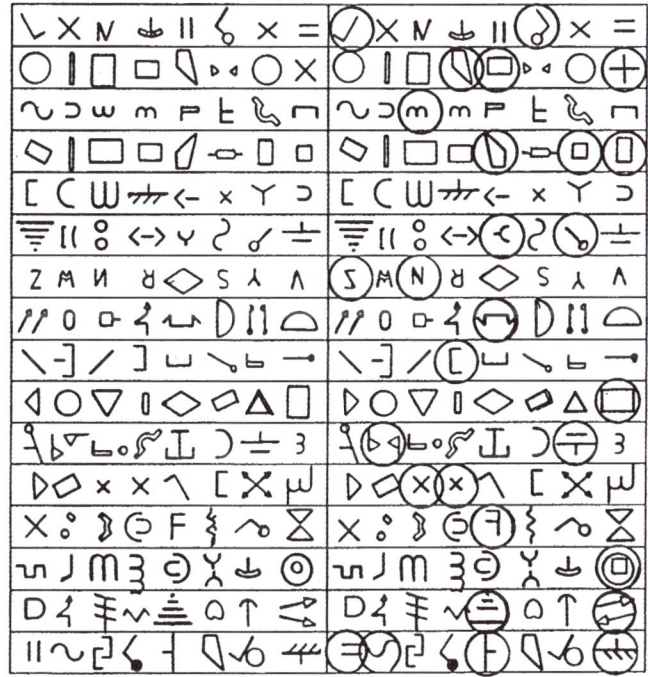

# Le guide marabout des tests

## Repérage d'erreurs sur des adresses (page 162)

| | |
|---|---|
| Pierre Brassar**t** | **54** rue Roger Salengro |
| tél. : 48 92 22 10 | 94**42**0 L'HAY-LES-ROSES |
| Anaïs Sylvain | 12 avenue de la Roseraie |
| tél. : 69 **82** 04 82 | 91380 CHILLY-MAZAR**Y**N |
| Maria**n**e Poutre | 104 square de la République |
| tél. : 69 **89 52 25** | 91200 ATHIS-MONS |
| Jean-Louis Fa**s**hine | 23 rue du Général K**eu**nig |
| tél. : 72 27 15 15 | 94230 **CHAC**AN |
| Maurice Calain | 83 allée du Parc |
| tél. : 47 95 61 27 | 92000 NANTERRE |
| Philippe C**alo**vin | **132** rue de la Libération |
| tél. : 64 25 38 46 | 92920 CHATENAY-MALABRY |
| Martial Vezzari | 49 boulevard Vaillan**d**-Couturier |
| tél. : 42 64 28 13 | 94110 ARC**EU**IL |
| Martine Bassalon | 51 rue du Général de Gau**le** |
| tél. : 64 **29** 25 49 | 92140 CLAMART |
| Nicole Lavasseur | 1 rue de la 2e **B.D.** |
| tél. : 69 13 58 35 | 92120 MO**NR**OUGE |
| Hervé Paralont | 68 avenue Flammarion |
| tél. : 43 20 **50** 50 | 92**31**0 ISSY-LES-MOULINEA**U** |

# Corrigés

## Les tests de reconstitution de mots (page 164)

D'autres solutions existent, tout aussi correctes que celles que nous avons choisies ici.

### Quatre lettres

| | | | |
|---|---|---|---|
| HON**T** | THON | **F**OUE | OEUF |
| NI**U**R | UNIR | **A**LIE | AILE |
| RO**P**T | PORT | TE**L**N | LENT |
| **F**ECA | FACE | RO**Z**E | ZERO |
| **I**BEN | BIEN | **D**ESO | DOSE |
| LI**C**E | CIEL | EN**V**T | VENT |
| **M**NOT | MONT | AC**N**E | CANE |
| PET**S** | SEPT | **P**ALT | PLAT |
| **C**APM | CAMP | NU**M**E | MENU |
| TIU**E** | ETUI | ROU**C** | COUR |

### Cinq lettres

| | | | |
|---|---|---|---|
| DECA**I** | ACIDE | **R**UNOE | NOUER |
| G**R**ALE | LARGE | RAL**P**I | PALIR |
| D**A**RME | DRAME | REIA**M** | AIMER |
| SUT**L**A | SALUT | TA**C**LE | LACET |
| CEM**L**A | CALME | **B**URNE | BRUNE |
| REP**I**O | POIRE | A**T**ICF | ACTIF |
| **D**ICRE | CIDRE | LAM**T**E | METAL |
| **R**OSEC | CORSE | TA**L**EV | VALET |
| ME**R**LA | LARME | TECH**U** | CHUTE |
| S**I**NUE | USINE | VEA**P**E | EPAVE |

### Six lettres

| | | | |
|---|---|---|---|
| **E**TROCA | ATROCE | **O**CASIN | CASINO |
| T**A**NOLE | ETALON | LAN**R**ME | MERLAN |
| DE**R**OUT | DETOUR | **N**ETOIC | NOTICE |
| LICEN**T** | CLIENT | GORAN**E** | ORGANE |
| PELMO**I** | EMPLOI | **R**IBUTA | ABRUTI |
| A**T**RECN | CARNET | NA**M**ICE | CINEMA |
| **R**ENLAC | LANCER | AN**R**LEG | LANGER |
| POIL**E**T | PILOTE | GEU**R**AN | NAGEUR |
| SAINT**E** | TISANE | **S**ERMIP | PERMIS |
| MAC**R**EP | CAMPER | TORSI**E** | SORTIE |

# Le guide marabout des tests

# Les tests de mise en ordre alphabétique

## La liste des villes de France (page 166)

| | | |
|---|---|---|
| <u>AIGURANDE</u> | DINARD | NARBONNE |
| AIGUEPERSE | <u>DOUARNENEZ</u> | <u>PONTARLIER</u> |
| ANNECY | DOUAI | POITIERS |
| ANNEMASSE | EPERNAY | RAMBOUILLET |
| BAGNEUX | EPERNON | REIMS |
| BAGNOLET | FALAISE | RUFFEC |
| <u>BEAUJEU</u> | <u>FORBACH</u> | <u>QUIMPER</u> |
| BEAUGENCY | FONTENAY | <u>SAINT-PAUL</u> |
| BOURGES | LENS | SAINT-LO |
| BOURGOIN | <u>LOOS</u> | SAULIEU |
| <u>CANNET</u> | LONS | SAUMUR |
| CANNES | LOURDES | <u>SAVIGNY</u> |
| CHAMBERY | LOUVIER | SAVERNE |
| CHAMBORD | <u>MARNAY</u> | THIERS |
| <u>CHATEL</u> | MARLY | THIONVILLE |
| CHATEAUDUN | MONTAUBAN | <u>TOURS</u> |
| COLMAR | <u>MONTLUÇON</u> | TOURNUS |
| <u>CONFOLENS</u> | MONTHLERY | VENDOME |
| COMPIEGNE | NANCY | VERSAILLES |
| DINAN | NANTES | VEZELAY |

## La liste 1 des noms (page 167)

| | | | | |
|---|---|---|---|---|
| **1.** D | **2.** C | **3.** A | **4.** C | **5.** B |
| **6.** D | **7.** C | **8.** B | **9.** B | **10.** A |

## La liste 2 des noms (page 168)

| | | | | |
|---|---|---|---|---|
| **I.** A | **II.** D | **III.** C | **IV.** C | **V.** B |
| **VI.** D | **VII.** A | **VIII.** D | **IX.** A | **X.** B |

# Corrigés

# Les tests de comparaisons et repérages

## La liste des peintres (page 169)

| | |
|---|---|
| MATHIEU | MALEVITCH |
| KLEIN | <u>DELAUNAY</u> |
| SOULAGES | PICABIA |
| VASARELY | CANE |
| <u>CORNELL</u> | BUREN |
| <u>TAPIES</u> | <u>WARHOL</u> |
| MALEVITCH | GAROUSTE |
| <u>TATLINE</u> | BALDWIN |
| PICABIA | MORTENSEN |
| KLIMT | <u>KANDINSKY</u> |
| CANE | MATHIEU |
| GIACOMETTI | FAUTRIER |
| BUREN | KLEIN |
| <u>KUPKA</u> | VASARELY |
| GAROUSTE | SCHARF |
| <u>CREMONI</u> | <u>MONDRIAN</u> |
| FAUTRIER | <u>HERBIN</u> |
| BALDWIN | KLIMT |
| SCHARF | <u>TOBEY</u> |
| <u>POLLOCK</u> | SOULAGES |
| MORTENSEN | GIACOMETTI |

# Le guide marabout des tests

## La liste des numéros de téléphone (page 170)

| | |
|---|---|
| <u>64 29 12 37</u> | 69 21 32 75 |
| 35 13 49 53 | <u>46 87 37 64</u> |
| <u>42 24 63 92</u> | <u>63 21 52 48</u> |
| <u>55 32 28 11</u> | <u>64 29 12 37</u> |
| 44 23 41 70 | <u>99 51 77 82</u> |
| <u>46 47 58 69</u> | 27 51 22 37 |
| 69 22 13 75 | 16 69 83 12 |
| 27 15 22 37 | <u>47 92 65 23</u> |
| <u>99 51 77 82</u> | <u>55 32 28 11</u> |
| <u>46 87 37 64</u> | 37 67 57 47 |
| 16 96 83 12 | 35 31 49 53 |
| <u>63 21 52 48</u> | 49 33 29 61 |
| 49 33 29 16 | <u>46 47 58 69</u> |
| 15 25 43 52 | 41 17 08 20 |
| 41 07 18 20 | <u>42 24 63 92</u> |
| <u>47 92 65 23</u> | 15 25 63 52 |
| <u>12 63 89 47</u> | <u>33 16 34 28</u> |
| 45 85 65 37 | 44 23 40 71 |
| <u>33 16 34 28</u> | 45 85 56 73 |
| 37 57 67 47 | <u>12 63 89 47</u> |

## Comparaisons de noms et de nombres (page 171)

| | | | | |
|---|---|---|---|---|
| **1.** E | **2.** A | **3.** B | **4.** D | **5.** C |
| **6.** E | **7.** B | **8.** A | **9.** B | **10.** D |
| **11.** B | **12.** C | **13.** E | **14.** E | **15.** A |
| **16.** D | **17.** B | **18.** C | **19.** D | **20.** A |

## Comparaisons de noms (page 172)

| | | | | |
|---|---|---|---|---|
| **1.** C | **2.** B | **3.** D | **4.** D | **5.** C |
| **6.** A | **7.** B | **8.** A | **9.** D | **10.** C |

## Comparaisons de lettres et de nombres (page 173)

| | | | | |
|---|---|---|---|---|
| **1.** A | **2.** B | **3.** C | **4.** A | **5.** D |
| **6.** B | **7.** C | **8.** B | **9.** C | **10.** B |

# Corrigés

## Les tests de raisonnement (page 175)

L'ordre logique des phrases est le suivant :

- **A.** 4 . 2 . 5 . 1 . 3
- **B.** 3 . 2 . 1 . 5 . 4
- **C.** 2 . 1 . 5 . 4 . 3
- **D.** 3 . 5 . 2 . 4 . 1
- **E.** 2 . 1 . 5 . 4 . 3
- **F.** 5 . 4 . 3 . 2 . 1
- **G.** 5 . 4 . 2 . 1 . 3
- **H.** 3 . 4 . 5 . 1 . 2
- **I.** 2 . 5 . 3 . 1 . 4
- **J.** 3 . 1 . 5 . 4 . 2
- **K.** 3 . 4 . 2 . 5 . 1
- **L.** 5 . 3 . 4 . 2 . 1

# Le guide marabout des tests

## Test de culture classique (page 180)

**1.** c (la « dépêche d'Ems »)
**2.** b (mais Corneille a écrit *Tite et Bérénice*)
**3.** b
**4.** a
**5.** b (mais les pyramides en font bien partie)
**6.** c
**7.** b
**8.** a
**9.** b
**10.** a
**11.** c (dans le recueil *Les Châtiments*)
**12.** a
**13.** b (il était le frère du constructeur Ettore Bugatti)
**14.** c (le Bouddha est né vers 550 av. J.-C., Mahomet en l'an 550 de notre ère)
**15.** c
**16.** a
**17.** c
**18.** b
**19.** a
**20.** a
**21.** b
**22.** c
**23.** a
**24.** b
**25.** c
**26.** b (Machu Picchu est un site inca du Pérou et Teotihuacan un site aztèque à quelques kilomètres de Mexico)
**27.** b (c'est un texte de Gustav Meyrink, écrivain autrichien contemporain de Kafka)
**28.** a
**29.** a
**30.** c

Pour ce questionnaire, l'évaluation est la suivante :

- plus de 25 bonnes réponses : excellente culture
- de 18 à 25 bonnes réponses : bonne à très bonne culture
- de 10 à 17 bonnes réponses : culture moyenne
- moins de 10 bonnes réponses : culture à développer

# Corrigés

## Test de culture contemporaine (page 185)

**1.** b
**2.** a
**3.** c (75 mégaoctets représentent 75 millions de signes, il y en a environ 2 000 sur une page)
**4.** a
**5.** c
**6.** b
**7.** a
**8.** c
**9.** c
**10.** a (le parti Républicain, lui, a pour emblème un éléphant)
**11.** b
**12.** c
**13.** b
**14.** a
**15.** b
**16.** a
**17.** b
**18.** c (668 millions de véhicules estimés, pour 6 milliards d'habitants)
**19.** b
**20.** a (établi le 27 juin 1993 par le Cubain Sotomayor)
**21.** c (mais le centre de recherche s'appelait Los Alamos)
**22.** b (Boublil et Schönberg ont composé Les Misérables, Deleuze et Guattari étaient des philosophes qui écrivaient en couple)
**23.** a
**24.** c
**25.** b (la police fédérale est le FBI, l'indice boursier le Dow Jones)
**26.** c
**27.** c
**28.** b (dans la théorie du chaos)
**29.** c
**30.** b

Pour ce questionnaire, l'évaluation est la suivante :
- plus de 25 bonnes réponses : excellente culture
- de 18 à 25 bonnes réponses : bonne à très bonne culture
- de 10 à 17 bonnes réponses : culture moyenne
- moins de 10 bonnes réponses : culture à développer

# Le guide marabout des tests

## Test de culture quotidienne (page 190)

1. Ultra-Haute Température
2. Dix ans
3. Windows
4. Ils symbolisent les cinq continents
5. Le 03
6. Nous valûmes
7. Un Bordeaux rouge
8. Le O
9. Jour et nuit ont la même durée
10. 75 cl
11. En ampères
12. 4 à 5 °C
13. Dans les bibliothèques : c'est le système de classification des livres par sujet
14. Le la
15. L'arrière
16. 250 grammes
17. Vingt
18. Deux, un sur chaque face et courant en spirale
19. Du bœuf
20. 21 x 15 cm
21. Le sexe, puis l'année, le mois et le département de naissance
22. Du courant continu
23. On ne le cultive pas : le curry est un mélange de différentes épices
24. Différentes sortes de piles électriques
25. Huit
26. «Plan d'Épargne en Actions»
27. Six, avec la marche arrière
28. Des polices de caractères d'imprimerie
29. Le délit consistant à consommer sans payer dans un café ou un restaurant
30. Parce que la composante bleue de la lumière solaire est la dernière à être freinée par l'atmosphère

Pour ce questionnaire, l'évaluation est la suivante :
- plus de 25 bonnes réponses : excellente culture
- de 18 à 25 bonnes réponses : bonne à très bonne culture
- de 10 à 17 bonnes réponses : culture moyenne
- moins de 10 bonnes réponses : culture à développer

# Corrigés

# Retrouver les noms propres (page 191)

**1.** Damoclès (désigne une menace qui peut se concrétiser à tout instant).
**2.** Artaban.
**3.** Noé (cacher quelque chose par pudeur).
**4.** Achille (désigne le point faible d'une personne très solide).
**5.** Job.
**6.** Judas.
**7.** Augias (assainir une situation devenue difficile à force de négligence).
**8.** Crésus.
**9.** Nessus (désigne un cadeau empoisonné)
**10.** M. Jourdain (faire quelque chose naturellement, sans en avoir conscience).
**11.** Buridan (désigne une personne incapable de faire un choix).
**12.** Onan (personnage biblique qui s'adonnait à la masturbation).
**13.** Hercule (désigne un ensemble de tâches apparemment impossibles).
**14.** Jean de Nivelle (s'enfuir au moment où l'on est appelé en renfort).

Pour ce quatrième questionnaire, assez difficile, 6 réponses justes constituent une bonne performance et plus de 8 réponses justes une très bonne performance.

# Le guide marabout des tests

## Test d'intelligence divergente (page 198)

**1.** (5,4)      À chaque fois, le second chiffre indique le nombre de lettres nécessaires pour écrire le premier : 2 lettres pour « Un », 4 pour « Deux », etc.

**2.** (12,31)      Le premier nombre indique le rang d'un mois, et le second le nombre de jours qu'il compte : janvier (1) compte 31 jours, février (2) en compte 28, etc.

**3.** loup      Tous les autres mots sont composés avec des lettres tirées de « Bucoliquement ».

**4.** c      Ce sont des anagrammes : LAPIN est à TERRIER ce que ABEILLE est à ESSAIM.

**5.** Honoré      Les initiales des mots suivent l'ordre alphabétique : A, B, C, etc.

**6.** Part      Mort      Forêt      Dent.

**7.** d      32 est la suite des chiffres et nombres dont le nom se termine par un x.

**8.** a      MAISON se déduit du mot qui précède en remplaçant chaque lettre par celle qui la précède dans l'alphabet. Le même principe appliqué à QBQJFS donne PAPIER.

**9.** b      C'est le seul mot qui permet de faire de la phrase un palindrome, c'est-à-dire qu'elle peut se lire indifféremment de gauche à droite ou de droite à gauche.

**10.** belote      Tous ont le noir et le blanc comme couleurs traditionnelles, mais les cartes à jouer sont noires et rouges.

**11.** b      Chaque nom de ville commence par une note de musique, dans l'ordre de la gamme : DOmrémy, REims, MIrecourt, etc.

**12.** a      Les mots de la phrase comptent successivement une, puis deux, puis trois…lettres. La nationalité doit en compter huit.

**13.** cartes      Tous les autres mots peuvent être associés au mot corde : corde à nœuds, corde de guitare, corde vocale, etc.

**14.** d      Ce sont des anagrammes : ÉLÉPHANT est à TROMPE ce que KANGOUROU est à POCHE.

**15.** d      Les mots commencent tous par P, ont un nombre croissant de lettres (3, puis 4, puis 5…) et sont alternativement féminins et masculins.

**16.** VE      Ce sont les deux premières lettres des jours de la semaine.

# Corrigés

**17.** juillet — Les mois sont rangés dans l'ordre alphabétique.

**18.** 24 ans — Le chiffre des dizaines correspond au nombre de voyelles composant le prénom, celui des unités au nombre des consonnes.

**19.** D — C'est l'initiale du nombre.

**20.** Malines — Dans chaque mot, la lettre N occupe respectivement la première place, puis la deuxième, puis la troisième, etc.

**21.** A — Pour as, après 8, 9, 10, Valet, Dame et Roi.

**22.** Cœur — Tous les autres mots peuvent servir pour faire une expression du type « Eau de … »

**23.** F — Chaque chiffre est suivi de son initiale en anglais : one, two, three…

**24.** c — 2 est la suite des chiffres qui composent le nombre Pi : 3, 14 159 265…

**25.** c — Ce sont des heures séparées entre elles de 1 h et 10 mn.

**26.** 5 — Le chiffre suivant chaque jour correspond au nombre de consonnes que contient son nom.

**27.** C + X — Ce sont la première et la dernière lettre de chacun des nombres.

**28.** d — Tous ces mots peuvent se lire de gauche à droite comme de droite à gauche.

**29.** 7 — Chacun des chiffres romains est suivi par le nombre de « bâtons » nécessaires pour l'écrire.

**30.** niche — Tous les autres peuvent former un autre mot en étant précédés de « Anti ».

**31.** COPINAS — La suite des chiffres indique la position où placer chaque lettre du premier mot pour composer le second.

**32.** b — Les mots se suivent alphabétiquement et ont alternativement cinq et six lettres.

**33.** 22 — On indique le nombre des lettres répétées dans chaque nom quand on range ces lettres par ordre alphabétique. Par exemple, LIBREVILLE compte 2 E, 2 I et 3 L, d'où 223…

**34.** c — L'affiche est faite de papier, comme les autres mots de la liste.

**35.** QS — Ce sont les lettres qui encadrent, dans l'alphabet, celle correspondant phonétiquement au mot. Par exemple, AILE donne phonétiquement L qui est encadré par K et M.

# Le guide marabout des tests

**36.** 31 ans     Le chiffre des dizaines est donné par le rang alphabétique de la première lettre du prénom, celui des unités par le rang de la dernière.

**37.** bas     Tous les autres mots donnent d'autres mots courants si on les écrit à l'envers.

**38.** planche     Tous ces objets contiennent du bois.

**39.** marmite     Tous les autres mots peuvent servir dans l'expression « pied de… ».

**40.** 1 an     L'âge est donné par le rang alphabétique de la première lettre moins celui de la dernière.

**41.** Au choix, quatre (pattes) ou cinq (consonnes dans leur nom)… Et il y a sûrement d'autres réponses.

**42.** 18     C'est la suite des carrés des nombres entiers, mais écrits de droite à gauche.

**43.** systématique     La première syllabe de chaque mot donne, phonétiquement, la suite 1, 2, 3, 4, 5, 6.

**44.** zygomatique     Les mots contiennent la première, puis les deux premières, puis les trois premières voyelles A, E, I, O, U… et ainsi de suite jusqu'à Y.

**45.** les perles     Les mots de la phrase ont successivement 1, 2, 3… lettres.

# Corrigés

# Idées, inventions, créations (page 202)

Pour évaluer votre niveau de créativité, vous devez prendre en compte différents éléments de réponse. Pour les réponses aux questions comme la 1 ou la 19, intéressez-vous d'une part au nombre de réponses (fluidité) et d'autre part au nombre de catégories différentes (flexibilité) que vous aurez su proposer. Pour les questions comme la 6 ou la 7, voyez si vous avez su ou non trouver la réponse (en tenant compte du temps lorsqu'il est indiqué) et, si non, demandez-vous pourquoi et quelles contraintes vous ont bloqué.

**1.** Un contenant (ranger des vis ou des clous, ranger des pinceaux, y mettre des vers pour la pêche…), un objet pour le jeu (ballon de foot, cible pour le tir…), un élément de décoration (lampe, mobile, vase…), un instrument de musique (tambourin, boîte à riz…), du recyclage (l'aplatir pour boucher un trou, la fondre pour récupérer le métal…), un élément mécanique (la percer pour en faire un tube ou une pomme de douche…), etc.

**2.** Question inattendue, posée par le Chapelier fou à Alice lors d'un thé au Pays des merveilles… On pourrait dire que les deux peuvent porter des plumes, que les deux peuvent être noirs et luisants, que les deux peuvent faire du bruit (pour peu qu'un tiroir du bureau grince…), que les deux ont des noms finissant par « eau » et contenant un B… À vous de trouver d'autres points communs.

**3.** Un seul de chaque, soit trois animaux en tout.

**4.** Une balle, un petit pois, un cerceau (« rond » ne signifie pas forcément « sphérique »), un anneau de rideau, un abat-jour, une pile électrique, une bouteille d'eau gazeuse (nous ne citerons pas les marques), un jeton pour jouer aux cartes, un confetti…

**5.** L'origine géographique (pays, région, ville…), la langue parlée, les goûts (jeux, cuisine, hobbies…), l'âge, la situation familiale (mariés/célibataires, enfants ou pas, âge des enfants…), la date d'arrivée au camping, la nature de l'équipement (tente ou caravane, marque de la voiture, couleur de la voiture…), les initiales du nom, la durée de séjour prévue, l'activité professionnelle, la distance depuis le lieu d'origine, les caractéristiques physiques (taille, couleur des cheveux ou des yeux…), etc.

**6.** Avec une pièce de 20 centimes et une pièce de 5 centimes : l'une n'est pas de 20 centimes… mais l'autre si.

**7.**
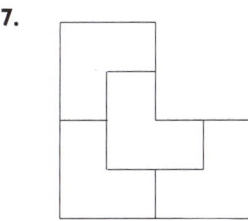

# Le guide marabout des tests

**8.** On peut imaginer bien des scénarios, mais aurez-vous pensé à celui-ci : Roméo et Juliette étaient deux adorables poissons rouges dont le bocal a été renversé par le vent…

**9.** Une ligne droite sera matérialisée par deux points. Composez donc d'abord un triangle avec trois pièces ; puis posez la quatrième pièce sur n'importe laquelle des trois autres. Vous aurez bien deux lignes droites contenant chacune trois pièces.

**10.** Deux coups perpendiculaires pour faire quatre parts égales, puis un coup dans l'épaisseur pour faire deux parts de chacune des quatre parts.

**11.** Parmi les explications possibles : il se peut que mon chien soit très intelligent et moi très bon dresseur ; il se peut aussi que ce berger allemand ne soit pas un chien mais un homme d'origine allemande que je paie pour garder mes troupeaux. Enfin, il se peut que… je mente. Aviez-vous pensé à ces deux dernières possibilités ?

**12.** La roue de secours…

**13.** Michel Irrite Kate Énormément – Mon Incroyable Kangourou Éternue – Laisse Une Chaise ! – Lis Un Chapitre – L'Univers Croît – Papa Achète Une Lampe – Pascal Accourt, Ursule Lambine - etc.

**14.** Difficile ? Pourtant, au XVIII$^e$ siècle, on jouait couramment aux « Bouts-rimés » : il fallait composer un poème de quatre vers dont les quatre derniers mots (le dernier de chaque vers) étaient imposés…

**15.** PROGRAMME : de télévision (soit l'ensemble des émissions d'une chaîne, soit le magazine qui en donne les horaires) ; ensemble de projets (programme spatial, programme de grands travaux, programme de lotissement immobilier…) ; organisation d'une soirée ou d'une festivité ; ensemble des thèmes à traiter (programme scolaire, programme d'une réunion…) ; exposé des intentions (programme d'un candidat politique, d'un décideur récemment nommé…) ; ensemble d'instructions (programme informatique, programme génétique…).

ÉTUDE : acquisition de connaissance (faire des études) ; analyse d'un sujet précis (étudier un problème) ; travail préalable à la réalisation d'un projet (bureau d'études) ; dessin ou sculpture préparant une œuvre (une étude de Rembrandt) ; morceau de musique ; salle où les élèves vont travailler en dehors des heures de cours ; bureau d'un notaire ou d'un huissier.

COMPOSITION : façon dont des parties sont assemblées pour former un tout (la composition d'un médicament, d'une assemblée) ; préparation d'un texte avant son impression (composer un article) ; création d'une œuvre musicale (Beethoven ou Mozart étaient des compositeurs) ; structure et organisation d'un tableau ; devoir scolaire (une composition de français) ; état d'esprit (être de bonne ou de mauvaise composition).

**16.** Il n'y a évidemment pas de « bonne réponse » à cette question.

# Corrigés

**17.** La réponse habituelle à ce problème classique est 11 morceaux, en faisant se couper un maximum de lignes :

Mais on peut aussi sortir du cadre : couper d'abord le disque en deux d'un coup de scie, puis superposer les deux demi-disques ainsi obtenus et rescier, ce qui donne quatre morceaux ; les superposer encore et recommencer pour obtenir huit morceaux ; enfin mener l'opération une dernière fois (il y faudra une très bonne scie et pas mal d'énergie) pour obtenir, au bout de quatre coupes rectilignes, un total de 16 morceaux.

**18.** Un timbre collé sur une enveloppe.

**19.** Pour se protéger (du soleil, des flashes des paparazzi qui le traquent, de la poussière ou du sable qui vole…) ; pour ne pas être reconnu (de la police, de ses admirateurs, de ses créanciers…) ; pour dissimuler quelque chose (un œil au beurre noir, un strabisme…) ; pour porter quelque chose (un micro, une oreillette, un gadget du type James Bond…) ; pour pouvoir surveiller quelqu'un sans qu'il le remarque ; pour ressembler à quelqu'un d'autre (une star de cinéma, un homme politique, quelqu'un attendu à un rendez-vous…) ; etc.

**20.** Aucun : si on est en liste rouge, on n'apparaît pas dans l'annuaire…

# Le guide marabout des tests

## Savoir qui on est

### Qui êtes-vous ? (page 206)

|     | a | b | c | d |     | a | b | c | d |
|-----|---|---|---|---|-----|---|---|---|---|
| 1.  | u | o | – | µ | 11. | – | µ | z | u |
| 2.  | – | z | µ | o | 12. | µ | o | u | – |
| 3.  | o | – | z | u | 13. | µ | – | u | z |
| 4.  | µ | u | z | o | 14. | o | µ | z | – |
| 5.  | µ | z | – | u | 15. | u | µ | z | – |
| 6.  | – | u | µ | o | 16. | o | – | z | µ |
| 7.  | o | – | z | u | 17. | u | µ | – | o |
| 8.  | z | o | µ | – | 18. | o | z | u | – |
| 9.  | o | u | z | µ | 19. | µ | o | – | u |
| 10. | u | – | z | µ | 20. | o | µ | – | z |

**Analyse des résultats**

Reportez-vous à la grille ci-dessus et entourez, pour chaque question, le signe correspondant à votre réponse. Totalisez le nombre de fois où vous avez choisi chacun des signes. Votre tempérament est celui du signe que vous avez le plus souvent choisi. Si deux signes arrivent ex aequo, cela signifie que ces deux tendances coexistent dans votre personnalité.

○ **Tempérament battant et sûr de soi**
Il s'agit d'une personne qui a le goût des responsabilités et du pouvoir. Consciente qu'elle a un rôle à jouer, elle prend plaisir à diriger les opérations. C'est un chef, un battant, qui s'impose les mêmes contraintes qu'il impose à autrui. Orientée vers le but à atteindre, la personne s'investit beaucoup dans son travail ou dans le domaine qu'elle s'est choisi. C'est une personne compétitive et convaincue de sa valeur.
Un conseil pour assouplir ce tempérament ? S'entraîner à reconnaître ses limites et à accepter les critiques ; s'intéresser à ce que vivent et ressentent les autres.

# Corrigés

z **Tempérament diplomate et dévoué**
Il s'agit d'une personne qui est d'une grande générosité. Pour elle, l'éthique compte plus que l'ambition : aider fait partie de sa raison d'être. Elle est fiable, courageuse et va au bout de ses choix. Accordant beaucoup d'importance aux relations interpersonnelles, elle fait un bon intermédiaire dans les situations délicates, et se montre habile à trouver des compromis pour éviter les conflits. Elle accepte volontiers les conseils et respecte l'autorité.
Un conseil pour assouplir ce tempérament ? S'entraîner à exprimer ses propres opinions et critiques ; ne pas hésiter à faire des choix personnels et prendre des décisions.

μ **Tempérament intellectuel et solitaire**
Il s'agit d'une personne qui semble avoir peu besoin des autres. Heureuse dans sa solitude, elle partage rarement ses expériences et ses émotions. En fait, elle est plus à distance que vraiment indifférente. Sa réserve et sa discrétion ne sont pas de la timidité mais de l'autosuffisance et un besoin de réserve. Beaucoup dans ses réflexions, elle fait preuve d'une grande capacité d'analyse et théorise plus qu'elle ne ressent.
Un conseil pour assouplir ce tempérament ? S'entraîner à faire une place à l'autre, en reconnaissant ses besoins ; essayer de travailler davantage en équipe et de partager des loisirs ; se mettre à l'écoute de ses propres émotions.

u **Tempérament consciencieux et vigilant**
Il s'agit d'une personne prudente et lucide. Susceptible, elle est sensible à la critique et sait s'en défendre. Loyale et fidèle dans ses amitiés et ses engagements, elle tient à ses principes et supporte mal qu'on y déroge. Adepte du travail bien fait, c'est une personne ordonnée, voire méticuleuse, réfléchie et respectueuse de l'autorité. Son sens de l'intuition entraîne plus de méfiance que de laisser-aller.
Un conseil pour assouplir ce tempérament ? Apprendre à se détendre, à se laisser porter dans un groupe sympathique, et à exprimer ses émotions ; s'entraîner à faire confiance à autrui.

– **Tempérament créatif et aventureux**
Il s'agit d'une personne hédoniste qui met ses désirs et son plaisir en premier. Elle aime profiter de la vie, de son confort. Rebelle à l'autorité tout en sachant défendre ses droits, cette personne peut se montrer originale dans sa façon de vivre et peu soucieuse des convenances. Inventive et séduisante, intéressée par des sujets originaux, elle déteste la routine : les défis, les risques et les remises en question ne lui font pas peur.
Un conseil pour assouplir ce tempérament ? Développer l'empathie et l'intérêt pour les autres ; s'entraîner à supporter sereinement certaines conventions ; se méfier de son impulsivité.

# Le guide marabout des tests

## Connaissez-vous mieux grâce au portrait chinois (page 210)

- Reportez vos réponses sur la grille de correction.
- À chaque lettre minuscule que vous avez cochée correspond une lettre majuscule qui détermine votre profil.
- Faites le total du nombre de A, B, C, D et E que vous avez obtenu.

| | | | | | |
|---|---|---|---|---|---|
| 1. | a. B | b. E | c. A | d. C | e. D |
| 2. | a. E | b. D | c. C | d. B | e. A |
| 3. | a. A | b. B | c. C | d. E | e. D |
| 4. | a. D | b. B | c. A | d. C | e. E |
| 5. | a. B | b. C | c. A | d. D | e. E |
| 6. | a. A | b. C | c. B | d. E | e. D |
| 7. | a. E | b. D | c. A | d. B | e. C |
| 8. | a. B | b. A | c. D | d. E | e. C |
| 9. | a. C | b. B | c. D | d. A | e. E |
| 10. | a. D | b. E | c. C | d. B | e. A |
| 11. | a. C | b. E | c. B | d. D | e. A |
| 12. | a. C | b. D | c. A | d. E | e. B |
| 13. | a. D | b. A | c. C | d. E | e. B |
| 14. | a. B | b. D | c. E | d. C | e. A |

# Corrigés

## Vos résultats

Chaque lettre majuscule correspond à une tendance de la personnalité. Cette tendance peut être forte ou faible, et toutes peuvent s'associer, de façon différente chez chacun. À vous d'interpréter votre profil personnel.

**Force des tendances**
7 points et plus : tendance dominante.
4 à 6 points : tendance significative.
0 à 3 points : tendance faible ou nulle.

**Signification des tendances**

**A.** Tendance artiste des gens originaux, parfois en marge des courants traditionnels, au moins dans leur désir ou dans leur tête. Ceux qui aiment être différents et ne craignent pas d'attirer l'attention sur eux. Jamais ils ne se contenteront d'une petite vie banale, ou d'un emploi où la routine l'emporte sur la créativité. À moins qu'ils ne cultivent leur jardin secret hors des regards...
Une tendance faible ou moyenne en A est déjà un signe d'humour et d'indépendance d'esprit. C'est chez vous une tendance dominante ? Essayez de faire quelques efforts pour vous faire accepter de gens moins « branchés ». Attention à ne pas tomber dans la provocation systématique. Tout le monde n'a pas votre liberté d'esprit...

**B.** Tendance esthète des gens pour qui sont importants le cadre, le physique, et l'apparence, les leurs et ceux des autres. Ceux qui ont besoin d'être en accord avec eux-mêmes et d'avoir de nombreux contacts humains. Une tendance à la séduction, que possèdent les bons communicateurs, ceux qui réussissent bien dans les domaines de la décoration et de tout ce qui touche au corps et à sa parure.
Si vous avez un score très bas en B, profitez de votre été pour vous occupez joyeusement de votre corps et de votre image. Un score dominant ? Apprenez à ne pas juger définitivement les gens sur un premier regard...

**C.** Tendance dynamique des gens décidés et d'esprit sportif. Ceux, pleins de punch, qui ne passent pas leur temps à parler de refaire le monde, mais qui préfèrent agir. Des fonceurs à qui il faut un emploi du temps qui bouge, des activités où ils se sentent autonomes et actifs.
Une tendance dominante en C témoigne généralement d'une bonne santé et d'un grand dynamisme. Profitez de ces vacances pour apprendre aussi à vous arrêter, à prendre votre temps et à écouter les autres.

**D.** Tendance réfléchie des gens plutôt introvertis, parfois refermés sur eux-mêmes, souvent intellectuels. Ceux qui prennent leurs distances avec les événements, qui manquent parfois de sens concret, mais d'une intelligence certaine.
Une tendance dominante en D risque de vous inciter à rester tranquille dans votre coin. Profitez de ces vacances pour apprendre à aller vers les autres et vous ouvrir à des gens différents de vous.

# Le guide marabout des tests

**E.** Tendance créative et manuelle des gens concrets, habiles de leurs mains. Ceux qui aiment les beaux objets, la technique, savoir comment les choses fonctionnent, et n'hésitent pas à mettre « la main à la pâte ». Des artisans ou des bricoleurs talentueux et inventifs qui se réaliseront toujours.

Si vous avez une note faible dans cette tendance, les vacances sont un bon moment pour vous initier sans crainte à un artisanat ou à un art plastique. Une tendance dominante ? Profitez du temps que vous avez pour vous livrez à votre passion, mais ne négligez pas pour autant les rencontres ou les promenades.

## Où en est votre vie quotidienne ? (page 213)

### Pour connaître vos résultats

Additionnez les points obtenus aux questions :

1, 9, 17 et notez le résultat obtenu sur la flèche « Environnement »

2, 10, 18 et notez le résultat obtenu sur la flèche « Vie sociale »

3, 11, 19 et notez le résultat obtenu sur la flèche « Situation matérielle »

4, 12, 20 et notez le résultat obtenu sur la flèche « Loisirs, temps libre »

5, 13, 21 et notez le résultat obtenu sur la flèche « Autonomie affective »

6, 14, 22 et notez le résultat obtenu sur la flèche « Estime de soi »

7, 15, 23 et notez le résultat obtenu sur la flèche « Vie professionnelle »

8, 16, 24 et notez le résultat obtenu sur la flèche « Accomplissement personnel ».

Puis reliez les points de l'étoile afin de dessiner votre profil personnel.

### Analyse des résultats

Chaque flèche de l'étoile correspond à une dimension de votre vie actuelle. Plus le dessin (formé par vos points réunis) est ample, large, plus votre vie est satisfaisante. Plus ce dessin est resserré au centre de l'étoile, plus votre vie est resserrée et difficile elle aussi.

Votre vie peut bien entendu être satisfaisante sur certains points et ne pas l'être sur d'autres : c'est ce que l'étoile fait apparaître immédiatement. Un cercle régulier signifie que « tout » marche ensemble, que ce soit satisfaisant ou non. Un cercle irrégulier, que certaines dimensions sont à la traîne…

# Corrigés

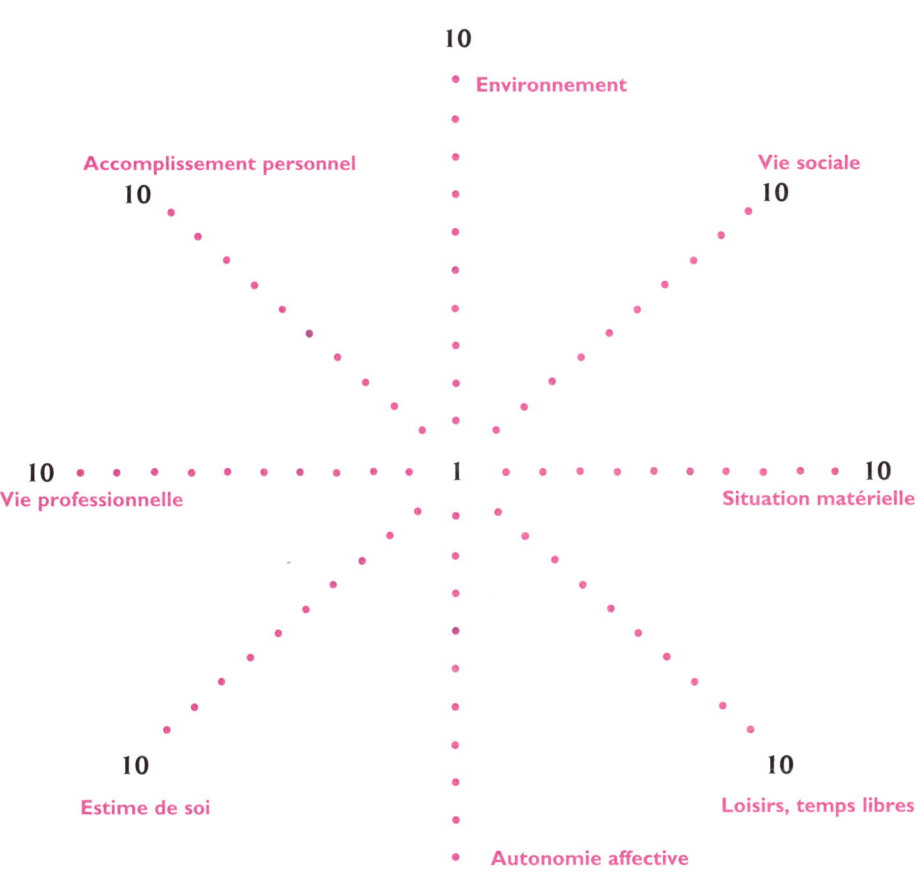

Cinq de ces huit dimensions font référence à des critères extérieurs à vous (vie professionnelle, vie sociale, loisirs, environnement, situation matérielle) ; trois à des critères intérieurs (estime de soi, autonomie affective, accomplissement personnel).

Regardez bien votre étoile. Avez-vous repéré vos points forts, là où votre vie correspond à vos attentes ? Avez-vous vu aussi les zones trop rétrécies, là où il faudrait essayer de changer quelque chose à votre vie ? En regardant ce dessin, vous voyez très vite quelles sont les compétences ou les réussites sur lesquelles vous pouvez vous appuyer, mais aussi celles qui sont à développer.

# Le guide marabout des tests

### Les dimensions

« Environnement » : une note élevée signifie que vous appréciez l'endroit où vous vivez, que ce soit votre foyer ou son entourage. Vous êtes bien là où vous êtes.

« Vie sociale » : cette dimension mesure la qualité de votre environnement humain, familial ou amical.

« Situation matérielle » : c'est l'aisance matérielle et financière, ou bien au contraire les soucis.

« Loisirs, temps libre » : une note élevée signifie que vous disposez d'assez de temps pour vous et que vous savez l'employer au mieux.

« Vie professionnelle » : cette dimension mesure la satisfaction dans l'emploi actuel.

« Autonomie affective » : une note élevée traduit une personne qui a confiance en elle, qui sait faire des choix et s'affirmer.

« Estime de soi » : il s'agit de la capacité à être un ami pour soi-même, à se respecter et à connaître sa propre valeur.

« Accomplissement personnel » : cette dimension détermine dans quelle mesure vous avez le sentiment de mener une « bonne vie », celle qui vous permet de vous épanouir.

## Mesurez votre intelligence émotionnelle (page 217)

Additionnez simplement le nombre de points obtenus à chacune de vos réponses.

### Les résultats

Il est évidemment très difficile de mettre en chiffres la manière dont chacun manie ses émotions. C'est pourquoi ces résultats expriment surtout des tendances, qu'il appartient à chacun d'interpréter en fonction de son cas personnel.

#### Moins de 44 points
Les émotions jouent un rôle important dans votre vie et vous avez parfois du mal à les réguler. Vous vous laissez envahir, sans toujours savoir pourquoi. Si bien que vous n'avez pas souvent la disponibilité intérieure de vous intéresser à ce qui motive ou anime ceux qui vous entourent. Avoir fait ce test est une bonne manière de vous évaluer avec réalisme et de regarder ce qui se passe en vous. Toute crise émotionnelle est à prendre comme une bonne occasion d'apprendre à mieux gérer les colères comme

# Corrigés

les peurs. Cela vous aidera à développer une meilleure confiance en vous et améliorera la qualité de vos relations.

**De 45 à 60 points**
Il vous est souvent difficile de ne pas vous laisser envahir par les émotions. Les autres vous impressionnent et vous n'osez pas toujours être celui ou celle que vous êtes au fond de vous. Vous réagissez au quart de tour, sans toujours pouvoir l'exprimer. Ce qui vous aidera ? Vous interroger sur vos vraies motivations, vos désirs profonds. Ce sont eux qui vous donneront la force d'affronter les obstacles avec détermination et vous guideront dans les choix à faire. Souvenez-vous qu'avoir de meilleurs rapports avec les autres nécessite de les écouter et de les comprendre, plus que de les juger.

**De 61 à 75 points**
Plutôt bien dans votre peau, vous savez vous évaluer avec lucidité. Même si les émotions sont parfois fortes, vous vous en servez pour mieux vous connaître, et comme d'une force à votre service. Il vous arrive encore de réagir « au quart de tour », mais vous préférez nettement régler les désaccords par la discussion et la négociation. Les frustrations sont parfois difficiles à accepter, même si vous avez appris à patienter : vous savez bien que vous ne pouvez pas avoir « tout, tout de suite ». S'il vous arrive d'avoir du mal à refuser ou à demander quelque chose, vous identifiez bien le malaise que cela engendre chez vous. À l'écoute des autres, vous savez généralement faire preuve de tact, ce qui vous permet de développer des relations harmonieuses.

**Plus de 75 points**
Vous êtes conscient de vos émotions, ainsi que de celles des autres, et cela vous permet de bien les gérer, sans vous laisser envahir outre mesure. L'estime que vous avez de vous permet que vous abordiez la vie avec réalisme et confiance, connaissant bien vos forces et vos limites. Vous allez vers le but que vous vous êtes fixé, sans vous laisser arrêter par les échecs et les frustrations. Vos rapports avec les autres sont empreints de respect et de lucidité. C'est à vous que l'on fait appel pour résoudre les conflits ou éclairer une difficulté, parce que vous savez écouter et comprendre ce qui anime les autres. Cette empathie fait de vous un ami idéal.

# Le guide marabout des tests

## Connaître ses points forts et ses points faibles

### Mesurez votre sociabilité (page 220)

**Grille de correction**

| | | | | |
|---|---|---|---|---|
| 1. | a o | b. O | c. ? | d. ¬ |
| 2. | a o | b ¬ | c ¬ | d O |
| 3. | a ? ? | b ∞ | c ¬ | d O¬ |
| 4. | a ¬ | b OO | c o | d ? |
| 5. | a o | b O ? | c O¬ | |
| 6. | a ? | b O¬ | c o | d ¬ |
| 7. | a o | b ¬ | c O | d ? |
| 8. | a ¬ | b O | c ? | d o |
| 9. | a o | b ? ? | c OO | d ¬ |
| 10. | a ? | b OO | c o | d ¬ |
| 11. | a o | b ¬ | c ? | d O |
| 12. | a o | b ? ? | c O | d O¬ |
| 13. | a o | b O | c ¬ | d ? |
| 14. | a ¬ | b o | c O | d ? |
| 15. | a ¬ | b ? | c ¬ | d ∞ |
| 16. | a o | b O | c ? | d ¬ |
| 17. | a ¬ ¬ | b OO | c ∞ | d ? ? |
| 18. | a ? | b o | c O | d ¬ |
| 19. | a O | b o | c ? | d ¬ |
| 20. | a ? | b ¬ | c O | d o |

# Corrigés

## Résultats

### Comment procéder ?

- Reportez vos réponses en entourant la lettre (a, b, c, d) qui correspond à la réponse de votre choix.
- À chacune de vos réponses correspondent un ou deux signes. Faites le total du nombre de chaque signe que vous avez obtenu.
- Additionnez O et ¬ d'une part, ? et o d'autre part.

### Êtes-vous sociable ?

Si (? + o) est supérieur d'au moins quatre points à (O + ¬)
(plus l'écart est grand et plus la tendance est forte) :
Vous êtes à l'évidence sociable, ouvert aux autres, épanoui. Vous savez comment vous devez aborder les gens et les mettre à l'aise, sans timidité excessive. Vous avez confiance en vous et vous savez aussi mettre chacun en confiance. Vous aimez les échanges, les relations, le partage. Vous êtes également prêt à faire beaucoup pour faire plaisir, ou pour qu'on vous aime. D'ailleurs votre charme agit de manière presque infaillible.

Si (O + ¬) est supérieur d'au moins quatre points à (? + o)
(plus l'écart est grand et plus la tendance est forte) :
S'ils veulent faire votre connaissance, les gens doivent venir à vous. Non que vous les ignoriez, mais vous faites rarement les premiers pas. Sans doute n'osez-vous pas, par timidité ou par peur de la rebuffade. Même si vous vous sentez seul parfois, il ne vous est jamais aisé de franchir l'espace qui vous sépare des autres. Soit vous les dotez de toutes les qualités que vous pensez ne pas avoir, soit vous ne les trouvez pas assez bien pour vous.

Si l'écart entre (O + ¬) et (? + o) est compris entre 0 et 4
Vous ne vous précipitez pas à la rencontre du premier venu, pas plus que vous ne foncez tête baissée. Vous attendez de préférence de voir à qui vous avez affaire avant de vous dévoiler. Vous connaissez bien les règles sociales et vous savez en jouer, quel que soit le milieu où vous vous trouvez. Pourvu que vous ayez pu vous entourer de gens que vous appréciez, vous êtes capable d'aisance et facile de contact. Mais, pour vous engager, c'est une autre histoire.

### Quel est votre type de sociabilité ?

Pour le savoir, reportez-vous au signe pour lequel vous avez obtenu le plus de points. Si vous avez deux signes avec des scores élevés et équivalents (une différence égale ou inférieure à 2 points), reportez-vous aux deux tendances correspondantes.

Majorité de O
Il y a en vous un mélange d'éducation et de timidité qui vous fait parfois passer pour distant ou froid, alors qu'il ne s'agit que de réserve. Vous le savez bien, vous qui ne demanderiez parfois qu'à baisser la garde ou vous laisser entraîner ! Osez davantage vous appuyer

# Le guide marabout des tests

sur votre confiance en vous et autorisez-vous parfois à vous laissez aller. Suivez plus votre spontanéité : vous avez tout à y gagner !

Majorité de ?
Vous incarnez la gentillesse et la douceur. Attentif et attentionné, vous savez trouver les mots qu'il faut pour chacun. Les enfants ne s'y trompent pas : vous les aimez et ils vous aiment. Votre proche entourage compte beaucoup pour vous, mais votre porte est ouverte à tous ceux qui frappent.

Majorité de o
Les relations, cela se crée, et la sociabilité, c'est votre affaire. Vous êtes un battant et attirez dans votre sillage ceux qui admirent votre enthousiasme et votre énergie. Cela vous convient : vous n'aimez pas être seul. D'ailleurs, qui résisterait à votre sourire séducteur et à votre tempérament de fonceur ?

Majorité de ¬
Les relations formelles et superficielles vous ennuient. D'un naturel discret et introverti, vous avez tendance à faire porter aux autres la responsabilité de votre isolement. Vous êtes exigeant et peu trouvent finalement grâce à vos yeux. Attention : la sociabilité se nourrit d'ouverture et de tolérance. Heureusement, vous avez quelques amis, des vrais, avec qui vous pouvez aller au fond des choses. Choisis avec soin, ils suffisent à vous réchauffer le cœur.

## Le moral : est-il rose ou gris ? (page 224)

### Les réponses

| | a | b | c | | a | b | c | | a | b | c |
|---|---|---|---|---|---|---|---|---|---|---|---|
| 1. | 3 | 1 | 0 | 11. | 1 | 2 | 0 | 21. | 0 | 1 | 2 |
| 2. | 3 | 1 | 0 | 12. | 0 | 1 | 3 | 22. | 0 | 1 | 2 |
| 3. | 3 | 1 | 0 | 13. | 3 | 1 | 0 | 23. | 1 | 3 | 0 |
| 4. | 0 | 1 | 3 | 14. | 3 | 2 | 0 | 24. | 3 | 0 | 0 |
| 5. | 3 | 1 | 0 | 15. | 3 | 0 | 1 | 25. | 2 | 0 | 1 |
| 6. | 3 | 2 | 0 | 16. | 3 | 1 | 0 | 26. | 1 | 0 | 2 |
| 7. | 0 | 2 | 3 | 17. | 3 | 0 | 1 | 27. | 0 | 1 | 3 |
| 8. | 0 | 1 | 2 | 18. | 0 | 2 | 3 | 28. | 2 | 1 | 0 |
| 9. | 0 | 1 | 3 | 19. | 3 | 2 | 0 | 29. | 0 | 1 | 2 |
| 10. | 3 | 1 | 0 | 20. | 3 | 1 | 0 | 30. | 0 | 1 | 2 |

### Votre résultat

Ce test **vise à mesurer l'aspect plus ou moins positif de votre caractère**. Vous savez qu'un verre rempli à moitié peut être vu à moitié plein ou à moitié vide. C'est de cela qu'il s'agit. Être positif est un état d'esprit qui permet non seulement de voir la vie du bon côté, mais

# Corrigés

également de se servir de ce qu'elle a de bon pour être plus fort, plus constructif, plus débrouillard et plus heureux. Donc, de mieux réussir son embauche ou sa vie professionnelle.

Bien sûr, ces états d'esprit sont très relatifs. Être négatif ou pessimiste de façon passagère est normal quand on a essuyé des ennuis, des déceptions ou des échecs. Inutile de s'en culpabiliser. En revanche, voir toute chose en noir peut relever d'une attitude dépressive et n'a plus beaucoup à voir avec les événements réels de l'existence.

### 38 points et plus
Le moins que l'on puisse dire est que vous avez un moral en béton. Assis au-dessus du niveau des nuages, vous refusez que les ennuis ou la déprime vous atteignent. Attention, tout le monde n'est pas forcément beau ou gentil et être positif n'est pas être inconscient. Restez sur terre.
Si cette façon positive de voir le monde fait partie inhérente de votre tempérament, quels que soient les ennuis, votre avenir professionnel devrait être sans réelle inquiétude. Vous saurez toujours retomber sur vos pieds, trouver les bonnes occasions ou vous contenter réellement de ce que vous avez. Mais surtout, vous saurez vous faire apprécier de vos collègues et de vos supérieurs, si votre état d'esprit est communicatif.

### 27 à 37 points
Vous avez l'esprit positif et entreprenant, tout en ayant les pieds sur terre. Vous ne niez pas les difficultés, mais vous vous sentez de taille à les résoudre, et sans doute l'êtes-vous. Bravo : la confiance en soi fait partie du bon état d'esprit pour réussir. C'est celui qui impressionne positivement un recruteur ou un employeur. Chacun cherche à avoir dans son équipe des gens positifs et qui savent prendre sur eux. Le malheur ne fait pas recette et on ne donne pas de travail par pitié.

### 15 à 26 points
Il y a une force positive présente en vous, mais vous n'arrivez pas toujours à la mobiliser. Sensible aux événements, aux problèmes, vous prenez sur vous et cette anxiété a tendance à vous abîmer. Tout va bien, à condition que la conjoncture soit bonne. Apprenez à rester vous-même, solide et sûr, même dans la tempête.
Si vos problèmes sont d'ordre personnel, faites en sorte qu'ils ne débordent pas sur votre vie professionnelle, sous peine de perdre une partie de votre efficacité et de votre concentration. Si vos problèmes sont professionnels, envisagez-les lucidement, mais sachez les laisser de côté quand vous rentrez chez vous. En bref, évitez que toute votre vie soit contaminée. Pour cela, il vous faut à tout prix circonscrire le problème et bien le cerner pour tenter de le résoudre. Voici une technique que vous pouvez essayer :
- Prenez une feuille de papier et asseyez-vous au calme.
- Posez vos problèmes par écrit, en colonnes, faites la liste de tout ce qui ne va pas, dans tous les domaines.
- Écrivez en face les différentes possibilités pour les résoudre.
- Choisissez celle qui vous paraît la meilleure et détaillez-la en termes opérationnels, c'est-à-dire en étapes concrètes et successives, applicables au quotidien.

# Le guide marabout des tests

- Enfin, fixez-vous un programme, un « emploi du temps de résolution de problèmes », avec actions et décisions. Affichez-le au mur et tenez-vous-y !
Cette méthode peut être aménagée selon chaque cas et chaque personne, mais il faut toujours mettre les choses par écrit et tenter d'en parler avec une personne de confiance. Si vous êtes actuellement en recherche d'un emploi, sachez qu'on embauche toujours préférentiellement quelqu'un en forme moralement et qu'il est très difficile de ne pas laisser transparaître son état d'esprit réel.

**0 à 14 points**
N'avez-vous pas besoin d'aide ? Il semble que vous traversez une période difficile. À travers vos nuages, vous ne voyez plus le soleil. Vous ne semblez pas parvenir à séparer les ennuis extérieurs et les répercussions personnelles, morales ou physiques. Agissez pour sortir de cet état d'esprit : les gens négatifs n'attirent ni la chance, ni le travail, ni les amis.
Si ce test a mis au jour votre état d'esprit, un recruteur le fera également. Or, vous imaginez bien qu'on n'embauche pas volontiers quelqu'un qui, d'une part, ne part pas gagnant et qui, d'autre part, risque, par effet de contagion, de miner le moral de toute une équipe. Il faut au moins que vous sembliez enthousiaste et confiant concernant le poste à pourvoir ou votre avenir dans l'entreprise.
Il est possible que vous traversiez une déprime dont vous avez du mal à vous sortir seul : dans ce cas, un psychologue ou un médecin peuvent vous être d'une aide précieuse. Il n'y a aucun mérite à rester avec un moral en berne quand des thérapies médicamenteuses ou psychologiques sont d'une grande efficacité. N'attendez pas que vos problèmes se résolvent et que cette résolution vous rende le moral. Il faut agir exactement en sens inverse : occupez-vous de votre moral et vos problèmes se résoudront alors beaucoup plus facilement.
Un dernier conseil : souriez. Vous n'imaginez pas à quel point agir sur son corps peut changer son moral.

## Connaissez-vous bien vos défauts ? (page 228)

### Grille de décodage

|     | a   | b   | c   |     | a   | b   | c   |
| --- | --- | --- | --- | --- | --- | --- | --- |
| 1.  | 0   | 1 P | 2 P | 10. | 2 P | 1 P | 0   |
| 2.  | 0   | 1 G | 2 G | 11. | 0   | 1 Or | 2 Or |
| 3.  | 1 C | 2 C | 0   | 12. | 0   | 1 E | 2 E |
| 4.  | 0   | 1 A | 2 A | 13. | 2 A | 1 A | 0   |
| 5.  | 1 E | 0   | 2 E | 14. | 1 C | 0   | 2 C |
| 6.  | 2 P | 1 P | 0   | 15. | 0   | 1 G | 2 G |
| 7.  | 2 G | 1 G | 0   | 16. | 0   | 1 E | 2 E |
| 8.  | 2 Or | 1 Or | 0 | 17. | 0   | 1 Or | 2 Or |
| 9.  | 0   | 1 A | 2 A | 18. | 2 C | 1 C | 0   |

# Corrigés

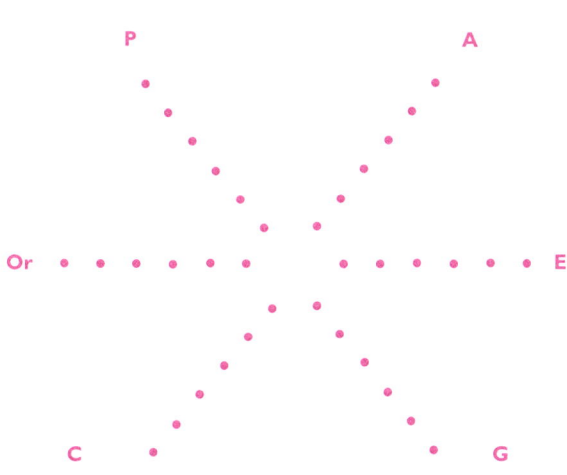

## Vos résultats

Faites vos totaux pour chaque lettre et reportez le résultat sur cette étoile. Chaque pointe indique une force ou une tendance marquée. P indique la paresse, Or l'orgueil, A l'avarice, E l'envie, G la gourmandise et C la colère… Les résultats se lisent d'eux-mêmes. Mais ne vous laissez pas inquiéter par les mots : plus que de péchés ou de défauts, il s'agit là d'attitudes répandues chez chacun d'entre nous. Et pour les cas vraiment graves, voici un petit lexique qui vous aidera à « positiver » vos principales faiblesses :

**Avarice :** sens des priorités, capacité de gestion, attention, pieds sur terre, tête sur les épaules…

**Colère :** spontanéité, vivacité, sincérité, grande sensibilité…

**Envie :** ambition, volonté, ténacité, esprit de compétition, goût du challenge…

**Gourmandise :** sensualité, hédonisme, goût du plaisir, connaissance de ce qui est bon…

**Orgueil :** fierté, susceptibilité, dignité, sens de sa propre valeur…

**Paresse :** calme, sérénité, assurance, discernement, sens de l'organisation, refus du stress…

# Le guide marabout des tests

## Résister au stress

### Savez-vous réagir au stress ? (page 231)

**Les réponses**

Pour connaître votre nombre total de points, additionnez le nombre de points obtenus à chaque question.

|     | a | b | c | d | e |     | a | b | c | d | e |
|-----|---|---|---|---|---|-----|---|---|---|---|---|
| 1.  | 3 | 2 | 1 | — | — | 14. | 3 | 2 | 1 | — | — |
| 2.  | 3 | 2 | 1 | — | — | 15. | — | — | 1 | 2 | 3 |
| 3.  | — | — | 2 | 3 | — | 16. | 3 | 2 | — | — | — |
| 4.  | — | — | 2 | 3 | — | 17. | 3 | 2 | 1 | — | — |
| 5.  | 3 | 2 | 1 | — | — | 18. | 3 | 2 | 1 | — | — |
| 6.  | — | — | 1 | 2 | 3 | 19. | 3 | 2 | 1 | — | — |
| 7.  | 3 | 2 | — | — | — | 20. | 3 | 2 | 1 | — | — |
| 8.  | — | — | 2 | 3 | — | 21. | — | 2 | — | — | — |
| 9.  | 3 | 2 | 1 | — | — | 22. | — | 2 | — | — | — |
| 10. | — | — | 2 | 3 | — | 23. | — | 2 | — | — | — |
| 11. | — | — | 1 | 2 | 3 | 24. | — | 1 | — | — | — |
| 12. | 3 | 2 | 1 | — | — | 25. | — | 2 | — | — | — |
| 13. | — | — | 2 | 3 | — |     |   |   |   |   |   |

**Votre résultat**

Le but de ce test est de **mesurer si votre réaction au stress est positive ou négative**. Stress signifie pression, contrainte. Il est une réaction physiologique normale aux aléas de l'existence. Il augmente avec le bruit, la promiscuité, les agressions, les émotions, le plaisir, la douleur, etc. Il n'y a donc pas de vie sans stress. À tel point que cette réponse du corps est le signe d'une adaptation destinée à assurer notre survie.

Pourtant, tout le monde ne réagit pas de la même façon. Le manque de stress est signe d'ennui, de solitude, de chômage, de sous-stimulation en général. En revanche, la quête d'un emploi, avec tous ses aléas, représente une source non négligeable de tensions. Quant à l'excès de stress, il peut être cause d'un grand nombre de maladies et de troubles psychosomatiques. À l'inverse, pour qui sait intégrer le stress et s'en servir, il est une grande réserve d'énergie. Certains souffrent du stress, d'autres le recherchent et l'utilisent pour vivre plus fort et plus vite.

Dans quel courant êtes-vous ? C'est ce que vous allez savoir.

# Corrigés

**De 0 à 16 points**
Vous avez le stress malheureux. Vous n'aimez pas que la vie vous bouscule. Pour vous sentir bien, il vous faut de la régularité et de la tranquillité. Attention : la pression vous abîme ; travaillez à votre régime. Sinon, vous risquez l'épuisement et la dépression nerveuse.
— Analysez votre situation pour trouver quelles sont les causes principales du stress que vous subissez.
— Essayez d'établir une meilleure hygiène de vie au quotidien.
— Soyez égoïste : pensez à vous faire plaisir, à vous garder du temps, à vous détendre.
— Enfin, fuyez si possible les emplois et les entreprises où l'on ne vit que dans l'énervement et l'urgence. Fonctionnaire ? Pourquoi pas !

**De 17 à 32 points**
Vous êtes capable de faire face à bon nombre de situations, mais au prix de certains efforts. Un excès de pressions provoque chez vous erreurs, tension interne, anxiété et fatigue. Il vous faut périodiquement « récupérer » pour tenir le coup. Pourquoi ne pas tenter le yoga ou la relaxation ? Ce sont des techniques qui n'ont pas attendu la vie moderne pour faire leurs preuves. Certains exercices très simples vous entraîneront à faire le vide à l'intérieur de vous-même chaque fois que la tension monte trop.
Trouvez-vous un hobby : puzzle, broderie, jardinage, ce que vous voulez, et consacrez-lui (consacrez-vous) du temps. Cela signifie que vous devez prendre rendez-vous avec vous-même et considérer cela comme impératif.
Enfin, tenez compte dans votre vie professionnelle de vos besoins de « récupération » et sachez vous ménager quand cela devient nécessaire.

**De 33 à 48 points**
Un certain niveau de tension et d'enthousiasme vous rend efficace, mais vous avez parfois du mal à retrouver votre calme. Il ne faut pas que la pression dure trop longtemps ou elle vous épuise. Attention à garder le moral. Vous devez apprendre à vous servir de l'énergie que donne le stress tout en sachant en surveiller les effets négatifs. Vous avez une bonne maîtrise de vous-même : profitez-en pour garder votre optimisme et apprendre à vous relaxer. N'oubliez pas également qu'une heure de sport et une bonne nuit de sommeil ramènent bien des problèmes à leur juste proportion. Ne négligez pas une indispensable hygiène de vie.

**Plus de 48 points**
Le stress, vous l'aimez, vous le recherchez, vous vous y épanouissez. Votre personnalité est ainsi faite. Vous n'êtes pas du genre facile à suivre et plus d'un s'épuise à essayer. Cela convient à votre tempérament. Vous avez le stress heureux et dynamique. Bien que souvent sous pression, vous arrivez bien souvent à désamorcer les situations tendues. À vous les situations où l'on ne travaille qu'en équipe, en retard et en mouvement permanent. Dans un environnement calme, vous vous ennuieriez vite. Attention, pourtant :
- Ne sacrifiez pas votre vie familiale à l'action trépidante de votre vie professionnelle.
- Faites-vous surveiller régulièrement par un médecin : vous faites partie des populations à risque pour l'hypertension et les maladies cardio-vasculaires.

# Le guide marabout des tests

## Stress et organisation (page 236)

### Grille de correction

|     | a | b | c | d |     | a | b | c | d |
|-----|---|---|---|---|-----|---|---|---|---|
| 1.  | 0 | 1 | 2 | 3 | 9.  | 0 | 1 | 2 | 3 |
| 2.  | 0 | 1 | 2 | 3 | 10. | 0 | 1 | 2 | 3 |
| 3.  | 0 | 1 | 2 | 3 | 11. | 0 | 1 | 2 | 3 |
| 4.  | 3 | 2 | 1 | 0 | 12. | 3 | 2 | 1 | 0 |
| 5.  | 0 | 1 | 2 | 3 | 13. | 0 | 1 | 2 | 3 |
| 6.  | 0 | 1 | 2 | 3 | 14. | 3 | 2 | 1 | 0 |
| 7.  | 3 | 2 | 1 | 0 | 15. | 3 | 2 | 1 | 0 |
| 8.  | 3 | 2 | 1 | 0 | 16. | 3 | 2 | 1 | 0 |

Total Bleu :         Noir :

Faites le compte de vos points bleus et noirs, et reportez-les sur les deux axes ci-contre. Puis déterminez votre position, au croisement de vos points sur ces deux axes…

### Vos résultats

#### Carré A
Vous vivez à 100 à l'heure, vous avez de nombreuses occupations… et vous aimez ça ! Si vous connaissez parfois des moments de stress, vous y résistez bien. Et vous savez les limiter par une organisation bien huilée qui vous permet de mener de front plusieurs vies tout en vous préservant des moments de calme, de quiétude ou même de relaxation. Efficace et détendu(e), vous savez ce que vous voulez et vous refusez de perdre du temps dans des activités sans intérêt pour vous. Du point de vue professionnel, on apprécie sans doute votre rapidité et votre disponibilité.

#### Carré B
Plutôt doué(e) pour l'organisation, vous recherchez une certaine qualité de vie et n'aimez pas trop la bousculade. Les embouteillages, le bruit, l'agitation vous font fuir, et vous avez certainement su vous aménager un cocon dans lequel vous protégez votre intimité et votre sérénité… Sans tomber dans la routine et l'indolence, vous ne cherchez pas pour autant à en faire trop et, là encore, vous privilégiez la qualité plutôt que la quantité. Professionnellement, vous faites votre travail efficacement mais vous n'êtes sans doute pas adepte des heures supplémentaires à tout prix.

#### Carré C
Adepte du laisser-vivre et de l'action au jour le jour, vous n'appréciez pas trop la pression ni le stress. Pour vous, l'existence doit être un long fleuve pas forcément tranquille ni

# Corrigés

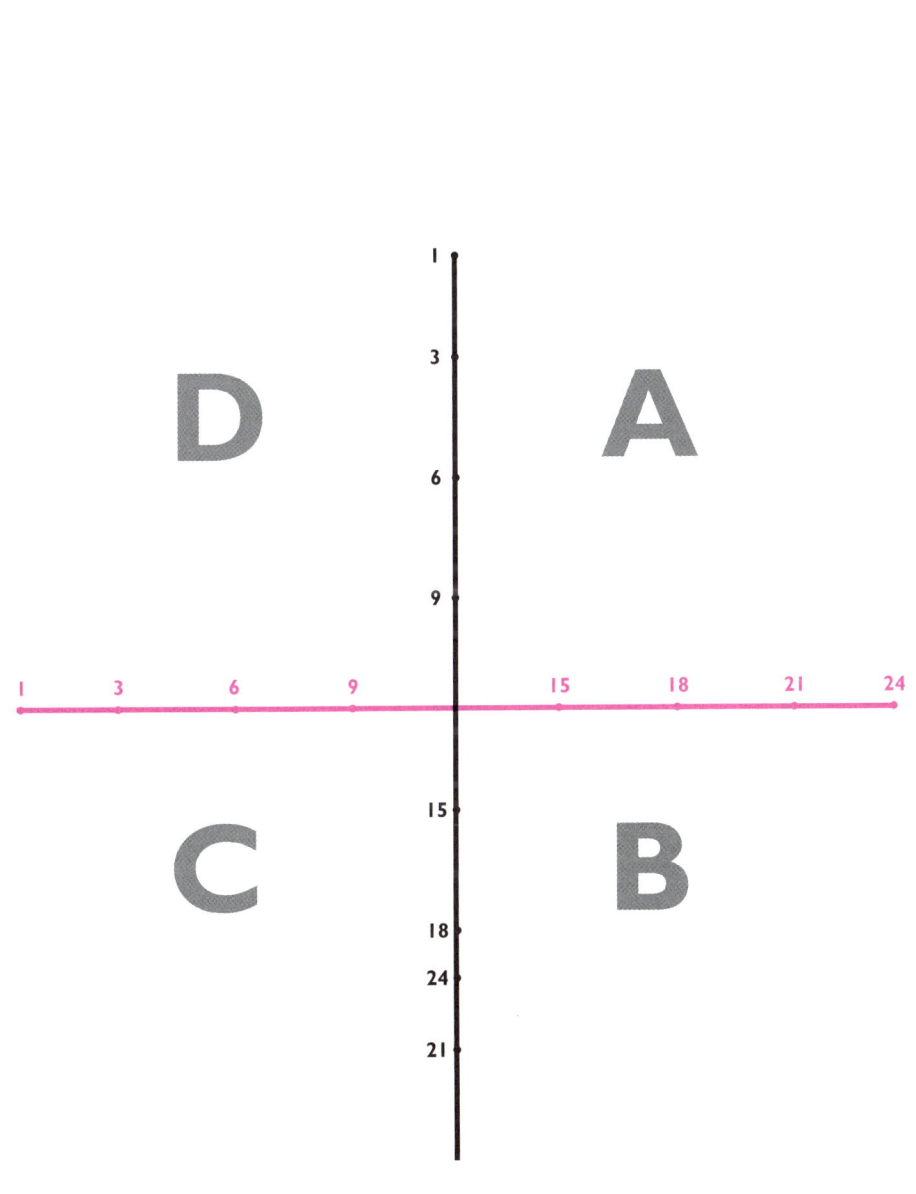

# Le guide marabout des tests

monotone, mais calme. Vous aimez prendre votre temps, réfléchir avant d'agir, et vous supportez difficilement de vous sentir contraint(e) par les événements. Vous n'aimez pas non plus une organisation trop rigide, préférant laisser libre cours à la spontanéité et à l'imprévu. C'est possible tant que votre rythme de vie le permet, mais on peut craindre qu'une éventuelle surcharge ne vous prenne au dépourvu, car dans ce cas vous pourriez avoir quelques difficultés à y faire face.

**Carré D**
Énergique, volontaire, débordant(e) d'activité, il vous arrive pourtant de vous sentir un peu dépassé(e) par les événements ou par les exigences des uns et des autres. Vous savez résister à la pression et vous gardez le sourire ; mais vous rêvez parfois de calme et de repos… Il semble en effet que, faute d'organisation, vous ayez du mal à aménager dans vos journées ces plages de détente qui vous manquent parfois. Peut-être auriez-vous intérêt à mieux gérer vos activités, à essayer de structurer davantage votre temps… Vous y gagneriez en sérénité.

# Corrigés

# Les tests d'orientation

## L'espace, le temps et vous (page 240)

**Les réponses**

|    | a | b | c | d |     | a | b | c | d |
|----|---|---|---|---|-----|---|---|---|---|
| 1. | 2 | 1 | 0 | 0 | 10. | 0 | 0 | 1 | 2 |
| 2. | 0 | 0 | 1 | 2 | 11. | 2 | 1 | 0 | 0 |
| 3. | 2 | 1 | 0 | 0 | 12. | 0 | 1 | 2 | — |
| 4. | 2 | 1 | 0 | 0 | 13. | 2 | 0 | — | — |
| 5. | 2 | 1 | 0 | 0 | 14. | 0 | 1 | 2 | — |
| 6. | 0 | 0 | 1 | 2 | 15. | 2 | 0 | 1 | — |
| 7. | 0 | 0 | 1 | 2 | 16. | 1 | 0 | 2 | — |
| 8. | 0 | 2 | 1 | 0 | 17. | 0 | 2 | 1 | — |
| 9. | 2 | 1 | 0 | 0 | 18. | 0 | 1 | 2 | — |

- Ajoutez 1 point pour une réponse « non » aux questions 21, 23, 24, 29, 31, 33, 34, 36 et 40.

- Ajoutez 1 point pour une réponse « oui » aux questions 19, 20, 22, 25, 26, 27, 28, 30, 32, 35, 37, 38 et 39.

## Votre résultat

Ce test vise à mesurer votre sens de l'organisation ainsi que la façon dont vous gérez votre temps. Peu importe qu'a priori vous soyez plutôt pour la bohème et que votre appartement ressemble à un chantier : si vous vous y retrouvez, le reste est votre problème. En revanche, le milieu professionnel pardonne difficilement le manque total d'organisation, lequel sera vite assimilé à un manque d'efficacité, et cela même dans les professions donnant l'image d'une grande souplesse. Un bon professionnel (et c'est sans doute encore plus vrai pour les femmes) est celui qui sait rendre compatible vie de travail et vie familiale ou personnelle, ce qui est difficile sans organisation. N'oubliez pas que l'organisation est l'art supérieur des paresseux en ce qu'elle est avant tout un gain de temps et d'énergie !

Perdre son temps et courir après le temps sont deux façons de vivre en état de stress et de tension permanent. Résoudre ce problème, privilégier ses objectifs réels en les distinguant de l'accessoire, relève d'une véritable discipline de vie. Il existe des « trucs » dont vous aurez des exemples ci-dessous, mais l'essentiel réside dans la décision que vous allez prendre de viser désormais une organisation à la fois détendue et efficace. Encore une fois, nul ne vous y contraint dans votre vie privée et vous continuez à vivre bousculé si vous le

# Le guide marabout des tests

souhaitez. Mais sachez qu'une vie professionnelle réussie, comme une recherche de travail efficace (qui est un travail en soi : il n'y a pas de différences à ce niveau-là), doit forcément s'appuyer sur une bonne organisation de son travail et une bonne gestion de son temps.

### 34 points et plus

Votre compétence professionnelle est certainement reconnue autour de vous. Vous savez si bien organiser votre travail que l'efficacité ne peut que suivre. Apparemment, vous êtes également parvenu à une bonne gestion de votre temps. Même si cela ne correspondait pas au début à votre tempérament, vous avez intégré les principes d'une bonne organisation (car vous en reconnaissez les avantages) et savez appliquer les recettes qui permettent d'accroître son efficacité personnelle (liste et priorité des tâches quotidiennes, préparation des appels téléphoniques, etc.). Cela vous permet d'entretenir vis-à-vis de votre travail, quel qu'il soit, une attitude sereine.

Il vous faut maintenant affiner encore vos techniques et les améliorer au jour le jour. Et surtout, il faut faire partager à votre entourage votre propre savoir-faire. En aidant les autres à s'organiser, vous augmenterez l'efficacité de chacun et les performances de l'équipe tout entière... tout en développant une bonne ambiance.

Attention toutefois à ne pas être esclave de ce que vous mettez en place, ou vous vous attirerez de l'agressivité en retour. Organisation signifie aussi souplesse. Sachez vous laisser aller quand c'est nécessaire et ne pas prendre toute chose trop au sérieux, surtout si vous êtes entouré de personnes qui ne pensent pas comme vous.

### 33 à 21 points

Votre organisation laisse parfois, en tant que telle, à désirer et vous décidez souvent de faire plutôt confiance à l'intuition et au bon sens. Sachez qu'il n'y a pas contradiction. L'organisation, c'est ce qui permet la souplesse et non la rigidité. Sans être à proprement parler dépassé, vous vous situez dans la moyenne de ceux qui manquent parfois de temps... même en dehors des périodes d'intense activité. Le quotidien est rempli de « pièges à temps » auxquels vous n'échappez pas toujours : ce n'est pas parce que le téléphone sonne qu'il faut accepter de répondre, ou parce qu'une nouvelle tâche vous arrive qu'il faut laisser tomber le travail en cours. De même, l'habitude peut être une grosse dévoreuse : pourquoi passer par votre itinéraire habituel le jour où vous savez qu'il y aura sûrement un embouteillage ?

Pour gagner du temps, il suffit parfois d'un peu de discipline :
- Astreignez-vous à ne manipuler chaque papier qu'une seule fois : pour le classer, y répondre, ou le faire circuler.
- Listez chaque semaine vos tâches en leur attribuant des priorités.
- Gardez un œil critique sur vos journées et faites la chasse à toutes les occasions de dérapage.

Essayez : ne vous laissant plus déborder, vous gagnerez en efficacité et impressionnerez davantage un employeur. D'autre part, vous serez plus détendu, avec plus de temps pour vous, ce qui accroîtra votre efficacité et votre assurance.

# Corrigés

**0 à 20 points**

Aïe, aïe, aïe… Pour vous, être débordé est une maladie chronique. Pris dans l'action quotidienne, obligé de faire face sur tous les fronts, vous avez du mal à distinguer les véritables priorités. Vous faites les choses dans l'urgence et dans l'ordre où elles se présentent à vous, sans trop distinguer ce qui est vraiment important. De plus, vous ne disposez pas — ou vous n'avez pas le temps d'appliquer — des méthodes d'organisation personnelles.

Espérons que vous faites un métier « créatif » où l'inorganisation et « la bourre » font partie du folklore et que, chez vous comme à votre travail, « l'intendance » est gérée par un autre que vous. Votre personnalité a développé une allergie à organiser et prévoir. Si votre vie tourne rond comme cela, pourquoi pas ? Mais si vous devez faire vos preuves ou que vous postulez un emploi comme le sont 99 % des emplois, c'est-à-dire requérant l'efficacité et la gestion de son temps, imposez-vous de faire de sérieux efforts.

Il vous faut réagir. Voici un certain nombre de conseils que vous feriez bien d'appliquer avant d'être totalement noyé.

- Concentrez-vous sur l'essentiel. Sachez ce qui est vraiment important. Cela, faites-le sans tarder, et ce qui est superflu, éliminez-le sans regret ni culpabilité. Méfiez-vous notamment de tout ce que vous faites sans réelle nécessité, mais par habitude ou par un sens dénaturé du devoir.

- NOTEZ TOUT. Faites des fiches et des listes des choses à faire, à dire, à acheter, etc. Rayez au fur et à mesure les choses que vous faites.

- Pour commencer, faites la liste des tâches auxquelles vous aviez prévu de vous attaquer dans les prochains jours et posez-vous les questions suivantes : lesquelles doivent être faites rapidement ? Parmi elles, quelles sont les plus importantes ? En combien de temps puis-je en venir à bout ?

- À partir de là, organisez votre semaine. Si nécessaire, voyez votre supérieur pour vérifier que sa perception des priorités est la même que la vôtre.

- Réservez-vous des « plages » horaires pour faire face aux tâches vraiment importantes et vraiment urgentes qui peuvent vous arriver de façon imprévue. Rassurez-vous : elles sont rares.

- Prenez l'habitude de vous fixer des objectifs, desquels vous ferez découler naturellement l'ordre des tâches à effectuer.

- Faites un brouillon avant de rédiger un texte et listez les points à aborder avant de passer un coup de téléphone.

- Cherchez toujours le meilleur emploi de l'instant présent : parfois, ce sera simplement se détendre un peu. Mais n'oubliez jamais que « demain est toujours le jour le plus encombré de la semaine ».

- Bloquez-vous le temps nécessaire aux tâches importantes et, dans ces moments-là, sachez « n'y être pour personne ». Ne pas se laisser envahir, c'est d'abord et avant tout savoir dire non.

# Le guide marabout des tests

## L'initiative : êtes-vous fonceur ou suiveur ? (page 246)

### Les réponses

Additionnez vos points positifs et vos points négatifs en vous reportant à la grille ci-dessous :

|      | Tout à fait | Plutôt oui | Plutôt non | Pas du tout |
|------|-------------|------------|------------|-------------|
| 1.   | +2          | +1         | −1         | −2          |
| 2.   | +2          | +1         | −1         | −2          |
| 3.   | +2          | +1         | −1         | −2          |
| 4.   | −2          | −1         | +1         | +2          |
| 5.   | −2          | −1         | +1         | +2          |
| 6.   | +2          | +1         | −1         | −2          |
| 7.   | +2          | +1         | −1         | −2          |
| 8.   | −2          | −1         | +1         | +2          |
| 9.   | −2          | −1         | +1         | +2          |
| 10.  | +2          | +1         | −1         | −2          |
| 11.  | +2          | +1         | −1         | −2          |
| 12.  | −2          | −1         | +1         | +2          |
| 13.  | +2          | +1         | −1         | −2          |
| 14.  | +2          | +1         | −1         | −2          |
| 15.  | +2          | +1         | −1         | −2          |
| 16.  | −2          | −1         | +1         | +2          |
| 17.  | −2          | −1         | +1         | +2          |
| 18.  | +2          | +1         | −1         | −2          |
| 19.  | +2          | +1         | −1         | −2          |
| 20.  | +2          | +1         | −1         | −2          |

### Votre résultat

L'objectif de ce test est d'évaluer votre sens de l'initiative dans le cadre professionnel.

**De 40 à 19 points**
On peut dire que vous êtes plein d'idées et que vous savez choisir le moment pour les mettre en œuvre. Grâce à votre sang-froid et à votre compétence, vous trouvez toujours la bonne méthode pour réagir face aux difficultés qui surgissent. Vous avez compris que tout problème, regardé sous un autre angle, peut devenir une opportunité. Vos collègues et vos supérieurs savent qu'ils peuvent faire confiance en votre capacité de réaction. Quant à vous, vous savez organiser votre travail de façon à ne pas être pris de court. L'excès de stress n'est pas pour demain…

# Corrigés

Dans la recherche d'un nouvel emploi, vous saurez vous présenter de façon personnelle, ce qui attirera positivement l'attention. Choisissez de préférence des secteurs où ces qualités sont recherchées : poste à responsabilités, à large marge de manœuvre, où l'autonomie dont vous bénéficierez laissera la porte ouverte à vos prises d'initiative.

### De 18 à –2 points
Vous avez tout ce qu'il faut pour prendre de bonnes initiatives… Pourquoi vous en priver ? Vous êtes plutôt calme, vous avez l'esprit concret et le sens des réalités, vous connaissez votre travail. Il ne vous manque guère qu'un peu d'audace. Forcez-vous ! Essayez d'agir encore plus souvent de façon autonome et vous verrez que vous trouverez encore plus de plaisir à votre travail. Finalement, les risques ne sont pas si grands qu'on ne les imagine. Souvent, vous n'arrivez pas à vous décider, soit par crainte d'une erreur, soit parce que vous avez dans l'idée que tous les choix qui s'offrent à vous sont également insatisfaisants. Il est bon, dans ce cas, de se dire qu'aucune solution n'est jamais parfaite, mais que l'avenir immédiat sera, quoi que vous ayez choisi, ce que vous en ferez. Vous vous réaliserez dans une situation professionnelle où la prise d'initiative est possible, et même valorisée.

### De –3 à –24 points
Votre score est plutôt faible. Vous avez sûrement la capacité de faire preuve d'initiative, mais vous n'avez pas l'air de vouloir vous en rendre compte. Peut-être avez-vous trop tendance à favoriser les spéculations intellectuelles, délaissant ainsi la réalité concrète ? Peut-être, jamais assez sûr de vous, préférez-vous vous abriter derrière l'initiative d'autrui ? Quoi qu'il en soit, pour vous aider, essayez d'appliquer ces quelques règles de base :
- Toujours proposer une solution lorsqu'on évoque un problème.
- Face à une idée générale, essayer d'en tirer une action simple et rapidement applicable.
- Chercher en quoi une difficulté peut devenir une opportunité.
- Dès qu'arrive une plage de calme, se demander immédiatement quel en est le meilleur usage.
- Dire non chaque fois que l'on a envie de dire non. Cela évite de se retrouver embarqué dans une série d'actions ou de projets dont on n'a aucune envie ou aucun besoin réel, au détriment de ses propres nécessités.

### De –25 à –40 points
Ce score est un peu inquiétant pour qui souhaite se faire reconnaître dans le milieu de l'entreprise. Si vous n'avez pas fait d'erreur, cela indique chez vous un refus de toute initiative personnelle. Soit vous êtes complètement démotivé et n'avez plus goût à ce que vous faites, soit votre timidité et votre retenue sont excessives. Dans le premier cas, il peut être sain de vous poser quelques questions sur votre activité professionnelle et vos objectifs personnels. Vous sentez-vous frustré par votre hiérarchie, ou votre travail actuel est-il routinier à l'extrême ? N'est-il pas temps pour vous d'élargir votre horizon professionnel ? Si vous ne le pensez pas, alors le problème vient de vous. Vous devez absolument vous efforcer de sortir de votre coquille. D'ailleurs, vous le souhaitez, sinon pourquoi feriez-vous une auto-évaluation professionnelle ? Vous passez sur votre lieu de travail une grande partie de votre temps : en vous investissant davantage, vous le rendrez plus fécond pour vous comme pour les autres.

# Le guide marabout des tests

Si vous êtes en recherche d'un emploi, profitez-en pour faire le point et voir comment vous pouvez vous entraîner à faire preuve davantage d'initiative. Les techniques dites « d'affirmation de soi » sont faites pour vous. En voici quelques-unes :
- Dans une conversation, donnez votre avis et défendez votre point de vue en l'argumentant pour entraîner la conviction. Affirmez votre désaccord.
- Exprimez à haute voix vos sentiments et vos émotions, directement et sans ambiguïté, aussi bien les critiques que les louanges. Faites des compliments. Acceptez simplement qu'on vous en fasse.
- Mettez de l'imprévu dans votre quotidien. Trouvez des idées, prenez des initiatives — petites ou grandes — pour rompre la routine, faire des surprises et improviser la fête.
S'affirmer dans sa vie professionnelle est un bon entraînement pour le faire également dans une situation d'embauche et de travail. Néanmoins, vous serez certainement plus à l'aise dans un emploi où vos prises d'initiative pourront être à la fois « couvertes » et limitées.

## Au fait, pourquoi travaillez-vous ? (page 248)

### Les réponses

Faites la somme des A, B, C, D et E obtenus.

|     | a  | b  | c  | d  |     | a  | b  | c  | d  |
|-----|----|----|----|----|-----|----|----|----|----|
| 1.  | 4A | 2A | —  | —  | 11. | 4A | 2A | —  | —  |
| 2.  | 4B | 2B | —  | —  | 12. | 4B | 2B | —  | —  |
| 3.  | —  | —  | 2C | 4C | 13. | 4C | 2C | —  | —  |
| 4.  | —  | —  | 2D | 4D | 14. | 4D | 2D | —  | —  |
| 5.  | —  | —  | 2E | 4E | 15. | 4E | 2E | —  | —  |
| 6.  | 4A | 2A | —  | —  | 16. | —  | —  | 2A | 4A |
| 7.  | 4B | 2B | —  | —  | 17. | —  | —  | 2B | 4B |
| 8.  | 4C | 2C | —  | —  | 18. | 4C | 2C | —  | —  |
| 9.  | 4D | 2D | —  | —  | 19. | 4D | 2D | —  | —  |
| 10. | 4E | 2E | —  | —  | 20. | 4E | 2E | —  | —  |

Ce test vise à vous faire prendre conscience de ce que sont réellement vos besoins professionnels. Il aurait pu s'intituler, de façon un peu familière mais parlante : « Dans le travail, à quoi marchez-vous ? » Nous avons tous un certain nombre de motivations propres qui nous font avancer, rechercher mieux, prendre des décisions. Pour l'un, ce sera la quête d'un meilleur salaire, pour l'autre la recherche de temps libre, pour un autre encore, le besoin de réussite. On pourrait citer encore la sécurité de l'emploi, le besoin de travailler en

# Corrigés

équipe, l'envie d'apprendre encore, etc. Il n'est pas toujours facile de connaître seul ses propres exigences, d'autant qu'elles peuvent être multiples. Pourtant elles agissent, parfois à votre insu. Bien gérer sa vie professionnelle, c'est avant tout se connaître. Dans ses qualités et ses défauts, bien sûr, dans ses points forts et ses points faibles, mais également dans ses motivations, dans ses besoins. Les motivations, ce sont, pour le psychologue, les forces parfois inconnues de nous qui nous poussent à agir. En connaissant les vôtres, vous saurez mieux dans quelle direction vous diriger et quel point est important dans votre recherche de poste.

## Votre résultat

Si plusieurs lettres (A, B, C, D ou E) obtiennent des scores élevés ou équivalents, lisez les différents chapitres correspondants. Il est courant d'avoir deux, voire trois motivations de forces sensiblement égales.

### Majorité de A

Parmi l'ensemble de vos besoins professionnels, de bonnes conditions de travail sont à mettre en tête. Vous travaillez parce qu'il le faut bien, mais, ni acharné ni passionné, vous vous en passeriez volontiers. Au moins faut-il que votre vie professionnelle s'effectue, sinon dans le confort, du moins dans le bien-être.

Sachant cela, ne choisissez pas, si possible, un emploi avec des horaires surchargés, de longs trajets jusqu'à votre domicile, dans un bureau ou un atelier difficilement supportable pour vous. Sachez qu'il est essentiel pour vous de travailler dans des conditions agréables.

### Majorité de B

Parmi l'ensemble de vos besoins professionnels, la sécurité, tant physique que morale, vient en tête. Vous aimez avoir un poste stable, dans une entreprise solide. Vous travaillez ainsi sereinement, sans risques donc sans craintes. Plutôt que nourrir des ambitions, vous préférez ménager vos arrières.

C'est tout à fait votre droit. Mais alors ne restez pas ou ne choisissez pas une entreprise fragile ou un emploi où les risques sont grands de se tromper et de se retrouver dehors. Ce besoin de tranquillité d'esprit est votre point faible. Sachez en faire un point fort en admettant que, si cela ne vous mène certainement pas au sommet de la hiérarchie, votre ambition est ailleurs et doit être respectée.

### Majorité de C

Parmi l'ensemble de vos besoins professionnels, les liens sociaux viennent en tête. Vous êtes sensible à l'ambiance de travail et aimez être entouré de collègues solidaires et sympathiques. Vous avez besoin de liberté dans le travail, mais aussi d'enrichissement au contact de ceux qui vous entourent, et spécialement de votre supérieur hiérarchique.

En bref, vous n'êtes pas fait pour travailler seul, enfermé dans votre tour d'ivoire. Mais vous souffrez également si ceux qui vous entourent font preuve de malveillance ou même simplement d'indifférence. Pensez à donner à cette dimension de votre personnalité, dans votre bilan de carrière, le poids réellement important qu'elle a pour vous.

# Le guide marabout des tests

**Majorité de D**
Parmi l'ensemble de vos besoins professionnels, la considération vient en tête. Vous avez besoin d'être estimé et d'avoir une position reconnue, tant à l'intérieur de l'entreprise qu'au-dehors, où vous n'êtes pas insensible aux « signes extérieurs de richesse ». La position obscure du gratte-papier ne sera jamais faite pour vous.
Il est donc tout à fait important que vous trouviez un emploi qui puisse vous apporter cette dimension. Vous voulez réussir dans votre branche et que cela se sache, que vos collègues, votre conjoint et vos amis le voient. Cela ne se réalisera que si vous faites la preuve à la fois de compétence et d'efficacité. Vous pouvez sans crainte démarrer en bas de la hiérarchie : si vous vous donnez les moyens de votre motivation, c'est-à-dire si vous travaillez beaucoup et bien, sans craindre de vous impliquer, vous grimperez.

**Majorité de E**
Parmi l'ensemble de vos besoins professionnels, l'accomplissement de vous-même vient en tête. Vous supportez très mal un travail où vous n'avez pas l'impression de vous réaliser sur le plan personnel, d'apprendre, de progresser. Vous savez vous engager, être efficace et prendre des risques, mais il faut que cela « rende » par la promotion et l'enrichissement personnel.

Il semble que, si vous y mettez suffisamment d'énergie (et vous le ferez maintenant que vous savez que cette motivation est primordiale pour vous), vous y parviendrez. Quitte à payer de votre personne en cours du soir, formation professionnelle ou autres. S'il vous semble que vous stagnez dans votre entreprise, que cela vous devient insupportable et frise l'ennui, n'hésitez pas à entamer, en parallèle, une formation complémentaire que vous pourrez monnayer, dans cette entreprise ou dans une autre, le jour où vous la posséderez bien. Redevenir un temps étudiant du soir pour se former à la gestion, l'informatique, le marketing, les semi-conducteurs ou quoi que ce soit d'autre est un excellent moyen de s'enrichir personnellement tout en se donnant les moyens de progresser sur le plan professionnel.

# Corrigés

## Travail : ce qui vous plaît vraiment (page 250)

### Les réponses

Grille des résultats pour les gens en poste actuellement. Pour connaître votre nombre total de points, faites le total des points positifs d'une part, le total des points négatifs d'autre part. Puis, faites la soustraction.

Exemples :

points positifs : 58   points négatifs : −20   total : 58 + (−20) = 38

points positifs : 20   points négatifs : −58   total : 20 + (−58) = −38

|     | a  | b  | c  | d  |     | a  | b  | c  | d  |
|-----|----|----|----|----|-----|----|----|----|----|
| 1.  | +2 | +1 | −1 | −2 | 16. | −2 | −1 | +1 | +2 |
| 2.  | −2 | −1 | +1 | +2 | 17. | +2 | +1 | −1 | −2 |
| 3.  | −2 | −1 | +1 | +2 | 18. | +2 | +1 | −1 | −2 |
| 4.  | +2 | +1 | −1 | −2 | 19. | −2 | −1 | +1 | +2 |
| 5.  | +2 | +1 | −1 | −2 | 20. | −2 | −1 | +1 | +2 |
| 6.  | +2 | +1 | −1 | −2 | 21. | −2 | −1 | +1 | +2 |
| 7.  | +2 | +1 | −1 | −2 | 22. | −2 | −1 | +1 | +2 |
| 8.  | +2 | +1 | −1 | −2 | 23. | −2 | −1 | +1 | +2 |
| 9.  | +2 | +1 | −1 | −2 | 24. | −2 | −1 | +1 | +2 |
| 10. | −2 | −1 | +1 | +2 | 25. | +2 | +1 | −1 | −2 |
| 11. | +2 | +1 | −1 | −2 | 26. | −2 | −1 | +1 | +2 |
| 12. | −2 | −1 | +1 | +2 | 27. | +2 | +1 | −1 | −2 |
| 13. | +2 | +1 | −1 | −2 | 28. | −2 | −1 | +1 | +2 |
| 14. | +2 | +1 | −1 | −2 | 29. | −2 | −1 | +1 | +2 |
| 15. | −2 | −1 | +1 | +2 | 30. | +2 | +1 | −1 | −2 |

### Votre résultat

Ce test évalue, pour les gens en poste actuellement, le degré de satisfaction qui est le leur dans leur vie professionnelle actuelle. Cela ne dépend pas de considérations objectives portées sur telle ou telle caractéristique de l'emploi occupé (niveau de salaire ou de responsabilité par exemple), mais dépend de l'accord existant entre le niveau d'attente et ce qu'offre le job. Un même niveau de responsabilité sera pleinement satisfaisant pour l'un et insuffisant pour l'autre. Pour l'un compte d'abord l'ambiance de travail, pour l'autre, les perspectives d'avenir. Il n'y a pas de bon emploi en lui-même : il y a celui qui convient à chacun. C'est celui-là qu'il faut trouver.

#### Plus de 35 points

Votre travail vous convient très bien. Même si vous lui trouvez quelques défauts, vous savez que le métier idéal n'existe pas et que vous n'êtes pas mal tombé. Si vous avez envie de

# Le guide marabout des tests

changer, étudiez les offres que l'on pourra vous faire. Il ne vous sera pas facile de trouver mieux.

**De 18 à 35 points**
Il n'y a pas de bon ou de mauvais job dans l'absolu, il y a celui qui vous convient et c'est le cas de celui-ci. Il est clair que vous le faites sans déplaisir manifeste. Un conseil : quels qu'en soient les défauts, tentez de le faire évoluer avant de penser à en changer. Sauf si vous êtes sûr de votre coup.

**De 3 à 17 points**
D'accord : vous n'êtes pas assez bien payé, ou entouré, ou formé, ou alors vous êtes débordé ; bref, vous n'êtes pas encore à plaindre mais l'inconfort vous gagne. Voyez ce qui ne va pas, ce que vous pouvez faire évoluer, et concentrez-vous sur le reste. Soyez à l'écoute des propositions, mais il n'y a pas urgence.

**De 2 à –15 points**
Pour vous, c'est l'inconfort : les côtés négatifs de votre travail l'emportent sur les côtés positifs. Il est temps de vous mettre en quête d'autre chose si vous pensez que c'est possible, que le marché est suffisamment ouvert et que vous êtes assez jeune (d'esprit sinon de corps) pour vous recycler. N'oubliez pas de mettre un maximum de chances de votre côté.

**De –16 à –33 points**
Vous ne supporterez plus très longtemps une telle situation. Certains aspects de votre travail vous pèsent trop et y aller tous les matins doit commencer à devenir difficile. Faites une autocritique sur les raisons de cet échec et cherchez rapidement les moyens de faire évoluer votre vie professionnelle dans une direction plus gratifiante. Vous devez pouvoir trouver mieux.

**Au-delà de –33 points**
Sauve qui peut ! Vous ne risquez rien à changer de travail : vous ne trouverez pas pire.
Il ne suffit pas de penser qu'il y a une vague insatisfaction : il est fondamental de savoir laquelle. Est-elle due à l'ambiance, au niveau de rémunération, au manque de considération, ou à autre chose encore ? Il est important de bien le repérer pour prendre les bonnes décisions.
Pour cela, reprenez vos réponses une à une et analysez-les en tenant compte du thème qu'elles abordent. Vous trouverez ci-dessous la liste de ces thèmes, qui peuvent être autant de raisons d'insatisfaction, ainsi que les numéros des questions qui y correspondent. Par exemple, si votre problème principal concerne votre salaire, mieux vaut peut-être demander une augmentation plutôt que de donner votre démission.

**Si vous n'êtes pas en poste actuellement**
Ce test va vous permettre de faire le point sur ce qui est réellement important pour vous dans un emploi. Voici la liste des thèmes abordés dans ce test ainsi que les questions s'y rapportant :

# Corrigés

| Thème | Questions | Réponses a ou b |
|---|---|---|
| Sécurité d'emploi | 6, 21 | |
| Relations avec les collègues | 1, 7, 14 | |
| Autonomie d'action | 3, 18, 22 | |
| Réalisation de soi | 2, 15, 29 | |
| Rémunération | 8, 28 | |
| Information | 11, 26 | |
| Évolution de carrière | 12, 25 | |
| Relation aux supérieurs | 4, 20, 24 | |
| Leadership | 9, 10 | |
| Prestige personnel | 5, 27 | |
| Ambiance de travail | 16, 19, 23 | |
| Épanouissement personnel | 13, 17, 30 | |

Reprenez chaque question et notez pour chaque thème combien de fois vous avez répondu « très important » ou « plutôt important » en mettant des croix dans les colonnes correspondantes. Vous verrez ainsi se dégager les points essentiels (ceux totalisant 2 ou 3 croix) sur lesquels vous devez être exigeant lors d'une prochaine embauche et ceux sur lesquels vous allez pouvoir négocier. Par exemple, si la relation au supérieur hiérarchique est pour vous essentielle, interrogez-vous longuement sur la personnalité de votre futur patron. Si c'est la rémunération qui compte, soyez prêt à faire des concessions sur les autres points. En résumé : vous ne pouvez tout avoir, donc il vous faut être très clair sur les points auxquels vous tenez un peu, moyennement ou beaucoup.

# Le guide marabout des tests

## Patron : connaissez-vous le mode d'emploi ? (page 253)

### Grille des réponses

Faites le total des + et des 0 obtenus dans chacune des deux parties, selon le tableau ci-dessous :

|  | Première partie | | | Deuxième partie | |
|---|---|---|---|---|---|
|  | OUI | NON |  | OUI | NON |
| 1. | + | 0 | 1. | ++ | 0 |
| 2. | + |  | 2. | 0 | + |
| 3. | 00 | + | 3. | 00 | ++ |
| 4. | + | 00 | 4. | 0 | + |
| 5. | 00 |  | 5. | 0 | + |
| 6. | 00 | ++ | 6. | 00 | + |
| 7. |  | ++ | 7. | 0 | ++ |
| 8. | 00 | ++ | 8. | + | 0 |
| 9. | ++ | 0 | 9. | 00 | + |
| 10. | 00 | + | 10. | 00 | + |
|  |  |  | 11. | 00 | ++ |
|  |  |  | 12. | 00 | + |

### Votre résultat

Ce test a pour but d'évaluer la qualité de vos rapports avec votre supérieur et votre façon de le « manager ».

Si vous êtes en recherche d'un emploi, peut-être avez-vous, dans le précédent, eu des rapports imparfaits avec votre supérieur hiérarchique. Vos réponses à ce test vont vous permettre de faire le point, afin de cerner d'où venaient les problèmes. C'est la seule façon d'éviter que le prochain emploi ne voie se reproduire les mêmes difficultés. Car ne croyez pas que « c'est la faute au patron ». Comme dans tout couple, chacun a sa part de responsabilité. Prendre le temps de la remise en cause vous permettra de repartir la prochaine fois sur de meilleures bases.

#### Première partie

**Majorité de 0**
Vos rapports avec votre supérieur sont plutôt bons. Soit qu'il sache très bien déléguer, soit que vous ayez su lui inspirer confiance. Le résultat est là : vous jouissez dans votre travail d'une autonomie appréciable. Capable de vous organiser et de faire des propositions

# Corrigés

constructives, vous cultivez avec votre supérieur des rapports détendus et empreints d'estime. Bravo ! Cependant, il se peut que vous trouviez en deuxième partie quelques idées pour améliorer encore cette situation.

**Majorité de +**
Vos rapports avec votre supérieur pourraient sûrement être meilleurs… Vous vous sentez exagérément dirigé, privé d'initiatives ou mal informé ? Cela peut venir de votre supérieur, mais aussi en grande partie de votre façon de travailler. N'oubliez pas qu'une relation se bâtit à deux.

Vos réponses en deuxième partie de ce test vous permettront d'y voir plus clair.

**Deuxième partie**

**Majorité de 0**
Vous avez compris comment vous y prendre pour sécuriser votre supérieur. Vous le savez, c'est un homme comme les autres, qui n'aime pas plus que vous les ennuis et les difficultés, et qui a besoin d'être tranquillisé. Aussi appliquez-vous des règles simples et efficaces : aller le voir non avec un problème mais avec une proposition de solution, le tenir informé de l'état d'avancement de vos travaux, accueillir ses demandes et ses avis de façon positive… Si en plus vous connaissez les ambitions personnelles de votre supérieur, ce qu'il apprécie du point de vue professionnel et ce qui lui plaît chez vous, tout est pour le mieux. Sinon, pourquoi ne pas le lui demander ? Il sera sûrement ravi, pour une fois, de parler de lui !

**Majorité de +**
Si vos rapports avec votre supérieur ne sont pas au beau fixe, il y a sûrement une part de votre faute ! Il faut que vous adoptiez une attitude qui puisse lui donner confiance en vous. Si vous évoquez vos problèmes sans proposer de solution, si vous êtes en retard sur ce qu'il vous demande, si vous traînez les pieds pour suivre ses avis, on comprend qu'il préfère vous surveiller de près et se montrer directif à votre égard.
Pour inverser la tendance, commencez par faire preuve de plus d'autonomie. Essayez de régler seul un certain nombre de difficultés, puis faites savoir qu'elles sont réglées et comment vous vous y êtes pris. Forcez-vous à respecter les délais qui vous sont fixés et, s'il le faut, demandez à votre supérieur de vous fixer les priorités (mais pas de résoudre les problèmes à votre place !). Enfin, essayez le plus souvent d'anticiper ses besoins ou ses demandes. En respectant le programme, vous devriez voir les choses s'arranger rapidement.

## En résumé

|  |  | Première partie | |
|---|---|---|---|
|  |  | + | 0 |
| Deuxième partie | + | A | B |
|  | 0 | C | D |

*Les tests d'orientation*

# Le guide marabout des tests

**A.** Si l'ambiance est mauvaise, c'est sans doute en grande partie dû à votre façon de travailler. Voyez les conseils ci-dessus.

**B.** Vos majorités de signes ne sont sans doute pas très fortes. En appliquant les principes que nous avons évoqués, votre ambiance de travail devrait encore s'améliorer.

**C.** Vous n'avez pas de chance : apparemment votre bonne volonté constante se heurte à un supérieur directif et peu enclin à la délégation. S'il y a vraiment malaise, vous devriez lui en parler directement…

**D.** Situation harmonieuse, rapports de confiance, le style du management de votre chef et votre façon de travailler se complètent bien. Bravo, et tous nos vœux de succès.

## Pourriez-vous travailler sous vos ordres ? (page 255)

### Grille des réponses

Reportez vos réponses sur la grille ci-dessous et faites la somme de vos A, B, C, D.

|     | a | b | c | d |
|-----|---|---|---|---|
| 1.  | A | B | C | D |
| 2.  | C | B | A | D |
| 3.  | B | A | D | C |
| 4.  | C | D | B | A |
| 5.  | D | A | B | C |
| 6.  | D | B | A | C |
| 7.  | A | C | B | D |
| 8.  | C | A | B | D |
| 9.  | D | C | A | B |
| 10. | A | C | B | D |
| 11. | B | D | C | A |
| 12. | D | A | B | C |
| 13. | D | B | C | A |
| 14. | B | D | C | A |
| 15. | B | A | C | D |

# Corrigés

## Votre résultat
Le but de ce test est de déterminer à quelle famille de manager vous appartenez, de quelle façon vous gérez une équipe de collaborateurs en vue d'un objectif professionnel.

### Majorité de A : Manager Absolutiste
À en juger par vos réponses, vous avez un peu tendance à vous considérer comme investi d'une mission et à gérer sans partage. Vous conduisez votre équipe à l'autorité plus qu'au consensus et vous avez du goût pour le pouvoir.
C'est bien, à condition de ne pas négliger les opinions de vos collaborateurs. Vous savez fédérer les énergies au service d'un projet : mais essayez maintenant d'être davantage à l'écoute. Attention à ne pas tomber dans le piège de l'autocratie. En général, les solutions de consensus sont plus efficaces que celles d'un homme seul…

### Majorité de B : Manager Copain
Vous seriez plutôt du genre chef de bande. Pour vous, les collaborateurs constituent un « gang », presque une famille. Vous cherchez à créer dans votre équipe des relations harmonieuses, où chacun puisse trouver son épanouissement. Sans vous en rendre compte, vous pouvez exercer une sorte de « tyrannie de la sympathie » dans laquelle vos collaborateurs n'osent plus se rebiffer de crainte de vous voir déçu… Quant à vous, l'équipe est un milieu dont vous avez besoin pour donner votre mesure et vous sentir apprécié.
Attention donc à ne pas tomber, pour vous comme pour les autres, dans le piège de la dépendance excessive.

### Majorité de C : Manager Exemplaire
Votre truc à vous, c'est l'exemple. Vous pensez que la véritable autorité ne s'obtient que par la compétence et l'exemplarité. Vous voulez à toute force démontrer, expliquer, illustrer, mettre vos principes en application aux yeux de vos collaborateurs. À la limite, vous cherchez à prouver que vous pourriez, si nécessaire, remplacer chacun d'entre eux… en mieux.
À la base, votre attitude est très saine. Mais si vous l'exagérez, deux risques vous guettent. D'une part, la démotivation de vos collaborateurs dont vous avez tendance à réduire l'initiative. D'autre part, le manque de temps que génère tôt ou tard l'absence de délégation. Et alors, gare ! Car votre attitude a sans doute pour origine un manque de véritable confiance en vous qui vous handicapera face à une réelle difficulté.

### Majorité de D : Manager Structuré
Ce qui compte pour vous, c'est l'organisation. Chacun doit rester à sa place, remplir exactement son rôle et les mélanges des genres sont préjudiciables — pensez-vous — à la bonne marche des affaires. Le chef commande et dirige parce qu'il est à la tête de l'équipe. Il doit savoir diriger, organiser et surtout assigner à chacun le rôle qui lui convient.
Cette conception un peu rigoriste sera bien adaptée dans les structures clairement définies, aux organigrammes précis et aux procédures sans failles. Mais de telles entreprises ne sont pas légion… Essayez donc d'assouplir un peu votre vision des choses et des êtres, ainsi que d'intégrer davantage le facteur humain dans votre prise en compte des rapports professionnels.

# Le guide marabout des tests

## Entreprise : quelle culture vous faut-il ? (page 258)

### Les réponses

L'objectif de ce test est de vous aider à déterminer le type d'entreprise qui vous convient le mieux. Pour ce faire, il vous suffit de comptabiliser le nombre de fois où vous avez fourni une réponse de type a, b ou c.

### Votre résultat

#### Majorité de réponses a

Vos goûts et votre personnalité vous font préférer les hommes aux structures. Vous n'appréciez guère les objets froids, les ambiances fonctionnelles. Pour vous, l'entreprise doit être un lieu de contacts, de communication chaleureuse où tous concourent au même but dans le respect des idées de chacun. De plus, vous semblez attendre de l'entreprise qu'elle vous fournisse une sorte de cocon protecteur… et même, à la limite, qu'elle ne se montre pas trop exigeante sur le rythme de travail. Vous êtes prêt à vous dévouer, mais peut-être pas à vous défoncer.

Recherchez donc des entreprises dont l'ambiance est plutôt familiale et où les difficultés se règlent entre individus plutôt qu'à travers les procédures. Ce peut être une PME, de préférence bien implantée dans son secteur ; ou une grosse entreprise connue et traditionnelle, où prime le facteur humain.

#### Majorité de réponses b

Votre préférence va à l'ordre, aux structures claires, aux organigrammes précis. Vous attendez de trouver dans l'entreprise des professionnels compétents dans leur domaine et ne s'occupant pas ou peu des autres. Chaque cellule, pour vous, doit fonctionner de façon efficace et autonome. De plus, vous attendez de l'entreprise qu'elle vous apporte un fort esprit de groupe, voire de clan. Et qu'elle vous inculque des certitudes quant aux méthodes d'action et de travail.

Choisissez de préférence des « entreprises-écoles » réputées pour la formation qu'elles procurent et la rigueur dont elles savent faire preuve (IBM, Rank Xerox, Procter, etc.).

#### Majorité de réponses c

Vous avez surtout une volonté d'autonomie et de liberté d'action. Traditionnelles ou modernes, les entreprises à vos yeux doivent surtout être dynamiques, innovantes et respecter votre liberté. En fait, l'idéal pour vous serait sans doute de monter votre propre entreprise (ce que vous avez sans doute déjà envisagé…).

En attendant, vous devrez sûrement vous tourner vers des entreprises susceptibles de vous assurer une bonne indépendance. Vous pourrez soit opter pour des postes nouvellement créés — où la personne peut faire la fonction —, soit rechercher des entreprises proposant des responsabilités complètes (vente, projet de recherche technique ou scientifique, informatique…) ; en attendant, peut-être, de voler de vos propres ailes.

# Corrigés

## Quels métiers pour votre profil ? (page 260)

**Les réponses**

|     | a   | b   |     | a   | b   |
|-----|-----|-----|-----|-----|-----|
| 1.  | l   | l   | 12. | l n | l n |
| 2.  | t   | t   | 13. | n   | n   |
| 3.  | n   | n   | 14. | l   | l   |
| 4.  | l   | l   | 15. | n   | n   |
| 5.  | n   | n   | 16. | n   | n   |
| 6.  | t   | t   | 17. | t   | t   |
| 7.  | t l | t l | 18. | l   | l   |
| 8.  | n t | n t | 19. | n t | n t |
| 9.  | l   | l   | 20. | l   | l   |
| 10. | n   | n   | 21. | t   | t   |
| 11. | t n | t n |     |     |     |

Reportez vos réponses sur la grille, puis faites le compte de vos différentes figures.

Nombre de n :        Nombre de t :        Nombre de l :
Nombre de n :        Nombre de t :        Nombre de l :

Enfin, ne retenez pour chaque figure que celle où vos totalisez le plus de points, la blanche ou la noire. Vous obtenez ainsi votre profil.

### Votre résultat

Le but de ce test est de déterminer, en fonction de votre profil, le type d'activité professionnelle qui vous conviendrait le mieux.

Attention : il s'agit d'activités professionnelles définies dans le cadre d'une entreprise. Il n'y a donc rien dans les résultats concernant des métiers tels que professeur, infirmier, pilote automobile ou militaire de carrière. Même si certains profils y sont parfois bien accordés.

• **Les carrés :** ils définissent le rapport à la hiérarchie. Une majorité de carrés blancs indique une volonté d'autonomie ; de carrés noirs, une bonne adaptation à une structure hiérarchique.
• **Les triangles :** ils définissent le sens du contact et de l'animation. Une majorité de triangles blancs traduit un bon sens des contacts ; de triangles noirs, une préférence pour l'action individuelle.
• **Les ronds :** ils définissent la démarche analytique. Une majorité de ronds blancs traduit une préférence pour l'action immédiate, intuitive ; de ronds noirs, une démarche de réflexion approfondie avant l'action.

# Le guide marabout des tests

## Les profils

**Profil** n t n
Doué pour le contact et l'animation des équipes, vous acceptez la hiérarchie et privilégiez la réflexion. Il vous faut une activité dans laquelle vous pouvez faire appliquer les idées issues de vos analyses. Le marketing paraît tout indiqué.

**Profil** n t l
Proche du profil précédent, vous privilégiez néanmoins l'action immédiate du profil et souhaitez obtenir des résultats à court terme. Dans la mesure où vous avez le goût du contact, on peut sans risque vous conseiller une carrière dans la vente. Votre esprit de challenge et votre sens du contact y feront merveille.

**Profil** n t l
Acceptant bien les structures hiérarchiques, vous préférez cependant les tâches exécutées seul et réclamant analyse et esprit de synthèse. Vous serez probablement à l'aise dans des activités où votre compétence sera fréquemment requise pour être mise au service du but collectif : informatique, comptabilité ou recherche et développement.

**Profil** n t l
Avec le goût de l'action immédiate et des résultats obtenus seul plutôt qu'en équipe, il vous faut une activité privilégiant la rapidité de décision. L'idéal pour vous serait peut-être un travail de type courtier en Bourse ou — dans un autre ordre d'idée — chargé de planification dans un département logistique.

**Profil** n t l
Vous avez le sens du contact et des qualités d'analyse et d'organisation. Mais vous souhaitez préserver votre indépendance ou, tout au moins, votre autonomie. Une bonne solution pour vous serait de travailler dans une entreprise, mais dans le cadre de l'export ou même dans une filiale à l'étranger. Vous pouvez aussi vous intéresser à la fonction personnel ou achats de l'entreprise. De toute façon, visez plutôt une petite structure.

**Profil** n t l
Vous avez un profil particulier qui est plutôt celui d'un entrepreneur fondant sa propre boîte que de quelqu'un travaillant dans une société. Toutefois, avant de fonder votre propre entreprise, vous pouvez occuper un poste dans la vente, à condition que ce soit un secteur assez large où l'encadrement, très vite, vous laissera une bonne autonomie. Vous pouvez aussi exercer une fonction d'encadrement en usine.

**Profil** n t l
Votre goût de l'analyse et de la réflexion s'allie à une volonté d'indépendance et à une préférence pour le travail réalisé seul. Il vous faut une activité importante pour l'entreprise, où vous puissiez à terme exercer une certaine emprise sur les événements : contrôle de gestion, finance ou coordination industrielle.

**Profil** n t l
Autonome, tourné vers le résultat immédiat, plutôt introverti, vous avez un profil indépendant. Vous voulez être seul à juger vos réalisations, ce qui vous range plutôt dans la catégorie « artiste ». Vous pourriez sûrement trouver votre voie dans la recherche ou dans la création publicitaire. Au sein de l'entreprise, la comptabilité peut éventuellement vous attirer également.

# Corrigés

## Feriez-vous un bon patron ? (page 262)

### Les réponses

|     | a | b | c |     | a | b | c |
| --- | - | - | - | --- | - | - | - |
| 1.  | 3 | 2 | 0 | 10. | 0 | 2 | 3 |
| 2.  | 3 | 1 | 0 | 11. | 3 | 2 | 0 |
| 3.  | 0 | 3 | 1 | 12. | 0 | 2 | 3 |
| 4.  | 3 | 2 | 0 | 13. | 2 | 1 | 0 |
| 5.  | 0 | 3 | 1 | 14. | 0 | 3 | 1 |
| 6.  | 3 | 2 | 0 | 15. | 1 | 0 | 3 |
| 7.  | 2 | 3 | 1 | 16. | 3 | 1 | 0 |
| 8.  | 0 | 2 |   | 17. | 2 | 1 | 0 |
| 9.  | 0 | 1 | 2 | 18. | 1 | 0 | 3 |

Peut-être avez-vous le désir de monter votre propre entreprise. Ce test vous dira si vous avez, dans votre personnalité, de bons atouts pour réussir. Une idée, des relations, des capitaux, il faut tout cela, mais il faut aussi un tempérament particulier. Pourriez-vous être votre propre patron, êtes-vous prêt à lancer votre entreprise, c'est ce que ce test va vous révéler.

### De 0 à 18 points
Attention, l'entreprise est très risquée. Vous ne semblez pas avoir en main les cartes nécessaires pour réussir votre entrée dans le patronat. L'envie de ne plus avoir de supérieur hiérarchique ou la difficulté d'en retrouver un ne sont pas des arguments suffisants. Faites preuve d'une grande prudence et réfléchissez longuement avant de prendre votre décision.

### De 19 à 29 points
L'entreprise est possible, mais elle est loin d'être gagnée. Donnez-vous du temps pour mettre davantage de chances de votre côté. Étudiez le marché, rencontrez des gens, faites des stages, trouvez des associés, bref gardez-vous de vous-même et attendez-vous à des difficultés. Dans ce cas, vous pourrez réussir.

### 30 points et plus
Si en plus vous avez la bonne idée, les relations et la ligne de crédit chez votre banquier, n'hésitez plus : lancez-vous. Vous avez apparemment en main tout ce qu'il faut pour réussir. Votre confiance en vous, votre tempérament enthousiaste mais réaliste et votre personnalité positive vous y aideront. Bien sûr, il y aura des difficultés, mais à cela aussi vous êtes prêt.

# Le guide marabout des tests

## Dans la peau d'un politique (page 265)

### Grille de décodage

|     | a | b | c |
|-----|---|---|---|
| 1.  | u | o | i |
| 2.  | o | l | u |
| 3.  | u | i | l |
| 4.  | i | u | o |
| 5.  | i | l | o |
| 6.  | u | o | l |
| 7.  | o | u | l |
| 8.  | l | u | i |
| 9.  | i | l | o |
| 10. | l | o | i |

|     | a | b | c |
|-----|---|---|---|
| 11. | u | o | l |
| 12. | i | o | u |
| 13. | l | i | o |
| 14. | i | l | o |
| 15. | o | u | i |
| 16. | u | i | l |
| 17. | o | l | u |
| 18. | o | i | u |
| 19. | l | u | i |
| 20. | l | i | u |

### Votre résultat

**Majorité de u**
Vous êtes un politique consensuel. Pour vous, en matière de relations humaines, tout passe par les réseaux, les équipes et les accords. Avant de vous lancer dans un projet ou d'entreprendre un changement, vous cherchez les appuis et les conseils qui vous permettront d'éviter les oppositions trop dangereuses ou trop gênantes. Votre modèle ? Plutôt un grand diplomate aussi discret qu'efficace, Metternich, Talleyrand ou… Jean Monnet. Du point de vue professionnel, vous êtes certainement très à l'aise dans les grosses structures, les projets exigeant d'être menés en équipe et, pourquoi pas, les activités syndicales.

**Majorité de i**
Vous êtes un politique attentiste, voire un brin fataliste. Pour vous, la politique consiste à accompagner les grandes mutations plus qu'à les susciter. Plutôt théoricien qu'homme d'action, vous savez détecter les équilibres et les rapports de force, apprécier de quel côté souffle le vent… et cueillir les fruits quand ils sont mûrs. Votre modèle serait à chercher du côté de Louis XI ou de Mazarin. Professionnellement, vous êtes sans aucun doute un homme d'analyse et d'études, capable d'apercevoir les opportunités et d'avoir des idées. Quant à les mettre en œuvre, c'est une autre affaire… Sans doute seriez-vous à l'aise dans les métiers du conseil, ou dans le rôle d'expert d'un domaine particulier.

**Majorité de l**
Vous êtes un politique opportuniste. Habile à saisir l'occasion lorsqu'elle se présente, à s'appuyer sur les faiblesses des uns ou les ambitions des autres, vous agissez par « coups »

# Corrigés

plutôt qu'en fonction d'un dessein bien défini. Sans vous disperser, vous savez faire la part des circonstances et admettre que les conditions ne soient pas toujours favorables à vos projets. Doué d'un grand sens de l'adaptation, vous vous seriez senti à l'aise dans les agitations du XIXe siècle, entre Empire, Restauration et République… Du point de vue professionnel, vous avez plutôt une âme de développeur, de commercial capable de décrocher les contrats difficiles. Mais peut-être aussi manquez-vous un peu d'esprit de suite…

**Majorité de** ○

Vous êtes un politique volontariste. Adepte des solutions tranchées et des situations nettes, vous n'appréciez ni les demi-mesures, ni le fait de devoir temporiser. La réflexion, à vos yeux, doit déboucher sur une action rapide, concrète et - faut-il le préciser ? - efficace. Vous n'aimez ni vous sentir ligoté par les circonstances, ni dépendre exagérément des autres. Vos modèles seraient plutôt des hommes de décision et d'action, Napoléon, Bismarck, de Gaulle… De grands hommes, certes, mais qui n'ont pas toujours bien fini. Professionnellement, vous êtes certainement mal à l'aise dans les structures trop lourdes ou trop administratives, auxquelles vous préférez sûrement la souplesse des petites entreprises… en attendant de vous mettre à votre compte.

## Ce qui s'est vraiment passé

**1.** À la veille de sa mort, Charlemagne confie le Saint Empire romain germanique à son fils Louis le Pieux. Celui-ci, après un règne tranquille, voudra le partager entre ses trois fils. C'est le commencement de la fin : en moins d'un siècle, l'œuvre de Charlemagne aura disparu.

**2.** En échange de son obéissance, le roi Charles le Simple offre au chef viking Rollon, en 911, une région qui deviendra la Normandie. Ces Vikings, devenus des sujets loyaux, iront 150 ans plus tard conquérir l'Angleterre.

**3.** En 1095, le pape Urbain II prêche la première Croisade. À la fois pour sauver l'Empire chrétien d'Orient menacé par les Turcs, pour occuper une chevalerie nombreuse et oisive, et pour éviter la guerre entre royaumes de France, d'Angleterre et d'Allemagne.

**4.** Inquiet de la puissance de Charles Quint, François Ier tente en 1520 de se rapprocher du roi Henri VIII d'Angleterre. C'est l'entrevue du Camp du Drap d'or, fastueuse ; tellement fastueuse que Henri VIII, mortellement vexé, repart sans qu'aucun traité ne soit signé.

**5.** En 1634, Richelieu cherche à limiter l'influence des Habsbourg qui, régnant sur l'Espagne, l'Autriche et une partie de la Hollande, tiennent la France en tenaille. La Suède étant en guerre avec l'Autriche, la France se joint aux Suédois et entre ainsi dans la guerre de Trente Ans.

**6.** À partir de 1750, France et Angleterre s'affrontent pour conquérir les Indes ou l'Amérique. Pour affaiblir la France, l'Angleterre financera et contribuera à y répandre les idées « subversives » qui aboutiront à la Révolution.

**7.** Face à la Révolution française, Autriche et Prusse se liguent pour défendre la famille royale. Devant la menace, l'Assemblée législative décrète « La Patrie en danger » le 11 juillet 1792 : des volontaires sont levés en masse à Paris et Marseille.

# Le guide marabout des tests

**8.** Ayant conquis la plupart des pays européens, Napoléon place sur leurs trônes les membres de sa famille : Joseph sera roi de Naples, puis roi d'Espagne, Louis deviendra roi de Hollande et Jérôme roi de Westphalie.

**9.** En 1869, Bismarck cherche à cimenter l'union allemande sous l'autorité de Guillaume I$^{er}$. Il décide de déclencher une guerre avec la France. Le 13 juillet 1870, Bismarck communique aux journaux un télégramme du roi de Prusse à l'ambassadeur français, après en avoir trafiqué le texte pour le faire paraître insultant. C'est la « dépêche d'Ems ». La France se juge outragée et déclare la guerre à la Prusse.

**10.** En 1917, le président américain Wilson décide de se joindre à l'Angleterre et à la France dans la Première Guerre mondiale. Pour convaincre l'opinion publique, on ressuscitera le souvenir du paquebot anglais Lusitania, coulé par les Allemands en 1915 (donc, deux ans plus tôt) avec 128 passagers américains à bord.

**11.** Représentant la France dans les discussions de paix de 1919, Clemenceau se montrera d'une intransigeance fâcheuse. Les conditions imposées à l'Allemagne seront telles que, vingt ans plus tard, Hitler pourra jouer sur le ressentiment allemand pour conquérir le pouvoir.

**12.** En 1936, Hitler et Mussolini ont constitué l'axe Rome-Berlin. Cette alliance des régimes fascistes ne sera pas freinée par les démocraties : en mars 1938, Hitler envahit l'Autriche. Le 30 septembre, Daladier, président du Conseil français, et Chamberlain, Premier ministre britannique, signent avec l'Allemagne et l'Italie les accords de Munich, censés garantir la paix européenne. À leur retour, Daladier et Chamberlain seront acclamés par la foule.

**13.** En juillet 1936, la guerre civile éclate en Espagne. Le Front populaire, alors au pouvoir en France, ne réagit guère. Une aide secrète sera néanmoins versée aux républicains espagnols ; mais elle n'aura qu'un temps... Le 12 novembre 1938, un décret du radical-socialiste Paul Reynaud institue des « centres spéciaux pour étrangers indésirables ».

**14.** À Londres, le 10 mai 1940, Churchill remplace Chamberlain au poste de Premier ministre. Hitler, vainqueur sur le continent, tente de négocier une paix séparée avec la Grande-Bretagne. Churchill refuse et, dans un discours historique, lance le pays dans une guerre à outrance.

**15.** En 1943, le roi Christian X de Danemark a 72 ans. Son pays est occupé par les nazis. Le 1$^{er}$ octobre, les persécutions anti-Juifs sont officiellement décidées par l'occupant. Le 2 octobre, lors de sa promenade, le roi arbore une étoile jaune. Parallèlement, il organisera la fuite en Suède de plusieurs milliers de Danois de confession juive.

**16.** Le 5 juin 1947 le général George C. Marshall, secrétaire d'État américain, lance le Programme de Reconstruction Européen, ou « Plan Marshall ». Il s'agit d'aider les pays d'Europe occidentale à se reconstruire en s'unissant, afin de créer un bloc pour faire pendant au bloc soviétique d'Europe de l'Est. Ce Plan aboutira à la création de l'OECE (Organisation Européenne de Coopération Économique), premier pas vers l'actuelle Union européenne.

**17.** En 1948, USA et URSS se disputent la domination de l'Europe. Berlin est occupée par les quatre armées française, anglaise, soviétique et américaine. Lorsque les trois occupants occidentaux réunissent leurs territoires pour créer l'Allemagne de l'Ouest, l'URSS riposte

# Corrigés

en lançant le blocus de Berlin (24 juin 1948) : toutes les liaisons terrestres sont coupées entre Berlin et la zone ouest-allemande. Anglais et Américains organisent alors un pont aérien. De juin 1948 à mai 1949, un avion se posera ou décollera de Berlin toutes les deux minutes.

**18.** En juillet 1956, le président égyptien Nasser nationalise le canal de Suez. Refusant cette décision, France et Angleterre lancent un ultimatum à l'Égypte et, en novembre, l'attaquent avec l'appui de l'armée israélienne. Mais les USA et l'URSS, qui veulent rester maîtres du jeu au Moyen-Orient, imposent la paix par des pressions économiques et politiques. Les États d'Europe comprennent qu'ils ne sont plus, désormais, des puissances de premier plan.

**19.** À partir des années 70, la coopération industrielle va s'accentuer entre pays européens dans les domaines stratégiques de l'aéronautique et de l'espace. Si Concorde (programme franco-britannique datant de 1962) est un échec commercial, il n'en ira pas de même pour Airbus (programme franco-allemand lancé en 1970 et réunissant aujourd'hui la France, l'Allemagne, la Grande-Bretagne et l'Espagne) ou pour le programme Ariane, initié en 1975.

**20.** En 2000, lors de la crise de la vache folle, les trois réponses proposées se sont effectivement produites.

# Table des matières

# Le guide marabout des tests

PARTIE I
LES TESTS OBJECTIFS OU D'EFFICIENCE .............................. 5

## Chapitre I : Les tests d'intelligence générale........................... 7
Les tests à base de dominos............................................. 8
- Exercice n° 1 ......................................................... 8
- Exercice n° 2 ......................................................... 22
Les tests à base de cartes à jouer...................................... 31
- Exercice n° 1 ......................................................... 31
- Exercice n° 2 ......................................................... 42
Les tests à base de dessins............................................. 51
- Exercice n° 1 : les séries graphiques ................................ 51
- Exercice n° 2 : les matrices ......................................... 60

## Chapitre II : Les tests d'intelligence spécifique (ou tests de compétences)..... 71
Les tests d'intelligence verbale......................................... 72
- Exercice n° 1 : compréhension et raisonnement à support verbal ...... 72
- Exercice n° 2 : les séries verbales : antonymes et synonymes......... 74
- Exercice n° 3 : les analogies verbales................................ 77
- Exercice n° 4 : de la pensée aux mots ................................ 80
Les tests d'intelligence numérique..................................... 83
- Exercice n° 1 ......................................................... 83
- Exercice n° 2 ......................................................... 88
- Exercice n° 3 ......................................................... 91
Les tests d'intelligence spatiale ....................................... 92
- Exercice n° 1 ......................................................... 92
- Exercice n° 2 ......................................................... 97

# Table des matières

Chapitre III : Des tests pour s'entraîner . . . . . . . . . . . . . . . . . . . . . . . . . . . . 103
Test 1 . . . . . . . . . . . . . . . . . . . . . . . . . . . . . . . . . . . . . . . . . . . . . . . . . . . . . . . 104
Test 2 . . . . . . . . . . . . . . . . . . . . . . . . . . . . . . . . . . . . . . . . . . . . . . . . . . . . . . . 124

Chapitre IV : Les tests d'aptitude . . . . . . . . . . . . . . . . . . . . . . . . . . . . . . . . . 145
Les tests de mémoire. . . . . . . . . . . . . . . . . . . . . . . . . . . . . . . . . . . . . . . . . . . 146
- Exercice n° 1 : mémoire de configuration . . . . . . . . . . . . . . . . . . . . . . . . . . 146
- Exercice n° 2 : mémoire de texte . . . . . . . . . . . . . . . . . . . . . . . . . . . . . . . . 147
- Exercice n° 3 : mémoire de forme. . . . . . . . . . . . . . . . . . . . . . . . . . . . . . . . 148
Les tests de collationnement . . . . . . . . . . . . . . . . . . . . . . . . . . . . . . . . . . . . 150
Les tests de codage . . . . . . . . . . . . . . . . . . . . . . . . . . . . . . . . . . . . . . . . . . . 152
- Exercice n° 1 : codage symboles / lettres. . . . . . . . . . . . . . . . . . . . . . . . . . 152
- Exercice n° 2 : codage lettres / chiffres. . . . . . . . . . . . . . . . . . . . . . . . . . . 153
- Exercice n° 3 : codage majuscules / minuscules / chiffres . . . . . . . . . . . . . 155
- Exercice n° 4 : double codage. . . . . . . . . . . . . . . . . . . . . . . . . . . . . . . . . . . 157
- Exercice n° 5 : codage lettres / chiffres. . . . . . . . . . . . . . . . . . . . . . . . . . . 159
Les tests de repérage d'erreurs . . . . . . . . . . . . . . . . . . . . . . . . . . . . . . . . . . 161
- Exercice n° 1 : erreurs sur des symboles . . . . . . . . . . . . . . . . . . . . . . . . . . 161
- Exercice n° 2 : erreurs sur des adresses. . . . . . . . . . . . . . . . . . . . . . . . . . . 162
Les tests de reconstitution de mots. . . . . . . . . . . . . . . . . . . . . . . . . . . . . . . 164
Les tests de mise en ordre alphabétique. . . . . . . . . . . . . . . . . . . . . . . . . . . 166
- Exercice n° 1 : liste des villes de France . . . . . . . . . . . . . . . . . . . . . . . . . . 166
- Exercice n° 2 : liste 1 des noms . . . . . . . . . . . . . . . . . . . . . . . . . . . . . . . . 167
- Exercice n° 3 : liste 2 des noms . . . . . . . . . . . . . . . . . . . . . . . . . . . . . . . . 168
Les tests de comparaisons et repérages . . . . . . . . . . . . . . . . . . . . . . . . . . . 169
- Exercice n° 1 : liste des peintres. . . . . . . . . . . . . . . . . . . . . . . . . . . . . . . . 169
- Exercice n° 2 : liste des numéros de téléphone . . . . . . . . . . . . . . . . . . . . 170
- Exercice n° 3 : comparaisons de noms et de nombres . . . . . . . . . . . . . . . 171
- Exercice n° 4 : comparaisons de noms . . . . . . . . . . . . . . . . . . . . . . . . . . . 172

# Le guide marabout des tests

- Exercice n° 5 : comparaisons de lettres et de nombres .................... 173
Les tests de raisonnement ......................................... 175

Chapitre V : Les tests de connaissances ............................... 179
Culture classique ................................................. 180
Culture contemporaine ............................................ 185
Culture quotidienne ............................................... 190
Retrouver les noms propres ........................................ 191

PARTIE 2
LES TESTS SUBJECTIFS OU DE PERSONNALITÉ ........................ 193

Chapitre I : Les tests de créativité et d'intelligence divergente ............ 195
Peut-on mesurer la créativité ? ..................................... 196
Test d'intelligence divergente ...................................... 198
Test de créativité : idées, inventions, créations ....................... 202

Chapitre II : Les tests de personnalité ................................ 205
Savoir qui on est ................................................. 206
- Test n° 1 : Qui êtes-vous ? ....................................... 206
- Test n° 2 : Connaissez-vous mieux grâce au portrait chinois ......... 210
- Test n° 3 : Où en est votre vie quotidienne ? ...................... 213
- Test n° 4 : Mesurez votre intelligence émotionnelle ................. 217
Connaître ses points forts et ses points faibles ....................... 220
- Test n° 1 : Mesurez votre sociabilité .............................. 220
- Test n° 2 : Votre moral est-il rose ou gris ? ........................ 224
- Test n° 3 : Connaissez-vous bien vos défauts ? ..................... 228
Résister au stress ................................................. 231

# Table des matières

- Test n° 1 : Savez-vous réagir au stress ?..................................... 231
- Test n° 2 : Stress et organisation ............................................ 236

## Chapitre III : Les tests d'orientation .......................................... 239
L'espace, le temps et vous...................................................... 240
L'initiative : êtes-vous fonceur ou suiveur ? ................................. 246
Au fait, pourquoi travaillez-vous ? ............................................ 248
Travail : ce qui vous plaît vraiment........................................... 250
Patron : connaissez-vous le mode d'emploi ?................................ 253
Pourriez-vous travailler sous vos ordres ? ................................... 255
Entreprise : quelle culture vous faut-il ? ..................................... 258
Quels métiers pour votre profil ? .............................................. 260
Feriez-vous un bon patron ? .................................................... 262
Dans la peau d'un politique .................................................... 265

## PARTIE 3
## CORRIGÉS............................................................................. 271

Imprimé en Italie par Rotolito
Dépôt légal: n° 44466 / mars 2004
ISBN: 2-501-03827-4 / édition 03
40.35069/03